Helga Schaub

Befreit von dunklen Mächten

HELGA SCHAUB

BEFREIT
VON DUNKLEN
MÄCHTEN

HANDBUCH ZUR SELBSTHILFE

///////////////////////// SILBERSCHNUR /////////////////////////

© Copyright Verlag »Die Silberschnur« GmbH

ISBN: 978-3-89845-269-4

1. Auflage 2009
2. Auflage 2010

Gestaltung & Satz: XPresentation, Boppard
Druck: Finidr, s.r.o. Cesky Tesin

Verlag »Die Silberschnur« GmbH
Steinstraße 1 · D-56593 Güllesheim
www.silberschnur.de · E-Mail: info@silberschnur.de

INHALTSVERZEICHNIS

*Meinen Töchtern Andrea und Beate
sowie Enrico Chiari.*

*Dank sei meinen geistigen Helfern für
ihre immer während Geduld, den
permanenten Schutz und die liebevolle
Inspiration. Den dunklen Kräften zolle
ich Respekt dafür, dass sie der Menschheit zu erweitertem Bewusstsein verhelfen
und dazu beitragen, dass diese in
höhere und lichtere Dimensionen
aufsteigen darf.*

VORWORT

Zwei Jahre nach dem Erscheinen meines ersten Buches "Befreiung von Dunkelmächten", dessen großer Erfolg offensichtlich darauf zurückzuführen ist, dass es den Menschen Erklärungen für bisher Unerklärliches zu geben und zahlreiche Fragen zu beantworten versteht, greift nun dieses Buch nochmals kurz gefasst die Themen Resonanzgesetz und Karma zum Grundverständnis auf. Es konzentriert sich aber in der Hauptsache auf theoretische Betrachtungen und den praktischen Umgang mit Fremdenergien und dunklen Mächten. Aufgrund vieler neuer Erkenntnisse, erschütternder Schicksale und erstaunlicher Fälle wird hier die Thematik um Hell und Dunkel vertieft. Dieses Buch ist ein weiteres Werk über Fremdenergien der verschiedenen Arten.

> *"Wo zwanzig Teufel sind, da sind auch*
> *hundert Engel; wenn das nicht so wäre,*
> *wären wir schon längst untergegangen.*
> *Es muss auch predigen von Teufeln,*
> *wer von den lieben Engeln predigt."*
> (Martin Luther)

Erstmals schreibe ich auch über von Außerirdischen eingepflanzte Implantate. Zahlreiche Menschen sind davon betroffen und wissen es meist nicht einmal. In vorliegendem Buch finden Sie detaillierte Berichte über neue authentische Fälle von Belagerungen und Besetzungen aller Art sowie über die Befreiungsarbeit mit betroffenen Klienten. Es enthält ein sehr umfangreiches Kapitel über Vorbeugung und Schutz sowie über Aurareinigung und Selbsthilfemethoden. Sie finden zahlreiche Gebete, Affirmationen und Tipps. Ferner enthält dieses Buch Erst-Hilfe- und Clearing-Ratschläge zu jeder Fremdenergie. Damit hoffe ich, allen Anfragen und Anregungen von Lesern und Klienten gerecht zu werden.

Meine geistigen Helfer drängten mich im Frühsommer 2007 zum Schreiben. Dazu bin ich wieder nach Rom zurückgekehrt, wo ich die geeignete Atmosphäre und Inspiration finde. Nirgendwo könnte ich tiefer in die Materie der dunklen Mächte eindringen als in Rom. Danke dieser magischen Stadt, dass sie mir die zum Schreiben nötigen Erkenntnisse und Schwingungen bietet. Selbstverständlich danke ich von Herzen all meinen Helfern auf diesem Planeten und in den anderen Dimensionen, ohne die weder das Buch noch meine Arbeit möglich wären.

Setzen Sie sich mit mir in Verbindung, wenn Sie vermuten, fremdbeeinflusst und belastet zu sein, wenn Sie einen Rat oder eine (Fern-) Behandlung wünschen. Meine Adresse finden Sie in Kapitel V.

Helga Schaub
Rom, Juli und November 2007

TEIL I

DIE THEORIE

Allgemeine wichtige Hinweise

1.

LICHT UND LIEBE

Vielleicht kommt es Ihnen merkwürdig vor, dass ein Buch über dunkle Kräfte mit einem Kapitel über das Licht und die Liebe beginnt. Das Wichtigste zuerst, dachte ich mir, und möchte Sie zunächst mit dem, was hinter dem Wort "Licht" steckt, bekannt machen. Gemäß einem persischen Menschheitsführer entwickelte sich die Schöpfung der Erde erst aufgrund der Polarität von Licht und Finsternis. Deren Vertreter Ormudz und Ahriman kämpfen gegeneinander um die Menschen. Auch in der germanischen Edda ist die Bedeutung des Lichts eindrucksvoll geschildert: Nachdem der Lichtgott Baldur verstirbt, beginnt die dunkle Erdenzeit. Im Alten Testament lesen wir über die Schöpfung: "Es werde Licht! Und es ward Licht. Und Gott sah, dass das Licht gut war. Da schied Gott das Licht von der Finsternis." (1 Mose 1-4) Der Mensch verehrt das Licht mit Dankbarkeit, denn es schenkt Wärme und Heilung, Tiere und Pflanzen gedeihen nur aufgrund des Lichts, wir erleben den Wechsel von Tag und Nacht und damit die Bedeutung des Lichts.

Wir alle, die wir auf dem Weg sind, die wir erwacht oder erweckt sind, hören, lesen und verwenden häufig den Terminus "Licht und Liebe". Viele Briefe und E-Mails von LeserInnen und KlientInnen enden mit dem guten Wunsch: "Ich wünsche Ihnen viel Licht und Liebe für Ihre Arbeit!" Heute freue ich mich darüber, weil ich weiß, dass das Licht die Essenz ist. Licht ist Information und Liebe, und wo Licht ist, kann zwar immer noch Schatten sein, aber zumindest ist es hell. Wir alle, die wir hier sind, auf dem Planeten, werden von unseren Helfern aus der geistigen Welt "Lichtarbeiter" genannt. Bringen wir also Licht in das Dunkel!

Viele von uns erhalten Briefe, die mit diesem Wunsch "Licht und Liebe" enden. Es wird ständig und allerorten davon geredet, das Licht zu erhöhen, Licht in die Welt zu tragen, ein Licht anzuzünden für die Armen und Unwissenden, das Licht zu mehren und lichtvoll zu sein. Das Licht begegnet uns in vielen Redewendungen, und hell gilt immer als positiv und erstrebenswert. Wir suchen das Licht und die Erleuchtung. Wird nicht auch der Heilige Geist als Licht über den Köpfen dargestellt? Und der Heiligenschein, der in der Kunst besonders erleuchtete und Heilige umgibt - auch er ist ein Symbol für das Licht. Gilt doch ein "sonniges Gemüt" als erstrebenswert und angenehm. "Helle" dient uns als Synonym für klug. "Hell", "heilig", "heilen" haben denselben Wortstamm, denn Helios - die Sonne - heilt. Zu unseren Kindern sagen wir schon einmal: "Du bist mein Sonnenschein". Oder wir fragen: Wer will schon in einem "dunklen Loch" wohnen, eine Umnachtung erleben oder "schwarz" sehen? Schwarzarbeit und Schwarzgeld bezeichnen Dinge, die unentdeckt bleiben sollen, die sich im Dunkeln abspielen. Wir sprechen von einer Dunkelziffer, wenn uns die genaue Anzahl unbekannt ist oder von obskur (oscuro (ital.) = dunkel, suspekt), wenn uns etwas unheimlich oder verdächtig erscheint. Unangenehme Assoziationen erleben wir im Zusammenhang mit "Seelen, so schwarz wie die Nacht", "dunklen oder zwielichtigen Gestalten" oder "dunklen Gedanken", wir sprechen von "Umdunklung oder Umnebelung" für seelische Zustände, in denen nicht klar gesehen wird. "Schatten" nennen wir unsere dunklen Anteile, die noch auf Bearbeitung warten.

Ich habe ein Kitzeln in den Zehen,
das mich auf der Straße tanzen lässt.
Ich habe ein Kichern in meinem Bauch,
das mich alle umarmen lässt, die ich sehe.
Ich habe eine Quelle in meinem Herzen,
die Liebe in die Welt versprüht.
Ich kenne die Freude des Geistes,

und darum lache ich in meiner Seele.
Ich habe Freude am Leben,
und darum feiere ich das Licht.

(Tashira Tachi-ren)

Eine interessante Erklärung und Sichtweise von den Plejaden, niedergeschrieben in "Boten des neuen Morgens" von Barbara Marciniak, ist die folgende: "Man weiß, dass Licht jede Schwingungsfrequenz ändert, die auf seinem Weg liegt. Licht transportiert Information, und Information erweitert Systeme, so dass die alten nicht mehr bestehen können. Auf seinem Weg der Zerstörung erschafft Licht neue Systeme durch das, was es zurücklässt. Eine neue Ordnung wird gebildet. Einigen wird nicht wohl dabei sein, sich als Zerstörer zu sehen, denn ihr habt ein bestimmtes Glaubenssystem, was Zerstörung anbelangt. Ja, ihr seid eindeutig Zerstörer. Ihr zerstört Systeme, in denen das dunkle Team und die Unwissenheit vorherrschen." Wir alle, die wir Lichtarbeiter sind, zerstören die alten überholten Systeme, Denkweisen und Verhaltensmuster. Wir verändern einfach dadurch, dass wir die Frequenz erhöhen.

Der andere Begriff, der oftmals in einem Atemzug mit "Licht" genannt wird, ist "Liebe". Carl Huter, dem wir hervorragende Kenntnisse der Psychophysiognomie verdanken, schreibt: "Die Liebe ist die Schöpferkraft aller Dinge." Er hatte festgestellt, dass sich bei liebenden Gedanken die Übertragung der Heliodastrahlen verlängert und verstärkt. Helioda ist laut Carl Huter die geistige Impuls- und Antriebskraft, das Lebenslicht der Zelle. Sie ist durch das Lebendige, aus der Empfindungsenergie transformiert, als Liebeskraft des Universums definiert. Jede lebendige Erscheinungsform hat eine Ausstrahlung, deren Stärke und Feinheit von der milden, gütigen Qualität der Seele abhängen. Wilhelm Reich erkannte diese Strahlung und nannte sie Orgon-Energie. Prof. Fritz-Albert Popp entdeckte sie neu in den Siebzigerjahren und nennt sie Biophotonen. Es handelt sich um das Zellstrahlungslicht. Die Helioda, alias Biophotonen, alias Lebensenergie (L-Energie nach Dr. med. P. Pearsell) alias Orgon-Strahlung eines Menschen wird charakterisiert durch die liebevolle Art, mit der ein Mensch Umgang und Anschauung pflegt. Dazu gehören

Begeisterung, Hoffnung, der Glaube an das Gute, freudige Aktivität, Glück, strahlende Liebe, Prinzip der Verschönerung, Vergeistigung, den inneren Kosmos gestalten.

Der persische Dichter Rumi wusste bereits, dass kleine und große Menschen am besten durch Liebe wachsen können:

> *Ein Leben ohne Liebe zählt nicht*
> *Liebe ist das Wasser des Lebens*
> *Trinke es von ganzem Herzen und mit ganzer Seele!*

Unter spirituellen Menschen wird sehr häufig, nein beinahe immer von Liebe gesprochen. Oftmals wissen wir gar nicht, warum. Liebe ist eine Energieform, die kein Böse und kein Beurteilen zulässt. Sie hat in erster Linie nicht mit der geschlechtlichen Liebe als sexuellem Akt zu tun, sondern meint eine Philosophie und einen Geisteszustand. Es geht darum, alles, jeden und jede Situation zu lieben, im Sinn von akzeptieren. Wie schreibt René Egli so schön: "Akzeptiere deine momentane Situation. Nimm sie dankbar an und liebe sie, da sie dich auf etwas aufmerksam macht."

Wer liebt und in der Lage ist, jedes Mitgeschöpf als auf dessen Weg befindlich zu akzeptieren, erhöht das Licht auf dieser Welt. Wir brauchen das Licht. Licht ist unsere Nahrung, es macht uns fröhlich und heiter, es stärkt unser Immunsystem und gibt uns Kraft. Je höher unsere Schwingung, desto stärker unser Licht. Wie Prof. Fritz-Albert Popp festgestellt hat, hat jeder Mensch die Leuchtkraft einer Kerze in zwanzig Kilometer Entfernung. Das ist unsere Aufgabe: aus diesem schwachen Schein ein starkes Licht zu machen. Das geht natürlich nicht einfach von selbst. Liebe meint, bedingungslos zu lieben, nicht weil eine Person uns Gutes tut, sondern weil sie ist. Ein Kind zu lieben heißt, es bedingungslos zu akzeptieren als kleine Persönlichkeit und zu lieben als unseren Nachwuchs. Gleichzeitig heißt "lieben" aber auch erziehen und hinweisen auf Dinge, die so nicht gehen. Liebe kann durchaus bedeuten, jemandem nicht zu helfen, keine Unterstützung zu geben, sich ihm zu entziehen. Denn oftmals ist nicht helfen die größte Hilfe auf dem Weg zur Bewusstwerdung.

Nur durch Erkenntnis wächst ein Mensch, nicht durch verhätschelt und verwöhnt werden.

Wir sollten aber auch lernen, Energien zu unterscheiden. Viele Personen wandeln auf der Erde, um zu helfen, andere sind hier, um zu lernen. Aber manche haben wirklich unlautere Absichten. Da dieses Universum dem freien Willen unterliegt, sind alle Formen des Lebens möglich. Da sich der Planet Erde im Aufstieg von der dritten zur fünften Dimension befindet, durchquert er die niedere Astralebene. Auf dieser niederen vierten Dimension tummeln sich negative Energieformen und solche Energien, die eigentlich dort nicht hingehören und befreit werden können. Dies ist einer der Gründe, warum wir zurzeit stark mit Fremdenergien und Wesenheiten konfrontiert werden. Wenn eine Energie uns manipulieren oder kontrollieren will oder immer nur Angst erzeugt, so ist es besser, den Kontakt zu vermeiden. Nicht jeder, der viele beeindruckende oder magische Fähigkeiten besitzt, ist auch spirituell entwickelt. Lernen Sie zu unterscheiden!

2.

RESONANZGESETZ UND KARMA

Nichts in unserem Leben geschieht einfach nur so, ohne Grund, rein "zufällig". Es ist ganz wichtig, dies zu wissen, zu akzeptieren und auch für sich selbst als gültiges und immer geltendes Gesetz anzuerkennen. Es ist das Gesetz der Resonanz. Sie können es auch Ursache und Wirkung oder Aktion – Reaktion nennen. Einen großen Anteil an den zwischenmenschlichen Problemen, die durchaus in schwarzmagischen Angriffen, Verfluchungen oder gar in der Anrufung satanischer Kräfte zum Schaden eines anderen Menschen gipfeln können, haben niedere Beweggründe wie Missgunst, Neid, Hass, Eifersucht, Ärger, Habgier, Machtgier.

Nachfolgendes Zitat aus Maria Szepes wunderbarem esoterischem Roman (Basisliteratur!) "Der rote Löwe" gibt eine plausible Erklärung für Emotionen und Fanatismus und ist damit aktueller denn je.

"Die Seele ist ihrer Natur nach sowohl göttlich als auch dämonisch, je nachdem, ob die Kräfte des Lichts oder der Finsternis an jenen Knöpfen drehen, die die Seele steuern. Die Seele ist der veränderliche, subtile Rohstoff des Seins. Jene Einwirkungen, die sich über sie ergießen, sind derart elementar, dass sie an jeder ungeschützten, schwachen Stelle durchbrechen. Das ist die Macht des Hasses. Und wer auch die geringste Bereitschaft dafür aufweist, wer nicht mit allen Fähigkeiten und Erkenntnissen seines Geistes dagegen ankämpft, wird in die Heerschar der Dämonen eingereiht und ist verloren. Der Hass ist die fürchterlichste, magischste Kraft, die je

auf Erden erschienen ist. Er übersteigt und überwindet jede andere menschliche Schwäche: die Selbstsucht, den Hang zur Bequemlichkeit, die Todesangst. Er peitscht den Fanatismus bis zur Weißglut, verschmilzt die Menschen zur Masse, die dann selbst um den Preis der eigenen Vernichtung nur noch vernichten will."

Eine derartige Einstellung und die entsprechenden üblen Taten wirken sich natürlich im eigenen Karma aus, denn nichts bleibt ungesühnt, nichts bleibt ohne Reaktion. Und wie es in den Wald ruft, so schallt es heraus. Liegt vielleicht der Verfall von Moral und Anstand darin begründet, dass westliche Kulturen Reinkarnation ablehnen? Zitat von Diane Stein: "Die Ablehnung bedeutet, dass dem Menschen die Verantwortung für sein Tun entzogen, dass er der Entscheidungsfreiheit beraubt und dass ihm das Wissen vorenthalten wird, dass jeder seinen Platz im universalen Plan hat. Gleichzeitig geht die Vorstellung von der Ordnung im Universum verloren, und die Menschen geben ihren Glauben an einen göttlichen Ursprung auf ... Dort, wo der Tod als der Seele letztes Ende angesehen wird, gilt es als das höchste Ziel, dem Tod aus dem Weg zu gehen; ein Ziel, das oft die Grenzen des Mitgefühls und des gesunden Menschenverstands übersteigt."

Wer das Leben als "endlich" erachtet, wird auch möglicherweise nicht so achtsam wie erforderlich mit der Natur, den Ressourcen, den Tierarten und den Regenwäldern umgehen, wie jemand, der weiß, dass er sich vielleicht auf dem zugrunde gerichteten Planeten reinkarnieren wird. Es heißt, dass die Indianer Amerikas überprüften, wie sich ihr Handeln auf die siebte Generation nach ihnen auswirken würde. Das Wissen um Reinkarnation ist keine allein asiatische Tradition, es muss es im frühen Christentum (und Judentum) gegeben haben. Sie ist Bestandteil vieler Religionen, auch des Islam, zahlreicher Naturreligionen, natürlich des Hinduismus und Buddhismus.

Etwa im fünften nachchristlichen Jahrhundert wurde dieses Wissen unterdrückt, im Judentum galt es als zu kompliziert für die einfachen Menschen. Die Kirche hat dieses gnostische Wissen 553 n. Chr. während des Konzils von Konstantinopel aus der christlichen Lehre entfernt. Nicht nur dies, 1274 und 1439 wurde seitens der Kirche betont, dass es sich bei dem

Konzept der Reinkarnation um ketzerisches Gedankengut handele. Neun Millionen frei denkender Hexen wurden während der Inquisition verbrannt, und mit ihnen das Wissen um Heilkunst, Kräuter, Naturphänomene, Mondzyklen, Heiltechniken. Statt der Theorie der Reinkarnation wurde das Konzept der Belohnung – nach dem Tod in den Himmel – und Bestrafung – nach dem Tod in die Hölle – geschaffen. Somit konnten die Massen besser in Angst versetzt und damit kontrolliert werden. Mediale außersinnliche Fähigkeiten waren zu Zeiten der Inquisition bereits ein Grund dafür, auf dem Scheiterhaufen zu enden. Das Wissen über diese Fähigkeiten wie Telepathie, Hellsicht und andere Wahrnehmungen wurde seitens der Kirche unterdrückt. Es befreite sich langsam seit etwa den Sechzigerjahren des vorherigen Jahrhunderts. "Es ist eine Ironie, dass wir im Namen der Religion unser Wissen von dem, was wir sind, verloren haben. Diese fundamentale Zensur war und ist ein klarer Fehler jener, die die heiligsten Güter verwalten." (Diane Stein, "Wir sind alle Engel")

Die Kirche hat mit wenigen Federstrichen das Naturgesetz der Wiedergeburt falsifiziert. Bei Prof. Arthur David Horn können wir lesen: "Das Christentum in seiner heutigen Form leitet sich letztlich nicht aus Jesu Tagen her, sondern aus dem Konzil von Nicäa. Das Konzil von Konstantinopel eliminierte den Begriff der Reinkarnation aus dem christlichen Glauben ... Bei der Reinkarnation bildet die Seele den wesentlichen Teil der Persönlichkeit, der sich in wiederholten Erdenleben mit dem jeweils neuen Leib verbindet, um geistige Wahrheiten zu erlernen ... Eng mit dem Gedanken der Wiederverkörperung verknüpft ist das Konzept des Karmas, das einfach ausgedrückt besagt, dass man das erntet, was man im Laufe seiner Existenzen sät." Angeblich geht die Streichung der Reinkarnationslehre aus dem christlichen Konzept auf Theodora, die Gemahlin Kaiser Justinians, zurück, die fünfhundert frühere Kolleginnen vor ihrer Vermählung hat töten lassen, um ihre "schimpfliche" Vergangenheit als Kurtisane zu vertuschen. Sie glaubte wohl, den Konsequenzen dadurch entrinnen zu können, indem sie die Lehre von der Reinkarnation negierte.

Prof. Horn zitiert in seinem Buch "Götter gaben uns die Gene" das Ergebnis einer Studie der Wissenschaftler Albertson und Freeman über Wiedergeburt: "... Beweise sollen in den letzten Jahrzehnten in solch überwältigender Fülle zum Vorschein gekommen sein, dass sie sich einfach nicht länger wegrationalisieren ließen. So werde die Annahme, dass sich die meisten Menschen mehrfach auf der Erde (und anderswo) inkarnieren, unter anderem durch Hunderte von belegten Fällen gestützt, in denen sich Kinder eines vergangenen Lebens – meist des unmittelbar davor liegenden – entsinnen." Erstaunlich präzise werden teilweise Ortsbeschreibungen und sprachliche Besonderheiten (Dialekt) von Menschen wiedergegeben, die weder in diesem Leben in den beschriebenen Orten waren noch deren Sprache beherrschen.

Alles Leben verläuft zyklisch, Geburt, Leben, Tod und Wiedergeburt. Jedes Sterben ist ein Neubeginn. Geburt bedeutet ein Leben von der Kindheit zum Höhepunkt des Lebens, dann folgt der Tod als Übergang zu einer Ruhephase, der eine weitere Geburt folgt. Aufgang und Niedergang – wie in der Natur nach dem Aufblühen im Frühjahr und der Fruchtbildung im Sommer der Herbst das Zusammenziehen der Kräfte und der Winter schließlich den Tod bedeutet. Wir sterben und werden viele Male wiedergeboren.

Grundursache für Karma ist das Gesetz von Ursache und Wirkung. Karma kommt aus dem Sanskrit. Im Buddhismus bedeutet Karma die direkte Strafe oder den Lohn für Taten oder Gefühle. Karma ist ein Verdienst, so oder so. Nach der asiatischen Lehre kommt ein Mensch (oder Tier) zwischen den Zuständen, die wir als Tod bezeichnen und während denen die Seele in einer jenseitigen Welt ist, immer wieder auf die Erde zurück. Denn nur in einem Körper und speziell mit der Aufgabenstellung und der Schwingung der Erde ist es möglich, Karma zu bearbeiten und zu lösen. Was in einem Leben gesät wurde an Gutem oder Bösem, wird in der nächsten Inkarnation "geerntet". Dies erklärt auch, warum einige Menschen ein schweres Schicksal haben und andere dagegen relativ leicht durchs Leben gehen können. Karma ist keine Strafe. Wer sollte denn auch strafen? Karma ist eine Energie von Schmerz und Verletzung. Karma darf geheilt werden, es darf bereinigt und aus der Aura entfernt werden. Es gibt natürlich nicht nur das Karma der Einzelperson, sondern auch das Karma eines Volkes. Man spricht auch von Kollektivbewusstsein. Völker oder ethnische Gruppen geraten in Bedrängnis oder

Wohlstand aufgrund ihres Karmas. Da sich die Erde verändert, werden jetzt in diesen Zeiten alles unerlöste Leid und negative Handlungen aus allen bisherigen und dem aktuellen Leben aufgearbeitet.

Karma beinhaltet Programme, Denkweisen, Verhaltensmuster, Krankheiten und Traumata, die es zu bearbeiten gilt. Bleibt Karma in einem Leben ungelöst, so bleibt die entsprechende Verletzung in der Aura hängen und erscheint immer wieder, bis es gelöst wird. Erfolgt keine Heilung in dem aktuellen Leben, so wiederholt sich das Karma bei der Wiedergeburt im nächsten Leben. Das Leben auf diesem Planet gibt uns die perfekten Voraussetzungen dafür, dass wir uns nochmals konfrontieren und über Emotionen oder gesundheitliche Schwierigkeiten die Ursache unseres Karmas erkennen.

Emotionen sind nichts Schlechtes oder etwas, wessen man sich schämen müsste. Im Gegenteil, Emotionen sind unsere eigenen Reaktionen auf das Denken, Sprechen und Handeln anderer Personen. Fühlen wir uns davon angesprochen, gestört oder berührt, so zeigt uns unsere Emotion, dass wir genau hinschauen sollten. Der Mechanismus, der gerade abläuft, zeigt uns, wo wir für uns selbst noch ein Thema bearbeiten und lösen dürfen. Angst zeigt uns, in welchem Bereich wir uns selbst zu schützen versuchen. Aller Schutz liegt in uns selbst. Das soll bewusst gemacht werden. Die meisten menschlichen Reaktionen, Denkweisen und Emotionen basieren auf Angst. Gerät ein Mensch in Zorn als Reaktion auf eine andere Person, deren Verhalten oder Reden, so macht diese Emotion klar, dass man sich besser selbst behaupten sollte und seine eigenen Bedürfnisse klar formulieren darf. Traurigkeit hingegen bedeutet, dass man glaubt, etwas verloren zu haben oder etwas oder jemanden zu verlieren. Hier ist Loslassen gefragt.

Menschen, die sich jetzt nicht der Karma-Reinigung und Lösung stellen wollen oder können, verlassen die Erde jetzt in großer Anzahl. Bereits viele junge Menschen sterben jetzt. Ist das Karma einmal erkannt und bewusst gemacht, so fallen wir auf die auslösende Situation und die Ursache nicht mehr hinein. Damit können wir einen Karma-Punkt als erledigt abhaken. In der derzeitigen Inkarnation (Wiedergeburt) haben wir durch die Gnade der göttlichen Kräfte die Gelegenheit, uns vollständig vom Karma zu befreien und neues Karma zu vermeiden. Dies bedeutet selbstverständlich harte Arbeit an sich selbst, Selbsterkenntnis, Selbstanalyse und Lösungsarbeit unserer so genannten Schatten, die für die dunklen Anteile in uns stehen. Es ist erforderlich, eine Vervollkommnung zum "guten" Menschen anzustreben und niemandem zu schaden. Dieses Leben wird von den meisten Menschen als intensiv und hart empfunden, es ist eine einzige aufregende Herausforderung. Es wird mir immer wieder von Klienten bestätigt, dass sie kaum Luft holen können nach einer Lösungsarbeit, denn schon sei die nächste Aufgabe da. Das kann ich aus eigener Erfahrung nur bestätigen.

Jede Erfahrung von Leid, das wir erlitten oder zugefügt haben, bleibt im persönlichen Energiefeld eines Menschen und geht ein in das Leid von Gruppen oder Völkern. Löst der Einzelne sein karmisches Leid, so wird auch das Kollektiv davon befreit. Gelöstes Karma kehrt nicht mehr zurück. Die Lösung von Karma setzt aber voraus, dass sich der Mensch dessen bewusst ist, was Karma bedeutet und dass er Erkenntnisse sammelt. "Dobbiamo perdonarci! Wir müssen uns vergeben. Das Karma kannst du mit Vergebung lösen!" (Angelo Bona in "Il Palpito dell`Uno")

"Was du nicht willst, das man dir tu,
das füg´ auch keinem andern zu!"

Hier spanne ich den Bogen zu meiner Arbeit: Ganz häufig begegnen mir Menschen mit ernsten, durch Fremdenergien erzeugten Problemen, die sich ganz nach dem Motto "wasch mich, aber mach mich nicht nass!" der Verantwortung entziehen möchten und sich in die Passivität begeben. Selbstverständlich ist das Clearing, die Befreiungsarbeit, auch in solch einem Fall wirksam. Ich kann zwar mit Hilfe meiner geistigen Helfer die Energien beseitigen und transformieren, nur leider ist das nicht von langer Dauer. Einsicht und Erkenntnis ist auch hierbei zwingend erforderlich. Niemand gerät ohne Grund in eine Belagerung oder Besetzung. Jeder Mensch, der eine fremde Energie beheimatet, steht auch in Resonanz mit diesem Thema. Wenn sich Hass- und Rachegedanken auf den Verursacher eines Voodoo oder einer schwarzen Magie nicht lösen in Verständnis und Erkenntnis, auch des eigenen "Verschuldens", wird der betreffende Mensch möglicherweise rasch wieder solch eine Belastung anziehen. Suspekt sind mir diejenigen KlientenInnen, die mich fragen: "Ja, wer tut denn so etwas? Ich bin ein guter Mensch, ich tue keiner Fliege etwas zu Leide. Wie kann ich denn dann zum Opfer werden?"

Jeder inkarnierte Mensch hat alle Arten von Leben durchlebt: Um Erkenntnisse zu erlangen, muss die Seele alles erfahren, und somit lebten und leben wir Leben als Mann, Frau, Kind, als Eltern, als Mächtige oder Ohnmächtige, in Reichtum und in Armut, als Verbrecher, als rechtschaffener Mensch, als Mörder und Opfer eines Gewaltverbrechens, auf allen Kontinenten, mit Gebrechen und Krankheit, in Gesundheit, in heterosexuellen, homosexuellen und lesbischen Beziehungen mit Partnern. Wir sollten uns niemals über andere Menschen erheben und diese be- oder verurteilen, denn jeder von uns hat gleiche Erfahrungen gemacht. Nur die Erkenntnis verhilft uns dazu, so zu sein wie wir heute sind. Je mehr Erkenntnisse, das heißt je mehr verschiedene Leben ein Mensch bereits gelebt hat, desto weniger wird er sich neues Karma machen, da er am besten für sich beurteilen kann, was einen "guten" Menschen ausmacht bzw. was "böse" ist und anderen schadet. Diane Stein schreibt in "Wir sind alle Engel": "Wenn man sich selbst vom Leiden befreit und den Wiederholungszwang unterbricht, hört das Leiden für alle auf." Ist Karma gelöst, erfolgt Heilung des Karmas, und die Fortsetzung von Leid wird vermieden.

Mit "unschuldigen" Personen, die nichts vom Resonanzgesetz der Ursache und Wirkung, der Aktion und der darauf folgenden Reaktion wissen oder es nicht auf sich beziehen, ist schwierig zu arbeiten. Es fehlt ihnen an Erkenntnis und Reifung – zwei Voraussetzungen für eine dauerhaft erfolgreiche Arbeit. Man sollte ganz einfach wissen und akzeptieren, dass eine dämonische Besetzung nicht rein zufällig geschieht, dass die Attacke durch schwarzmagische Praktiken nicht die Ursache, sondern die Wirkung auf eine eigene "Aktion" darstellt, die durchaus in anderen Existenzen stattgefunden haben kann.

Ich zitiere Barbara Marciniak: *"Diejenigen, die in Dramen verstrickt sind, in denen es aussieht, als sei jemand ein Opfer, sind für gewöhnlich so von ihren Gefühlen abgeschnitten, dass sie das, was sie fühlen, nicht in Verbindung mit dem bringen, was sie denken. Opfer finden Opfer.*

Sieger finden Sieger." Das bedeutet, dass der Mensch meist nur durch Schmerz lernt, um sich zu entwickeln. Die eindrucksvollsten Erkenntnisse und die schönste Erleuchtung erfahren wir oft nur durch die größten Katastrophen und Schwierigkeiten. Die Herausforderungen des Alltags sind unsere besten Lehrmeister.

Einen Anstoß zum Nachdenken über die aktuelle Situation auf der Erde sowie über eben jene erwähnten Katastrophen und Probleme liefert ein Beitrag in http://www.Ancient-Mysteries.de. Hierbei handelt es sich um eine gechannelte Botschaft von Ker-On, einem Bewohner der Venus, für alle Lichtarbeiter. Hier ein Auszug aus der Botschaft vom 25.07.2007, die sehr zuversichtlich klingt und der Menschheit Mut macht, in eine neue Richtung aufzubrechen und die alten Wege hinter sich zu lassen:

"Die jetzigen Kriege sind weitgehend die Auswirkungen von Karma, und sie illustrieren einfach, wie viel Negativität da bereinigt werden muss. Macht euch klar, dass die Seelen, die da direkt in derartige Konfrontationen involviert sind, genau jene sind, die solche Energien ins Spiel gebracht haben. Das bedeutet keine Verurteilung für sie, sondern einfach die Gelegenheit, die Folgen ihrer selbst geschaffenen Umstände zu erleben, durch die sie dann eine wertvolle Lektion gelernt haben werden. Auch äußere Beobachter sind insofern involviert, dass sie entweder die Streitfragen in die Länge ziehen können oder aber LICHT auf die Sache werfen und damit deren Kraft schwächen und den Kreislauf der Wiederholung durchbrechen. Eure aufeinander folgenden Lebenszeiten sind so arrangiert, dass ihr euch euren selbst geschaffenen Umständen stellen müsst. Dies geht so lange so weiter, bis ihr derartige Erfahrungen endlich nicht mehr benötigt. Eine große Leistung für die Menschheit ist es, wenn sie das Recht einer jeden Seele anerkennt, über ihre eigene Zukunft selbst zu bestimmen. Aber den Dunkelmächten ist ein derartiges Verständnis fremd, und so erdreisten sie sich, drakonische Maßnahmen anzuwenden, um euch ihren Willen aufzuzwingen. Sie tragen diese Gedankensaat seit Äonen mit sich herum und befinden sich immer noch unter dem

Einfluss der reptilischen Herrscher, die auf Bezwingen aus waren
... Die Konzentration kann jetzt auf eure individuelle Zukunft ge-
legt werden, ohne die Einmischung jener, die es nicht fertig bringen,
ihr eigenes LICHT in sich zu erkennen."

3.

WIE BEMERKT MAN FREMDE ENERGIEN UND WESENHEITEN?

Grundsätzlich möchte ich an dieser Stelle auf mein Buch "Befreiung von Dunkelmächten" hinweisen, in dem ein ausführliches Kapitel zu der Wahrnehmung von Fremdenergien vorhanden ist. Sie können dann an eine mögliche Einflussnahme durch fremde Energien oder Wesenheiten denken, wenn es sich bei Ihnen um folgende Symptome handelt:

- seltsame Schläge und Schmerzen am Kopf, Verwirrung, körperliche und geistige Müdigkeit, Schmerzen der Augen, Schlafstörungen, Veränderung des Benehmens und der Persönlichkeit;

- Verdauungsstörungen, Erbrechen, Abmagerung, Stiche in den Nieren, vom Magen nach oben aufsteigende Übelkeit; Pulsieren oder Boxen im Bauch;

- Abneigung gegen alles Heilige und religiöse Praktiken, innerer Aufruhr, wenn Gott, Jesus oder die Heilige genannt werden, Rebellion gegen religiöse Gegenstände und Rituale wie Kreuz, Salbung, Weihwasser;

- gesundheitliche Störungen ohne Erklärung und ohne Befund; Therapieresistenz;

- psychische Störungen, Gedächtnisverlust, Besorgnis, Ängste, Willenlosigkeit, Konzentrationsschwäche, Niedergeschlagenheit, Gewaltbereitschaft und Aggression;

- Störung der Zuneigung oder des Befindens, dauernde Streitigkeiten, grundlose Gefühlskälte oder Leidenschaft, Tendenz zu Depressionen, Gefühl der Sinnlosigkeit und Leere;

- Verhinderung der Eheschließung, des Studiums, der Karriere, Konkurs, unerklärliche Fehler, Behinderung im Geschäftsleben;

- Anstiftung zum Tod, Selbstmordversuche, eine Serie von Unfällen, Unglück; Aufruf zu Handlungen, die zerstören, verletzen, betrügen, töten;

- seltsame Wahrnehmungen an sich, Nadelstiche, Bohrer, Schnüre, Nägel, Feuer, Eis, Schlangen, gewürgt werden, sich gehetzt und gedrängt fühlen, große innere Unruhe;

- seltsame Geräusche oder Phänomene im Haus: Schritte, Knacken in Decken und Möbeln, Schläge, Schatten, Anwesenheit, platzende Glühbirnen, blockierende Geräte, spezielle Geräusche im Telefon oder im Fernsehgerät; Einschalten von Geräten, ohne dass sie berührt worden sind, sich öffnende oder schließende Türen und Fenster, Objekte, die erscheinen oder verschwinden;

- der Eindruck, dass jemand anwesend sei, sich gefesselt fühlen, als sei jemand im Zimmer, als würde einen jemand berühren oder sich seitlich aufs Bett setzen;

- der Eindruck, als würden Tiere durch das Haus laufen, oftmals mit Spuren wie Kratzer auf den Laken; plötzliches Auftauchen von unangenehmen Gerüchen wie Schwefel, Verbranntes, Kot, Weihrauch, verwesendes Fleisch;

- Invasionen von Insekten, die weder mit Insektenvernichtern noch mit anderen Mitteln zu beseitigen sind, nicht einmal mit der Erneuerung des Fußbodens oder des Wandputzes;

- das Gefühl der Fernsteuerung, eine Marionette zu sein; Gefühl, dass ein Fremdkörper im Körper sitzt oder dort eingepflanzt wurde,

- Traumerlebnisse, Erinnerungen und Tagträume an Außerirdische, Raumschiffe, Entführungen.

Dies ist eine Zusammenfassung dessen, was Sie wahrnehmen und bemerken können. Das Motiv kann vielfältig sein: Neid, Hass, Eifersucht, Rache, Kontrolle, Machtmissbrauch, Missgunst oder perverser Wille. Ausführende sind Magier, Hexer, Satanisten durch eine satanische schwarzmagische Handlung oder ein Ritual. Wenn es sich um unerlöste Seelen Verstorbener handelt, kann das Motiv ein gewaltsamer oder plötzlicher unerwarteter Tod sein. Das Motiv, erdgebunden zu verweilen, kann Angst sein, aber auch Eifersucht, Besorgnis oder Scham. Erwähnen möchte ich noch, dass auch Tiere Ziel einer schwarzmagischen Attacke oder eines Fluchs sein können; ebenso gut können sie besessen sein.

An dieser Stelle möchte ich mit dem Begriffsdurcheinander aufräumen, das entsteht, wenn von fremden Energien geredet und vor allem geschrieben wird. Vielerorts findet sich ein Begriffs- Kauderwelsch. Es findet sich zum Beispiel häufig die Bezeichnung *Geist* neben der undifferenzierten Verwendung von *Besetzung* und *Besessenheit*. In einem sehr bekannten Buch werden sogar unerlöste Seelen generell als bösartig bezeichnet. "Nachdem sie den Körper besetzt haben, üben sie Macht aus, die immer negativ ist." (Edith Fiore) Im Laufe meiner Arbeit mit Beeinflussten, Belagerten, Besetzten und Besessenen hat sich die folgende Definition der Zustände, die von Energieformen oder Wesenheiten ausgelöst werden, herauskristallisiert. Ich halte diese für verständlich und gut nachvollziehbar:

- Fluch, Verwünschung und schwarze Magie sind Energien, die durch sich selbst Schaden anrichten. Es handelt sich nicht um Geister oder Seelen, allerdings können bei schwarzmagischen Riten dämonische Kräfte um Hilfe gebeten werden. Deren Anwesenheit fällt aber unter "Besetzung".

- Als "Belagerung" bezeichne ich den Zustand, wenn sich unerlöste Seelen an eine lebende Person anlagern, um sich von deren Energie zu ernähren. Sie halten sich in der Aura auf und im Umfeld, besetzen aber keinen Körper derart, dass sie eindringen.

- Mit "Besetzung" beschreibe ich den Zustand, wenn sich dunkle Energien (Dämonen) in der Aura festsetzen; sie sitzen dann förmlich auf dem Körper und nehmen ihn teilweise auch in Besitz. Sie dringen in den Körper ein, um den Menschen zu kontrollieren. Schizophrenie ist teilweise auf Besetzung durch dämonische Wesenheiten zurückzuführen und könnte bei raschem Erkennen geheilt werden, bevor der Klient unter Einfluss von Psychopharmaka gerät, die die Aura endgültig zerstören. Besetzung kann ein Dauerzustand sein.

- Von "Besessenheit" spreche ich persönlich erst dann, wenn ein Dämon oder eine satanische Kraft – wir können auch von niederem Bewusstsein sprechen – in einen Menschen hineinfährt und von dem Körper in dem Maße Besitz ergreift, dass der Mensch keinen freien Willen und keine Macht mehr über sich selbst hat. Aufgrund der Fremdbeeinflussung benimmt er sich wie "besessen". Tatsächlich verändern solche Menschen blitzschnell ihre Persönlichkeit, sprechen in vollkommen fremden Sprachen, mit veränderter Stimme, verwenden rüde Schimpfwörter und können unbändige Kräfte entwickeln. Sie benehmen sich wie Furien und können regelrecht toben. Sie meiden geweihte Orte und Gegenstände. Besessenheit ist ein zeitweilig auftretender Zustand.

Bei Fluch und Verwünschung ist es so, dass diese Einflüsse nur schwer auszumachen und einzuordnen sind. Meist stammen Fluch und Verwünschung aus anderen Existenzen, was bedeutet, dass diese Belastungen in vielen Fällen bereits seit einigen Leben (Inkarnationen) in der Aura kleben und auch in dieses aktuelle Leben mit hinübergebracht werden, so dass sie nicht weiter auffallen. Es ist ja bereits eine Art Gewöhnung eingetreten. Der Mensch kennt sich nicht ohne diese Belastung. Häufige Aussagen meiner Klienten mit alten karmischen Flüchen sind zum Beispiel: "Ich fühle eine zentnerschwere Last auf mir. Seit ich denken kann, läuft alles daneben in meinem Leben. Ich habe das Gefühl, nie in meine Kraft zu kommen. Alles ist schwierig. Ich habe nie richtig Erfolg, bin nie richtig glücklich gewesen. Nichts gelingt mir dauerhaft. Seit Kindesbeinen bin ich kränklich. Alle Frauen (Männer) in meiner Familie sterben einen Unfalltod." Das Thema Fluch sowie die anderen Arten von Fremdenergien werden in Kapitel II jeweils gesondert und ausführlich behandelt. Dort finden Sie Fallbeispiele aus der Praxis und Ratschläge zu deren Auflösung.

Im Fall eines schwarzmagischen Angriffs oder einer Beeinflussung durch schwarzmagische Praktiken ist die Wahrnehmung wesentlich präziser. Es fällt auf, wenn sich von einem Tag auf den anderen etwas im Leben gravierend verändert. Schwarze Magie wirkt sofort nach der Ausübung und zielt entweder auf die Gesundheit ab, auf die finanzielle Situation oder auf eine Liebesbeziehung. Häufigste Motive, um eine schwarzmagische Attacke auszuführen oder in Auftrag zu geben, sind Enttäuschung, Eifersucht, Hass, Missgunst und Vorteilnahme. Das "Opfer" spürt meist, dass etwas nicht stimmt, dass sich etwas grundlegend verändert hat. Kunden bleiben von einem auf den anderen Tag weg, der neue Partner benimmt sich abweisend, spricht öfter von der Ex-Partnerin. Eine Pechsträhne setzt unerwartet ein. Körperliche Symptome wie Herzrasen, Atemnot, Erstickungsanfälle, Schwäche, Apathie, Gelenkprobleme, unerklärliche Schmerzen und Stiche sowie Veränderungen im äußeren Erscheinungsbild wie Haarausfall, Gewichtszunahme, pickelige Haut, Ekzeme brauchen etwas länger, bis sie bemerkt und einem Angriff zugeordnet werden.

Unerlöste Seelen Verstorbener machen auf sich aufmerksam, um in die Erlösung, ins Licht gehen zu können. Sie spuken schon mal, um

Aufmerksamkeit zu erregen. Sie schalten Glühbirnen ein und aus, lassen diese auch platzen, schlagen Türen zu und Geräte an, duften nach einem Parfüm, das sie zu Lebzeiten benutzt haben oder riechen nach Tabakrauch. Ansonsten werden sie häufig als kühler Luftzug wahrgenommen. Sie stören manchmal den Schlaf und zupfen an der Bettdecke oder machen anderen Unfug. Heften sich verstorbene Familienmitglieder an, so kann es vorkommen, dass eine lebende Person Charakterzüge des Verstorbenen annimmt. Das ist natürlich ein längerer Prozess, er kann Jahre dauern. Ich erinnere mich an eine Frau, deren Bruder an einer Überdosis Drogen starb. Es ist ihr selbst aufgefallen, dass sie sich veränderte und immer mehr ihrem Bruder in seiner Art zu reden und in seinem Benehmen ähnlich wurde. Werden unerlöste Seelen bei einer Person festgestellt, so ist es ratsam, auch gleich die Wohnung oder das Haus mit zu reinigen.

Bei Besetzungen ist die Wahrnehmung der dämonischen Wesen meist dramatisch, sehr stark, unangenehm und Angst erregend. Die betroffenen Personen fühlen sich manipuliert, fremdgesteuert, sind völlig außer sich, machen und sagen Dinge, die sie sich nicht einmal haben denken können. Eine Besetzung verändert das Leben und treibt in den Ruin. Besessene spüren, dass irgendetwas Macht über sie hat. Sie leiden körperliche und seelische Qualen. Meist sind sie einsam, und sie haben unerträgliche Angst. Die Seele ist getrennt von der Quelle, was mir oft bestätigt wird. Mediale Menschen haben aufgrund des Besetzers keinen Zugang mehr zu Gott, was zu großer Hilflosigkeit führt. Die Besessenheit treibt in das gefühlsmäßige Chaos, in den finanziellen Ruin und die soziale Isolation. Der Besetzte oder Besessene gilt als Spinner und Psychopath. In Deutschland landet er zwangsläufig in psychiatrischen Einrichtungen. Es gilt die offizielle Meinung, dass diese Phänomene dem eigenen Geist entspringen und "hausgemacht" sind. In einem bekannten Beratungsinstitut für parapsychologische Phänomene in Süddeutschland wurde mir von einem Psychologen und seinem wissenschaftlichen Mitarbeiter gesagt, dass es sich bei "Besetzungen" und "Seelen" um eine Projektion des eigenen Innern nach Außen handele. Gott sei Dank gibt es eine zaghafte Bewegung in den Kreisen der Psychologie, die immerhin diese Art Erklärung anzweifelt, sich behutsam in Richtung der spirituellen Wahrnehmungen öffnet und andere Erklärungsmodelle in Erwägung zieht und diese nicht für unmöglich oder abartig hält. In vielen Gebieten der Wissenschaft sind die offiziell noch geltenden Philosophien und Denkmodelle schon längst überholt. Dem Kapitel Besetzungen widme ich den größten Raum, da die Belastung durch dunkle Kräfte immer mehr zunimmt. Sie hat in meiner Arbeit mittlerweile den größten Anteil und erfordert die stärkste mentale Konzentration.

Handelt es sich um eine Belastung durch Implantate, die von Außerirdischen gegen den freien Willen eingesetzt werden und Versuchszwecken oder der Kontrolle durch Manipulation dienen, so werden diese oft nur von sehr sensiblen Menschen bemerkt, die ihren Körper gut beobachten. Das heißt, sie haben eine Ahnung, ein Gefühl, dass etwas in ihnen sitzt. Häufig fühlen sie sich ferngesteuert. Oft gehen mit dieser Wahrnehmung Träume über Raumschiffe und außerirdische Lebewesen einher. Zur Beruhigung: Nach meiner Erfahrung lassen sich feinstoffliche Implantate unkompliziert und rasch deaktivieren.

TEIL II

DIE PRAXIS

Authentische Fallbeispiele und Clearing

1.

ZIELGERICHTETE UND AUF PERSONEN BEZOGENE BEEINFLUSSUNG

SCHWARZE MAGIE UND VOODOO

Magie bedeutet im eigentlichen Sinn des Wortes Gottesdienst. Schwarze Magie ist der Dienst für das absolute Böse, für die Kräfte, die wir als dunkel oder dämonisch bezeichnen. Manchmal ist Satan selbst im Spiel. Satanisten halten an bestimmten Tagen und zu bestimmter Uhrzeit rituelle Zeremonien für ihn ab, so genannte schwarze Messen. Scheußliche, Menschen und Tiere verachtende Rituale werden ihm zu Ehren veranstaltet, wobei es meist auch um perverse sexuelle Riten und das rituelle Töten von Tieren geht. Schwarze Katzen und Hähne sind beliebte Opfer, aber leider kommt es auch zu Morden an Kindern und rituellen Tötungen von Erwachsenen. Wer schwarze Magie betreibt, stellt sich in den Dienst der Dunkelheit, weil er bewusst und absichtlich anderen Menschen Schaden zufügen oder sie kontrollieren will. Häufig ruft ein Schwarzmagier dämonische Wesen zu Hilfe, sie fungieren als Katalysatoren für den bösen Zauber und werden von den Betroffenen als Besetzer wahrgenommen. Sie besetzen aber nicht nur das Opfer, sondern über kurz oder lang auch den Auftraggeber. Sie manipulieren und üben Macht aus. Mit den dunklen Mächten ist nicht zu spaßen. Sie machen keinen Unterschied zwischen Täter und Opfer, sondern kennen nur ihren eigenen Vorteil. Daher spricht man auch von "Seele verkaufen". Denn - falls kein Clearing gemacht wird - gibt es am Ende nur einen Sieger, und das ist die dunkle Kraft.

Im Gegensatz zur schwarzen Magie handelt es sich bei Voodoo im ursprünglichen Sinn um eine Religion, die hauptsächlich in Afrika und

Teilen Amerikas beheimatet ist. Die Religion ist in westlichen Ländern vor allem durch Opferdarbringungen und vermeintliche Praktizierung schwarzer Magie bekannt. Immer wieder wird Voodoo als schwarze Magie angesehen. Genährt wurden diese Vorstellungen durch die Praktiken des Totenkults und den Glauben an die Wiederbelebung längst Verstorbener. Wie in anderen Kulturen und Religionen auch kann es vorkommen, dass Priester des Voodoo ihre vermeintlichen Kräfte für Schadzauber einsetzen. Durch diese Praktik wurde Voodoo im Westen bekannt. Ein häufig dargestellter Brauch ist das Herstellen von Voodoo-Puppen, die oft einem bestimmten Menschen nachgebildet sind. Indem mit Nadeln oder mit einem Messer in die Puppe hineingestochen oder diese gar regelrecht durchbohrt wird, werden dem Betroffenen Schmerzen zugefügt.

Besorgnis erregend ist allerdings die Zunahme von satanistischen Zirkeln, schwarzen Messen und der bewussten Hinwendung an das Böse als angeblich einzigem Ausweg aus der Misere der heutigen Zeit. Kürzlich erhielt ich eine Zuschrift von einem Mann, die ich hier gekürzt und selbstverständlich ohne Namen und Ortsangaben wiedergebe:

"... Ich möchte Sie bitten, mir zu helfen, mich von dunklen Kräften zu befreien. ... Gleich nach meinem Studienwechsel habe ich hier einen Kommilitonen kennen gelernt, der sich sehr mit okkulten Praktiken und schwarzer Magie beschäftigt. Da ich anfangs sehr naiv war und dachte, dass – auch wenn ich schon hier und da davon gehört habe – so etwas nicht real sein könne und zudem auf der Suche nach Spiritualität war, habe ich mich lange auf ihn eingelassen. Aber welche Kräfte hinter ihm stehen, dass wurde mir erst vor kurzem bewusst.

Es hat alles ganz harmlos angefangen, ich dachte, dass er trotz seines Spleens für Magie und der "komischen" Aussprüche über die "Schlange" und Satan im Grunde ein gutes Wesen sei. Ich muss mir eingestehen, dass ich total naiv war. Er hat sich mir gegenüber auch immer wie ein guter Freund gezeigt und tat immer so, als ob er mir helfen wolle, mich zum "Guten" zu verändern. Auf meine Zweifel hin erwiderte er immer, dass alles was ich vorher kannte, das Christentum, der Buddhismus, eigentlich das Schlechte in der Welt sei. Anfangs hat mich das sehr schockiert, aber er hat immer so argumentiert, dass alles Schlechte nur durch diese Weltreligionen entstanden sei, und er hat das so glaubwürdig rübergebracht, dass ich selbst ab und zu an meinen Ansichten zweifelte. Er versorgte mich mit Büchern z. B. von Aleister Crowley. Teilweise habe ich die Bücher interessiert gelesen. Ich war so leichtgläubig, dass ich ständig dachte, er habe gute Absichten und sei eine Art spiritueller Meister für mich. Er stellte sich auch nicht als Satanist hin, sondern immer als eine Art Verkünder einer Über-Religion.

... Er sagte mir, ich müsse mich von meiner Freundin trennen. Daraufhin war ich total sauer wegen dieser Äußerung. Aber kurz darauf hat meine Freundin tatsächlich mit mir Schluss gemacht, und für mich ist eine Welt zusammengebrochen. Ich wurde sehr depressiv und konnte nächtelang nicht schlafen. Da tauchte er wieder auf. Anfangs war es sogar angenehm, da er sich sehr um mich kümmerte, oft vorbeikam und ich wirklich das Gefühl hatte, dass seine Hilfe sehr aufrichtig ist. Ich war oft mit ihm zusammen. In der Zeit hat er schamanische Tänze aufgeführt, seine schwarze Magie praktiziert und Rituale abgehalten. Bei vielem war ich anwesend, aber ich war immer noch so blind, dass ich davon überzeugt war, er habe Gutes im Schilde. Am Schluss hat er mir ins Gesicht gesagt, ich müsse sterben. Am Anfang habe ich das als Humbug abgetan und es einfach ignoriert. Jedoch hat sich seitdem Folgendes ereignet:

- *Ich bin den ganzen Tag extrem müde, besonders nach dem Erwachen bin ich immer sehr depressiv verstimmt.*

- *Ich leide große Ängste und kann teilweise nicht mehr aus dem Haus gehen.*

- *Meine Familie ist auf Distanz zu mir gegangen, da ich bei den letzten Treffen nie etwas sagen konnte, nur total steif und regungslos da gesessen bin und ich auch keine Hilfe zugelassen habe.*

- *Es hat sich etwas wie ein Keil in mein Bewusstsein getrieben, das verhindert, dass ich präsent bin, manchmal drifte ich förmlich weg. Ich lebe oft wie in einem Traum, als wäre ich von der restlichen Welt getrennt.*

- *Im Studium haben meine Leistungen sehr nachgelassen, da es mir oft nicht möglich ist, einen klaren Gedanken zu fassen. Ich fehle auch häufig, um diese Situationen zu vermeiden. Viele sind auf meinen Zustand aufmerksam geworden und meiden mich. Ich lebe ziemlich isoliert und habe nur noch zu wenigen Menschen Kontakt.*

- *Ich kann mich verbal nicht mehr so gut ausdrücken und finde oft keine Worte.*

- *Ich zittere manchmal, wenn ich mit anderen beim Essen sitze.*

- *Zudem, das hat mich sehr erschrocken, sind die Glühbirnen in meiner Wohnung bis auf wenige alle geplatzt. Ich bitte Sie aus ganzer Seele, mir zu helfen, ich weiß nicht, an wen ich mich wenden kann. Ich bin mit dieser Situation total auf mich alleine gestellt. Ich weiß, dass ich große Fehler gemacht habe, die ich heute sehr bereue. Ich wusste nicht, welche Kräfte in dieser Welt wirken.*

Mittlerweile sind mehrere Monate vergangen. Ich habe nichts mehr von dem Herrn gehört, was mich besorgt macht, da Satanisten und Schwarzmagier keine Gnade kennen. Sie haben keine normalen menschlichen Gefühle (mehr) und kennen weder Nachsicht noch Erbarmen. Sie bedienen sich der Lüge und falscher Versprechungen, sie täuschen und intrigieren. Sie dienen einer Kraft, die unermesslich gierig danach ist, Macht und Kontrolle über andere nicht nur zu besitzen, sondern diese auch erbarmungslos auszuüben. Diese Kraft labt sich an der Schwäche, dem Leid und den Schmerzen der Menschen und hat nur ein einziges Ziel: die

Seele des Opfers. Wer dies für überzogen oder gar paranoid hält, der ist schlicht und einfach unwissend.

Eines Tages wurde ich von einer verzweifelten Mutter aus der Schweiz angerufen. Es ging um ihre Tochter, die sich später auch noch persönlich bei mir meldete. Die junge Frau ist seit ein paar Jahren völlig neben sich, eigentlich müsste ich sagen "außer sich", denn durch einen Schock haben sich Seelenanteile von ihr abgespalten. Man spricht in solch einem Fall von verloren gegangenen Seelenanteilen. Das kommt häufig vor, meist dann, wenn der seelische Schmerz unerträglich ist. Es ist eine Rettungsmaßnahme, bei der Anteile abgespalten werden, damit das Trauma durchgestanden werden kann. Die meisten von uns haben als Überlebensstrategie in der Kindheit Seelenanteile abspalten müssen. Diese dürfen jetzt zurückgeholt werden. Lesen Sie dazu Teil III. 5., Schutz und Reinigung der Aura.

Bei der jungen Frau, die eine sehr zaghafte und energielose Persönlichkeit ist, habe ich eine Beeinflussung durch schwarze Magie sowie eine Verwünschung aus ihrem jetzigen Leben festgestellt. Nachdem sie vor einigen Jahren ihrem damaligen Freund sagte, dass sie die Trennung von ihm wolle, war der junge Süditaliener dermaßen gekränkt, dass er eine schwarzmagische Beeinflussung in Auftrag gab, um seine Ex-Freundin an sich zu binden. Nicht, dass er den Kontakt zu ihr suchte, das verbat ihm sein Stolz. Aber ihr schaden, das wollte er wenigstens. Sie sollte stets an ihn denken und niemals mehr einen anderen Mann haben. Die schwarze Magie zeigte Wirkung: Die junge Frau kam gedanklich und emotional nicht von ihm los, obwohl sie es war, die die Trennung wollte. Je mehr sie versuchte, den Gedanken an ihn zu vertreiben und loszuwerden, desto stärker wurde er. Sein Bild war ständig präsent. Sie litt Qualen und war regelrecht traumatisiert. Ich konnte die Beeinflussung unterbrechen und den Fluch wegnehmen, dennoch zeigt die Arbeit nur schleppend Früchte. Meine Klientin fühlt sich zwar stärker, ist unternehmungslustiger, hat Arbeit und Freunde, ist aber immer noch unsicher und zögerlich bei allem, was sie tut. Sie hinterfragt ständig, ob das richtig sei, was sie zu tun gedenke, und hegt grundlos Schuldgefühle gegenüber ihren Mitmenschen. Zurzeit arbeitet sie mit einer Therapeutin vor Ort, um die verlorenen

Seelenanteile zurückzuholen. Danach setzt sicherlich Heilung und Stabilisierung ein.

Eine junge Frau und vielfache Mutter schreibt mir eine E-Mail und berichtet von ihrer Vermutung, dass sie und ihre Kinder von einer Dame in Italien über schwarze Magie angegriffen werden. Es vergehen einige Wochen, bis sie mir endlich die Fotos der ganzen Familie zukommen lässt. Tatsächlich liegt eine Beeinflussung durch schwarzmagische Praktiken vor, die erst vor etwa einem halben Jahr eingesetzt haben. Dies ist in etwa der Zeitpunkt, als diese Dame in Italien nach ihrem leiblichen Vater suchte und mit dessen Witwe gesprochen hatte. Offensichtlich geriet die italienische Frau in Angst wegen der Tochter in Deutschland, die ihr verstorbener Mann hinterlassen hatte. Die Analyse ergibt einen deutlichen materiellen Hintergrund für die schwarze Magie. In diesem Fall wurde befürchtet, dass die unverhofft auftauchende außereheliche Tochter des Ehemannes ihren Erbteil beanspruchen könnte. Außerdem ging es wieder einmal um die "Ehre" und den Stolz. Auf alle Fälle hatte meine Klientin ein gutes Gespür und eine treffsichere Wahrnehmung, denn seit diesem Besuch in Italien sind die Kinder ständig krank und schwach. Es wird viel häufiger als früher gestritten, die Mutter selbst fühlt sich fremdbestimmt und hat für einige Phänomene keine Erklärung. Mittels der schwarzmagischen Rituale wurden ihr auch dämonische Wesen angehext, die sie nunmehr nicht ruhen lassen. Sie wird regelrecht drangsaliert, vieles misslingt, sie ist aggressiv und innerlich unruhig und unausgeglichen. Sie hat Zwangsgedanken an die in Italien lebende Witwe ihres Vaters. Sie möchte mental davon freikommen, kann sich aber selbst nicht befreien.

Bei diesem Fall kommt mir wieder mein Einweihungserlebnis mit einer echten italienischen Maga (Magierin) in den Sinn. Im Juni 2005 war ich zu weiteren Recherchen in Kalabrien unterwegs, wo es in jedem kleinen Dorf eine *maga* oder einen *mago* gibt. Meist sind es ältere Frauen und Männer, die sich aufs Hexen und Zaubern verstehen. Viele nehmen es auch mit der Anwendung von schwarzmagischen Ritualen und deren karmischen Auswirkungen nicht so genau. Die Bevölkerung wendet sich recht gerne an diese Personen, die für eine kleine Spende aktiv werden.

Schwarzmagische Riten werden mit oder ohne Anwesenheit des Auftraggebers ausgeführt. Wie in "Befreiung von Dunkelmächten" erwähnt, können Sie in Italien in jeder seriösen Buchhandlung Rezepte für schwarze Magie erstehen. Teils sind diese kompliziert, denn wie kommt man zum Beispiel an einen getrockneten Froschschenkel oder an die getrocknete Haut einer ganz bestimmten Schlangenart? Dennoch findet man Rezepturen und Zaubersprüche, um allen möglichen Schaden anzurichten, oder die eigenen Absichten gegenüber einer anderen Person durchzusetzen. Es ist möglich, Männern zu einer Glatze zu verhelfen, Frauen gefügig und hörig zu machen, jemandes Kinderwunsch Wirklichkeit werden zu lassen oder auch eine Schwangerschaft zu verhindern, Streitsucht zu fördern sowie Krankheit und Tod zu provozieren.

Schwarze Magie, Voodoo und üble Gedanken gegen andere Menschen haben eine starke Wirkung. Sie entstehen meist aus tiefem Hass, aus Missgunst und Neid. Ferner ist private und geschäftliche Eifersucht ein häufiges Motiv. Es findet sich immer dann, wenn es um Beziehungskrisen, Trennungen und Ehescheidungen geht. Schwarze Magie hat oftmals ihren Ursprung in den Mittelmeerländern, in der Türkei, auf dem Balkan, auch in Polen, Russland, Rumänien und Tschechien. Schwarzafrika, Mexiko, Brasilien und Indien reihen sich ebenfalls in die Liste der Länder ein, wo traditioneller Umgang und weit verbreitetes Wissen um die schwarze Magie herrschen.

Meine Klientel, die unter einem schwarzmagischen Angriff leidet, besteht hauptsächlich aus in Trennung oder Scheidung lebenden Menschen, bei denen der Ehepartner aus einem dieser Länder stammt oder dorthin Verbindungen hat. Schwarze Magie als Mittel der Manipulation, der mentalen Beeinflussung (Marionette, Gehirnwäsche) und zum finanziellen oder gesundheitlichen Ruin wird hemmungslos eingesetzt, wenn es um Rache geht. Auch wenn es um das Sorgerecht für Kinder geht, darum wie der Besitz und die Finanzen aufgeteilt werden und natürlich dann, wenn jemand möglichst schnell beerbt werden soll. Die Absichten sind böse und feige. Schwarze Magie wird von einer oder mehreren Personen ausgeführt, manchmal erfolgt sie als Auftragsarbeit. Es kommt vor, dass eine große Gruppe Schwarzmagier daran arbeitet, einer einzigen Person das Leben zur Hölle zu machen.

Bleibt es bei den negativen Gedanken und Schwingungen, die auf die Zielperson gerichtet sind, werden meist Fotos oder Gegenstände der Person, gerne auch Haarsträhnen oder Kleider verwendet. Ansonsten kann schwarze Magie auf alle möglichen Gegenstände und Lebensmittel aufgepflanzt werden. Sie kann von einem Schwarzmagier auch über das Telefon, durch Berührung des Körpers oder den "bösen Blick" übertragen werden. Es gibt so viele Möglichkeiten, Schaden anzurichten. Meist wird ein Ritual – satanischen Ritualen nicht unähnlich – mit einem Zauberspruch, in dem die Absicht erklärt wird, durchgeführt. Schwarzmagische Rituale werden entweder an persönlichen Gegenständen des Opfers oder anhand eines Fotos ausgeführt. Es genügt aber auch, Platzhalter dafür zu wählen, wie zum Beispiel eine Puppe. Es reichen aber auch schon konzentrierte böse Gedanken, um einen immensen Schaden anzurichten. Es kann auch eine Art Depot angelegt werden, so dass die schwarze Magie ein Selbstläufer und Dauerbrenner wird, d. h. sie erneuert sich von alleine.

Solch einen Fall hatte ich vor ein paar Jahren, als im Kühlschrank einer Dame alle frisch eingekauften Lebensmittel, egal ob Obst, Gemüse, Schinken oder Käse, Milch oder Joghurt von einem auf den nächsten Tag faulten. Es scheint unglaublich, aber man kann mit schwarzer Magie einfach alles tun – Schaden an der Wohnung und am Haus anrichten, Wände schimmeln lassen, Invasionen von Insekten erzeugen, finanziellen Ruin fördern. Wer aus unerklärlichen Gründen rasch finanzielle Probleme bekommt, sollte daher an die Möglichkeit denken, dass missgünstige oder stark gekränkte Menschen dahinter stecken könnten.

Kürzlich rief mich ein Herr an, der von seiner geschiedenen Frau angegriffen wurde. Diese hatte einen Magier damit beauftragt, den Ex-Mann zu vernichten. Zunächst stellten sich bei ihm Schwierigkeiten im Beruf ein. Er ist selbstständiger Handwerker und sah sich ohne Aufträge beinahe vor dem Konkurs. Dabei hat er einen sehr guten Ruf, ist angesehen und überregional für außerordentlich gutes Handwerk bekannt. Einige Zeit später wurde er auf der körperlichen Ebene gestört und attackiert. Es setzten äußerst starke Rückenschmerzen durch mehrere Wirbelverschiebungen ein, die Gehen und Stehen beinahe unmöglich machten. Er war verzweifelt und konnte kaum noch klar denken vor Schmerzen. Alle Therapieversuche mit Spritzen, Chiropraktik, Heilgymnastik und Massagen bei Ärzten und Physiotherapeuten blieben ohne Erfolg. Die Schmerzen reduzierten sich nicht einmal ansatzweise. Die Situation entschärfte sich erst durch die Durchtrennung und Beseitigung der feinstofflichen Verbindung zwischen ihm und dem Magier. Dann wurden alle karmischen Blockaden zwischen ihm und seiner Ex-Frau endgültig gelöst. Er hatte gelernt, bewusst alles Negative, das ihn treffen könnte, abzulehnen und den Schmerz als nicht zu ihm gehörig abzugeben. Nach den Clearing-Sitzungen fühlte er sich frei und beweglich. Bis die Verletzungen der Wirbelsäule abgeheilt sind, wird aber noch einige Zeit vergehen.

Eines Tages bat mich eine ältere Dame um Hilfe. Ich sollte sie gegen schwarzmagische Angriffe schützen. Sie wusste gleich zu berichten, von wem sie seit wann und mit welcher Methode attackiert wurde. Als ich am Telefon mit ihr sprach, hatte ich sofort die Wahrnehmung und den Impuls, dass sie selbst ebenfalls magisch arbeitet. Stimmlage und Schwingung der Person sind über das Telefon sehr gut und präzise wahrnehmbar und täuschen nicht über das wahre Wesen hinweg. Bei persönlichen Kontakten kann es schon eher einmal zu einer momentan verzerrten Wahrnehmung kommen, da Kleidung und Verhalten ablenken können. Während der ersten Sitzungen verstärkte sich mein Eindruck, dass sie es nicht lassen konnte, selbst irgendwelche dubiosen Rituale durchzuführen, um einen Gegenschlag zu bewirken. Sie gab auch zu, täglich das Pendel zu befragen. Für die Dauer eines Clearings gilt aber grundsätzlich, dass keinerlei okkulte Betätigung stattfinden darf. Auch ist es nicht ideal, wenn mehrere Heiler zur gleichen Zeit an demselben Klienten arbeiten. Dies führt meist zu einem heillosen energetischen Durcheinander.

Es eröffnete sich mir, dass sie in einem früheren Leben eine Schwarzmagierin gewesen war, und dass sie auf der unbewussten Seelenebene sich immer noch dem Dunklen verschrieben hatte. Ich teilte ihr mit, dass sie unbedingt einige Übungen durchführen und einen Lösungssatz für die Absage an das Dunkle rezitieren solle. Täglich mehrmals und mit lauter Stimme. Es handelt sich um ein Abschwören der satanischen Seite und die bedingungslose Hinwendung zum göttlichen Licht, und zwar für alle Zeiten und Ewigkeiten. Einsicht und Mitarbeit der Klienten sind in solchen Fällen Voraussetzung für erfolgreiches Arbeiten.

Es ist meine Pflicht, darauf aufmerksam zu machen, dass nur derjenige schwarzmagisch attackiert wird, der damit in Resonanz steht. Das kann nun bedeuten, dass jemand in einer anderen Existenz selbst schwarzmagisch aktiv war, oder dass dieser Mensch in diesem aktuellen Leben Dinge getan hat, die anderen Menschen schaden sollten oder geschadet haben. Das karmische Rad wird sich weiter drehen für all diejenigen, die es nicht lassen können, auf andere Personen Einfluss nehmen zu wollen. Was ich säe, werde ich ernten. Ich bin sehr erstaunt, dass es selbst in Kreisen spirituell und energetisch arbeitender Menschen immer wieder vorkommt, dass Rachegedanken Raum finden und dass ohne Einwilligung an Menschen "gearbeitet" wird. Auch das zählt zur schwarzen Magie, da es sich um eine Manipulation handelt. Bevor man mit einer Person energetisch arbeiten möchte, die man nicht fragen kann, ist es wichtig, die geistigen Helfer um Erlaubnis zu fragen oder mit dem Höheren Selbst der Person in Verbindung zu gehen und um Einwilligung zu bitten. Dadurch ist die Arbeit abgesegnet, und der Therapeut hat kein neues Karma zu befürchten. In der Tat erhalte ich heute bezüglich meiner Arbeit mit den Clearings immer häufiger die Erlaubnis dazu aus der geistigen Welt und von dem Hohen Selbst der betroffenen Person, auch wenn diese davon bewusst nichts weiß. Allerdings ist es auch so, dass der Erfolg dann weniger stark ist, wenn und weil der Klient nichts von der Arbeit weiß. Jemand, der sich dessen bewusst ist, dass ein Clearing an ihm und/oder seiner Wohnung durchgeführt wird, kann durch sein Bewusstsein mithelfen und wird die Veränderungen wahrnehmen.

SCHWARZMAGISCHE ZAUBEREIEN ERZEUGEN DÄMONEN

Ein wichtiger Aspekt der schwarzen Magie ist der, dass einige Magier geistige Kräfte zur Mithilfe anrufen und damit auch noch zusätzlich eine

Besetzung schaffen. Mir ist in den zahlreichen Fällen der schwarzen Magie aufgefallen, dass beinahe immer auch eine Besetzung mit dunklen Energien vorhanden ist. Wesenheiten, die bei einer schwarzmagischen Handlung gerufen werden und sich bilden, sind im Einklang mit dem Teufel. Es handelt sich dabei um Geistwesen, die sich als Helfer einspannen lassen. Sie können sich das so vorstellen, wie den Geist aus der Lampe, den Aladin erzeugte und durch das Reiben an der Lampe rief.

Wenn die schwarze Magie als Ritual und Zauber alleine nicht ausreicht oder wenn diese verstärkt werden soll, so werden zusätzlich noch Dämonen angerufen. Mittels eines festgelegten Rituals wird der entsprechende Dämon namentlich angerufen und herbeizitiert. Der Dämon soll sich während des Rituals und der Anrufung als Gestalt zeigen und die Befehle des "Herrn" entgegennehmen. Falls er diese nicht befolge, so habe er mit unangenehmen Konsequenzen zu rechnen. Mir scheint es äußerst naiv, wie in einer Internetseite beschrieben wird, dass der Dämon – es handelt sich konkret um den großherzöglichen Dämon Astaroth (Astoroth, Asteroth, Aschtaroth, Aschtoreth) – gehorsam zu sein hat und sich Drohungen und Erpressungen gefallen lässt. Mag sein, dass er das anfangs zum Schein akzeptiert, aber ich garantiere dafür, dass er später die Oberhand gewinnt und seine Fähigkeiten ausspielt. Wenn er keinen ebenbürtigen (also lichtvollen und hoch entwickelten Menschen) Gegenspieler hat, gewinnt der Dämon immer. Die Anrufung des Astaroth soll angeblich ein Gebet mit verschiedenen Namen sein. Es enthält keine Verben und keine konkret verständliche Aussage. Es gibt Abbildungen, auf denen er als hässlicher Engel mit einfältiger Miene auf einem Drachen daherreitet. Seine Aufgabe sei es, den Magier in Verbindung mit bedeutenden Personen zu bringen und Freundschaft mit ihnen zu knüpfen. Er wisse alles über Vergangenheit und Zukunft, und er könne alle Geheimnisse enthüllen. Das ist nichts Besonderes, das können die lichtvollen Engel schon längst. Dazu muss man sich wirklich nicht in diese Gefahr begeben, eine satanische Kraft zu befragen. Zumal es nicht sicher ist, ob sie die Wahrheit sagen wird.

Magier sind die modernen Zauberer, die sich der Helfer aus der Dunkelwelt bedienen. Manchmal allerdings verselbstständigen sich diese, und dann wird es wirklich dramatisch. Einen solchen Fall beschreibe ich in dem Kapitel über Besetzungen während Seminaren. Ich bin mir sicher, dass dieser Schamane, an den ich dabei denke, keine Ahnung davon hatte, was er mit seinen Ritualen und Anrufungen bei meiner Klientin auslösen würde und welche Dämonen er damit aktiviert hat. Es ist sträflich, dumm und ignorant, dermaßen unverantwortlich mit Wesenheiten umzugehen. Es hat meine Klientin anderthalb Jahre ihres Lebens gekostet.

Wenn es um Missgunst im Geschäftsleben geht, sind die Konkurrenten oft nicht zimperlich. So geschehen im Fall einer Geschäftsfrau aus Österreich, die spürte, dass man sie in den Ruin treiben wollte. Nicht nur, dass die Kunden und die Aufträge ausblieben, nein, es gab auch noch ungewöhnlich viele Reklamationen für bestehende Aufträge. Außerdem wurde vehement versucht, den Preis für ihre zum Verkauf stehende Wohnung zu drücken. Als ich den Auftrag erhielt – meine Klientin tat sehr dringend und geheimnisvoll, sie rief mich stets von der Telefonzelle aus an –, spürte ich schon bei der ersten Sitzung, welche geballte bösartige Kraft hinter dem Angriff steckte. Die schwarze Magie war so stark, dass sie sich bei der Dame auf Herz und Lunge legte. Dies sind beliebte Ziele für schwarze Magie. In diesem konkreten Fall handelte es sich um eine spirituelle Frau, die vor dem Angriff eine sehr gute Anbindung an das Göttliche gehabt hatte. Nachdem ich lange insistierte, um zu erfahren, nach welchem Ereignis die Angriffe begonnen hatten, sprach sie von den Scientologen. Näheres möchte ich nicht preisgeben, um diese Dame nicht zu gefährden. Ich fühle mich aber verpflichtet, diese Information hier anzusprechen, da in dem Fall meiner Klientin eine sehr starke und äußerst bösartige schwarzmagische Attacke lief. Nach jeder Clearing-Sitzung war für ein paar Tage Ruhe und Frieden, dann aber fingen die schwarzmagischen Kräfte wieder an, die Klientin zu traktieren. Sie sollte an Leib, Leben und Vermögen vernichtet werden. Für meine Klientin ist es jetzt wichtig, aus der Resonanz herauszukommen. Ich gab ihr zahlreiche Ratschläge für ihren Schutz und die Reinigung der Aura. Auch hier gilt: Je höher die eigene Schwingung, je stärker die Reinheit der Aura und je höher die Bovis-Einheiten und das eigene "Licht" sind, desto schwieriger ist es für Schwarzmagier, einen Zugang zu finden. Schwarzmagische Attacken prallen an einer starken Aura ab und sind nahezu wirkungslos. Sie werden lediglich als etwas schleimig Dunkles im Energiefeld wahrgenommen, das sich mit eigener mentaler Kraft "wegduschen" lässt.

Ein weiteres Beispiel für die Aktivierung von dämonischen Kräften zur Durchsetzung eigener materialistisch gesinnter Interessen erlebte ich in Franken. Ein Ehepaar in mittlerem Alter erlebt seit ein paar Jahren den reinsten Psychoterror durch Angriffe unterschiedlicher Art. In dem liebevoll gestalteten Garten verdörrt über Nacht ein tags zuvor noch in voller Blüte stehender Rosenstrauch, er ist vertrocknet bis ins Holz hinein und nicht mehr zu retten. Im Haus werden unangenehme faulige Gerüche wahrgenommen. Der Ehefrau wachsen urplötzlich schwarze Haare mit Widerhäkchen auf den Armen. Beide Partner sind völlig entnervt und mit der Situation überfordert. Gleichzeitig mit diesen eindeutig schwarzmagischen Phänomenen kommt es zu Schwierigkeiten mit einem Juristen und der Bank. Es verschwinden Unterlagen und wichtiges Beweismaterial, die Hausfinanzierung verteuert sich immens. Gut nur, dass sich derartige Belastungen feinstofflicher Art transformieren lassen. Schon bei der ersten Fernsitzung lösten sich die schwarzmagischen Beeinflussungen, sie ließen sich unterbrechen und neutralisieren. Somit kann jetzt Heilung einsetzen. Das bedeutet auch, dass der Haarwuchs auf den Armen der Ehefrau, ist er denn einmal entfernt, nicht mehr nachwachsen wird. In Fällen, in denen die schwarzmagischen Angriffe nicht aufhören, d.h. immer wieder nachgelegt werden, oder wenn ein Depot angelegt wurde und sich die Angriffe damit ständig selbst erneuern, müssen Angreifer und Angegriffene unbedingt energetisch getrennt werden. Dies kann bedeuten, dass die Arbeit sich etwas länger hinziehen kann. Letztendlich aber siegt das Licht über die niedrigen Frequenzen des Dunklen. Nach einigen Fernsitzungen bemerkt das Ehepaar, dass sich die Energie im eigenen Haus geklärt hat. Der Grauschleier habe sich gelichtet, die Farben seien klarer, auch das Atmen sei wieder leichter möglich.

Eine andere Klientin klagte, dass sich ihr Lebenspartner so verändert habe, seit er die Scheidung eingereicht habe. Er spreche ständig von seiner Ex-Frau und wolle ihr das gemeinsame Haus partout nicht überlassen.

Dabei hätte er dafür einen finanziellen Ausgleich erwarten dürfen. Jedes Mal, wenn er mit seiner Ex-Frau telefonierte oder sie wegen des gemeinsamen Kindes sah, war er wie ausgewechselt. Handzahm und wie eine Marionette. Ich stellte einen starken schwarzmagischen Angriff fest, der darauf abzielte, ihn zu manipulieren. Egal, was die Ex-Frau wolle, er solle dem zustimmen. Außerdem soll sie in ihrer großen Wut ihm gegenüber geäußert haben: "Wenn ich mit dir fertig bin, hast du keine Haare mehr auf dem Kopf!"

Ein interessanter und ganz aktueller Auftrag ist der folgende, den ich hier gern beschreiben möchte. Es geht um eine Therapeutin, die energetisch und beratend arbeitet und einen sehr guten Ruf genießt. Seit einigen Monaten bemerken sie und ihr Sohn einen üblen Stallgeruch im oberen Bereich des Hauses und eine Ameiseninvasion auf der Terrasse im Erdgeschoß. Außerdem spürt die Dame, dass sie bei ihrer Arbeit beobachtet wird. Sie merkt also, dass ihr immer dann, wenn sie sich etwas notiert, eine unsichtbare Person über die Schulter schaut und mitliest. Eines Tages empfand sie einen stechenden Schmerz in einem Auge. Für sie war es klar, dass man ihr eine Linse eingepflanzt hatte, um noch besser auf ihre Arbeit und ihre Manuskripte schauen zu können. Sie spürte auch körperliche Angriffe aus den umliegenden Häusern und ließ an der Stelle ihres Gartens, von wo aus diese Angriffe kamen, eine Hecke pflanzen. Nach ein paar Wochen waren die Pflanzen an dieser Stelle wie verbrannt, und zwar auf der dem anderen Haus zugewandten Seite, auf der Seite des Schwarzmagiers also.

Eine Dame aus der Schweiz hat mein Buch gelesen und ruft mich an, da sie sich von einem Mann, den sie öfter sieht, beeinflusst fühlt. Sie träumt von ihm und hat das Gefühl, dass er irgendetwas unternimmt, um sie gefügig zu machen. Sein Interesse an ihr hat er ihr schon mehrfach mitgeteilt. Meine Klientin ist glücklich verheiratet und hat zwei beinahe erwachsene Töchter. Für sie gibt es einfach gar keinen Grund, sich mit diesem Mann einzulassen. Sie arbeitet selbst spirituell und weiß um karmische Verwicklungen und Bänder. Wir denken beide, dass es eine karmische Verbindung zwischen ihr und dem Herrn gibt. Sie bittet mich, diese Bänder und die Beeinflussung von ihr und ihrer Familie wegzunehmen. Die schwarzmagische Beeinflussung beschränkt sich nicht nur darauf, sie für diesen Magier zu erwärmen, sondern sie nimmt auch Einfluss auf den Ehemann und die Töchter. Diese fühlen sich mitunter unwohl und reagieren aufbrausend. Die Familienidylle ist empfindlich gestört.

Der erste Schritt meiner Arbeit ist es, alle Familienmitglieder von der dunklen klebrigen Energie des Herrn zu befreien. Unglaublich, wie sich Manipulationsgedanken und Begierden in dunkle klebrige Energien transformieren, und wie zäh sie die Aura verkleben. Infolgedessen wird die Verbindung zum Göttlichen empfindlich gestört und ebenfalls verklebt. Nachdem meine Klientin, ihr Ehemann und die Töchter von den fremden Energien befreit waren, hatte sie in der Nacht nach der zweiten Sitzung folgenden Traum: Sie fragt ihre Geistführer, ob es möglich sei, ihr einen Fuß zu amputieren. Ihrem Wunsch wird sofort stattgegeben und sie unterzieht sich freiwillig einer Amputation (Loslösung von dem Magier). Dabei fließt sehr viel reinigendes und befreiendes Blut. Noch im Traum fühlt sie sich gut, befreit und getrennt von dem Schwarzmagier und sehr rein. Eine Tochter meiner Klientin, die außerdem eine dämonische Besetzung hatte und eine verirrte Seele beherbergte, hat während der Fernclearing-Sitzungen gemalt: stets das gleiche Motiv – ein Strichmännlein mit Gesicht, das zunächst traurig aussah, aber mit jeder Sitzung seinen Gesichtsausdruck veränderte. Es wurde immer freundlicher, bei der letzten Sitzung hatte es einen lachenden Mund. Außerdem musste sie während der Clearing-Sitzungen weinen. Es hat sich also sehr vieles gelöst, und die Tränen durften es wegschwemmen. Derartiges Arbeiten ist für mich eine wahre Freude.

Ein weiterer Fall, bei dem über schwarze Magie dämonische Kräfte hinzugerufen wurden, ist der eines wissenschaftlich arbeitenden Mediziners in der Schweiz. Dunkle Wesenheiten erschwerten ihm die Konzentration auf seine Forschungsarbeiten. Schwarzmagische Angriffe auf seine Gesundheit schwächten ihn sehr. Er wurde zunehmend müder, fühlte sich erschöpft und ausgelaugt, sein Geist war zerstreut. Das Motiv hinter diesem sehr aggressiven und bösartigen schwarzmagischen Angriff waren wieder einmal mehr Missgunst und Neid. Seitens übel wollender Konkurrenten sollte verhindert werden, dass dieser Forscher seine wissenschaftlichen Errungenschaften zum Patent anmeldet. In der Tat sollte die schwarze Magie ihn dermaßen entkräften, dass er zu einem Wrack würde. Man versuchte, ihn unglaubwürdig erscheinen zu lassen und wollte ihn in der Öffentlichkeit lächerlich machen. Es wurden ihm zahlreiche Hindernisse in den Weg gelegt, nicht nur feinstofflicher Natur, sondern auch durch juristische und formale Schritte. Mithilfe des Clearings, bei dem die dämonischen Kräfte und die schwarze Magie beseitigt wurden, gelangte er rasch wieder zu Kräften und kam in seine Konzentration. Er gewann einen gegen ihn angestrengten Prozess und konnte seine Arbeiten fortsetzen. Es ist erstaunlich, dass seitens wissenschaftlicher Mitarbeiter zu Praktiken der schwarzen Magie gegriffen wird, um eigene Interessen mit allen Mitteln durchzusetzen. Für Macht und Geld scheinen gewisse Kreise keine noch so üble Maßnahme zu scheuen.

Einen weiteren Fall von schwarzmagischer Manipulation erlebte ich im Frühjahr dieses Jahres bei einer angehenden Heilpraktikerin, die sich mit starken schmerzhaften Körpersymptomen an mich wandte. Aufgrund ihrer Resonanz war sie gleich zwei schwarzmagischen Beeinflussungen ausgesetzt: Eine Beeinflussung entstand infolge einer einmaligen Behandlung durch eine Therapeutin für Rückenbegradigung. Nach der Behandlung stellten sich starke Schmerzen ein (normalerweise eine Erstverschlimmerung, die rasch verschwindet), die tage- und wochenlang konstant stark blieben. Meine Analyse ergab eine Manipulation durch eine weniger lichtvolle Therapeutin, die mithilfe schwarzmagischer Methoden diese Arbeit ausführt. Sie hatte eine dunkle Wesenheit in der Aura meiner Klientin abgeladen. Bemerkenswert ist hier auch die Tatsache, dass diese Therapeutin von einem über das Fernsehen bekannten Heiler in Deutschland ausgebildet wurde. Ich selbst hatte mich vor Jahren ebenfalls für eine derartige Ausbildung bei ihm interessiert, dann aber nach genauem Hinsehen mein Ansinnen aufgegeben. Ich vermisste das Licht.

Nachdem ich an einem Freitagabend eine Fernclearing-Sitzung mit einer anderen Heilpraktikerin machte und diese danach völlig frei war, stellte ich am darauf folgenden Montag erstaunt fest, dass sie sich über das Wochenende eine starke dunkle Kraft eingeladen hatte. Sie war am Wochenende bei einem sehr bekannten Heiler gewesen, um sich für ein Seminar anzumelden und ihn persönlich kennen zu lernen. Dabei legte er ihr die Hände zum Heilen auf. Wieder zu Hause bemerkte sie eine ungewohnte Schwere und fühlte sich ungut. Sie stellte sofort einen Zusammenhang zwischen der Übelkeit und der Begegnung mit diesem Mann her und sagte konsequenterweise das Seminar ab. Durch die Kraft seiner Gedanken hatte er einen Bann auf ihre Tätigkeit gelegt, so dass Patienten ausblieben. Meiner Klientin ist es klar, dass sie dafür die Resonanz bietet. Sie hat daraufhin an sich selbst gearbeitet, um zu erkennen, wo sie ihr Potenzial nicht lebt oder sich nicht gut genug für ihre Arbeit fühlt.

Menschen werden über schwarzmagische Praktiken, die den Willen beeinflussen, manipuliert – manchmal auch dazu, dass sie immer wieder Sitzungen buchen oder Seminare besuchen. Heiler, die auf diese Art arbeiten, indem sie den freien Willen anderer Personen beugen, erschaffen sich weiteres Karma. Es gibt Heiler und Therapeuten, die sich freiwillig dem Dunklen anschließen und sozusagen ihre Seele verkaufen nur für ein wenig materielles Glück, für Ansehen in der Öffentlichkeit und Wohlstand. Sie wissen ja, dass auch die dunkle Seite in gewisser Hinsicht heilen kann. Bitte seien Sie achtsam, prüfen Sie gut, an wen Sie sich wenden wollen. Ein indisches Gewand, Bilder von indischen Gurus und Meistern an der Wand und deren Bücher im Wartezimmer sind noch keine Garantie dafür, dass Sie einen lichtvollen, spirituellen Heiler vorfinden, und dass wirklich mit dem Göttlichen gearbeitet wird. Es ist leider so, dass auch als göttlich geltende Menschen, die sehr viel Achtung und Ansehen in der Welt erfahren, vom Licht abdriften können hin zum Dunklen und Manipulativen. Es ist nicht einfach, mit Ansehen und Ruhm umzugehen und dabei immer noch der Sache, der Wahrheit verpflichtet zu bleiben.

Ich habe es selbst erlebt bei Menschen, die in Indien in Ashrams gelebt haben und bei Menschen, die in Deutschland und Italien in Zentren und Begegnungsstätten sehr bekannter indischer Meister und deren Schüler verkehren sowie bei zahlreichen anderen Menschen, die sich fest an Gurus binden und sich über diese definieren, so dass sie beeinflusst und niemals selbstständig werden. Es wird ihnen oftmals das Gefühl vermittelt, dass sie ohne den Meister und ohne ihre Gruppe nicht lebensfähig sind. Wir sind göttlich! Jeder von uns! Wenn Sie merken, dass Sie fest an eine Gruppe gebunden sind, dass der Gedanke, die Gruppe zu verlassen, Ängste in Ihnen auslöst, dann überdenken Sie bitte diesen Weg und deren Absicht. Alle Arten von Meditation, Körperarbeit und Gruppensitzungen haben letztendlich die Aufgabe, Sie in Ihrer Persönlichkeit zu stärken, Sie aufzubauen, Ihnen Kraft zu geben und Ihnen Mut zu machen, alleine weiterzugehen. Ich bin hier einer Meinung mit Angelo Bona:

"Ihr braucht keine Akademien, Formeln, Meister, Theorien, Erleuchtete. All das zu verlassen, ist der Weg zum Einen. Es existiert kein anderer Meister außer dem eigenen Herzen! Macht kein Licht außerhalb von Euch an, wenn Ihr die Sonne in Eurer Seele habt. Licht von außen erzeugt Schatten."

Zurück zu der angehenden Heilpraktikerin und ihrer schwarzmagischen Belastung. Sie hatte eine zwanghafte Bindung an ihren Ausbilder, einen älteren und kranken Heilpraktiker, der diese Dame gerne bei sich im Haus behalten hätte. War sie doch inzwischen zu einer hilfsbereiten und kompetenten Assistentin in seiner Praxis geworden. Er warnte sie ständig vor Dämonen und vor der Gefahr einer Besetzung. Er schürte ihre Angst davor. Auch die Naturgeister seien alle bösartig und hätten bereits ihr Haus, in dem sie mit ihrem Mann lebt, besetzt. Er suggerierte ihr, dass sie misstrauisch und wachsam sein müsse. Auch hatte sie einen permanenten Druck um den Kopf herum, der das Denken erschwerte. Sie fühlte sich müde und kraftlos. Ich lernte diese Dame als ängstlich und beinahe paranoid kennen. Es hatten sich tatsächlich dunkle Wesenheiten und schwarze Schatten an sie angelagert, beides aber eine Folge der schwarzmagischen Aktivitäten ihres Ausbilders. Er versuchte, sie durch seine Praktiken an sich zu binden und beeinflusste über Gedankenkraft sogar den Ehemann und das Haus seiner Schülerin. Er zapfte sie förmlich an und entzog ihr ihre Energie, stärkte sich damit und machte sie schwach.

Sie hatte keine Kraft mehr, war ohne Willen und Durchsetzungsvermögen. Zudem zog sie mit ihrer Angst vor den "allgegenwärtigen" dunklen Wesen und vor den Angriffen der "bösen" Naturgeister nicht nur die oben erwähnte Rückentherapeutin an, sondern auch noch einen anderen Heiler, der ihr zusätzlich eine Furcht vor "Hassenergien" suggerierte.

Ich halte es für unverantwortlich, Hilfe suchenden Menschen Angst zu machen und ihnen dann keinen Weg aus der Angst heraus zu zeigen. Es genügt nicht, vom Bedrohlichen und Bösen zu reden, das würde dieses nur noch mehr stärken. Nein, wir sind aufgefordert, endlich zu erkennen, dass wir unsere Realität selbst erschaffen und unser Leben selbst verändern können – alleine mit der Kraft unserer Gedanken! Dieser Klientin habe ich immer wieder gesagt, dass sie ihr Dilemma selbst anzieht, da sie sich als unschuldiges Opfer sieht. Wer nicht Verantwortung für das eigene Leben übernimmt, der braucht sich nicht zu wundern, wenn er gelebt wird, wenn über seinen Kopf hinweg entschieden wird.

Raus aus der Opferrolle! Hinein in die Schöpferrolle!

Ein noch nicht angesprochener Aspekt der schwarzen Magie sind die sexuelle Begierde und die daraus resultierenden Praktiken, um eine Person zu besitzen. Abgesehen davon, dass es allerlei Rezepturen in der einschlägigen Literatur für Schwarzmagier gibt, genügt bereits die Phantasie einer magisch arbeitenden oder mental sehr starken Person, um entsprechende Phänomene und Gefühle bei der Zielperson auszulösen. Stellt sich eine Person in ihrer lebhaften und starken Phantasie vor, mit einer anderen Person Zärtlichkeiten auszutauschen oder intim zu sein, so wird eine sensitive Zielperson dies spüren. Meist kann der Angriff sofort der aussendenden Person zugeordnet werden. Die Belästigungen können so stark sein, dass man nachts davon aufwacht und denkt, es sei eine reale Person anwesend. Es handelt sich hier um eine Variante von Telepathie, angereichert mit starken Emotionen und begehrlichen Vorstellungen. Da jeder mit allem und jedem verbunden ist, kann ein Mensch allein mit der telepathischen Kraft der Gedanken erreicht werden. Für die Absicht jedoch trägt jeder für sich die Verantwortung.

Der Arzt und Chirurg Simone Morabito hat in seiner Praxis zahlreiche Erfahrungen mit betroffenen Menschen machen können. In seinem Buch "Psichiatra all´ Inferno" schreibt er über zahlreiche Fälle. Er hat sehr bald erkannt, dass es sich bei einigen Patienten mit ungewöhnlichen Symptomen um besetzte, besessene und unter schwarzer Magie leidende Menschen handelt, die ihres freien Willens beraubt wurden. Bezüglich einer Liebesmagie beschreibt er den Fall einer jungen Frau. In dem Möbelunternehmen ihres Vaters verliebt sich ein Wiederverkäufer in sie. Er insistiert so lange, bis sie schließlich einwilligt, mit ihm zum Mittagessen zu gehen. Mehreren Einladungen zum Ausgehen folgen einige Aufdringlichkeiten. Die Symptomatik aber beginnt eines Abends in einer Diskothek, in der sie sich mit einigen Freundinnen aufhält. Auch jener Herr ist anwesend. Plötzlich verspürt die junge Frau einen heftigen Stich wie von einer Nadel in der einen Gesäßbacke, so dass sie sofort zur Toilette rennt, um nachzusehen, ob man ihr nicht eine Droge injiziert hat. Sie kann aber keine Einstichstelle in der Haut finden. In derselben Nacht um zwei Uhr wacht sie durch einen starken Schmerz auf. Ihr ist, als würde sich ein glühendes Eisen in ihre Fußsohle hineinbohren. Gleichzeitig erhält sie einen Stromstoß, der vom Fuß hinauf bis in ihr Gehirn verläuft. Sie fühlt eine unerträgliche Einsamkeit und Leere. Außerdem verspürt sie von Zeit zu Zeit einen Schmerz, wie wenn ihr mit Stricknadeln die Kopfhaut und das Gehirn durchbohrt würden. Zwei weitere Nadeln durchbohren sie in der Höhe ihres Herzens. Dr. Morabito schreibt, dass er sehr ungläubig und skeptisch bezüglich der beschriebenen Phänomene war. Ihm wurde zugetragen, dass auch andere Mädchen und junge Frauen in der Stadt unter den gleichen Symptomen litten, dass sie ebenfalls diese Einsamkeit verspürten und sich umbringen wollten.

Die betroffene junge Frau veränderte bald auch ihren Charakter und ihre Gewohnheiten. Sie lehnte es kategorisch ab, sonntags mit der Familie zur Messe zu gehen, auch betete sie nicht mehr. Sie war nicht mehr in der Lage, eine Kirche zu betreten oder den Namen Jesu zu hören oder auszusprechen. Als Herr Morabito den Namen Jesu und Mutter Maria auf ein Blatt Papier schrieb und sie dies vorlesen ließ, begann sie in unbeschreiblicher Art und Weise zu schimpfen und zu fluchen. Sie benutzte vulgäre Ausdrücke, die sie weder in der Firma ihres Vaters noch in ihrem Elternhaus gehört haben konnte. Die Hexerei hatte aber noch kein Ende: Sie spürte die Anwesenheit von irgendetwas oder irgendjemandem in ihrer Nähe. In der Nacht bewegte sich ihr Bett, auch wenn sie ganz ruhig und wie gelähmt darin lag. Sie hörte das Knarren des metallenen Lattenrostes. Sie hörte, dass sich die Tür zu ihrem Schlafzimmer öffnete, ohne dass sie jemanden eintreten sah. Die Bettdecke wurde mit einem Ruck zurückgeschlagen, um dann sofort wieder hochgezogen zu werden. Nachts bemerkte die Arme, wie sich der Dämon näherte, sie zitterte vor Angst. Durch all diese Erfahrungen und Ereignisse veränderte sie ihre Persönlichkeit, wurde gewalttätig und musste mit aller Vehemenz daran gehindert werden, die eigenen Eltern umzubringen. Sie bekam Tobsuchtsanfälle, schrie und brüllte und war nicht mehr sie selbst. Wenn sie mit dem Auto fuhr, überkam sie die Lust zu rasen und sich durch einen Autounfall das Leben zu nehmen. Ging oder fuhr sie an einer Kirche vorbei, aus der Gläubige herauskamen, brüllte sie markerschütternd und beschimpfte die Menschen aufs Fürchterlichste.

Mehr als ein Jahr lang unterzog man sie einem wöchentlichen Exorzismusritual, schreibt Dr. Morabito. Immerhin kann sie nach mehr als einem Jahr schon wieder einige Teile eines Gebets sprechen, was seitens des Arztes und der Exorzisten als Heilerfolg gewertet wird.

Auch dieser Fall ist ein Beispiel dafür, dass durch schwarzmagische Riten dämonische Kräfte erschaffen oder gerufen werden können. Diese entwickeln rasch ein Eigenleben und agieren nach eigenem Gutdünken. Der Dämon entzieht sich der Kontrolle des Schwarzmagiers. Einige Magier wenden sich direkt an Satan als dunkelste Instanz, um ihm den Menschen zu überlassen, dem sie Schaden zufügen wollen.

BESEITIGUNG VON SCHWARZER MAGIE

Wenn es erst einmal zu einem schwarzmagischen Angriff gegen Sie gekommen ist, ist es bereits zu spät zu vorbeugenden Maßnahmen. In diesem Fall, wenn Sie es zunächst mit Selbsthilfe versuchen möchten, gibt es verschiedene Möglichkeiten. Probieren Sie aus, welche bei Ihnen wirksam sein könnte.

Baden – Jeden Abend vor dem Schlafen ein Bad in Meersalz oder Himalaya-Steinsalz nehmen. Baden Sie bewusst in dem Salzwasser mit den Gedanken und der Vorstellung, dass das Wasser Sie reinigt und alle fremden Energien, die anhaften, wegspült. Duschen Sie sich danach kurz ab.

Vergebung – Vergeben könne nur Gott, aber verzeihen könnten wir Menschen auch, so las ich es einmal. Möglicherweise sollten wir von Versöhnung sprechen. Wer sich versöhnen möchte, stellt sich mit dem anderen auf dieselbe Stufe. Bei Vergebung oder Verzeihung steht der Vergebende über dem anderen. Wichtig ist allein, dass Sie in Frieden und Gelassenheit kommen. Die endgültige Formulierung überlasse ich Ihnen. Um zwischen dem Verursacher der schwarzen Magie und der Zielperson eine Entspannung zu schaffen, also die Resonanz wegzunehmen, können Sie Folgendes sagen: "Ich bitte alle lebenden und toten Mitgeschöpfe, denen ich jemals Schmerz und Unrecht zugefügt habe, um Verzeihung. Und ich verzeihe allen lebenden und toten Mitgeschöpfen, die mir jemals Schmerz und Unrecht zugefügt haben." Wenn Sie mögen, dehnen Sie das Gebet aus auf alle Ebenen und alle Leben.

Beten – Ein Nachtgebet mit der Bitte um Reinigung und Schutz. Wenden Sie sich dazu an Erzengel Michael. Bitten Sie ihn und seine Heerscharen, an Ihrem Bett zu wachen und Sie vor Eindringlingen und Angriffen zu bewahren. Bitten Sie um Gottes Segen für den Angreifer und senden Sie ihm Licht und Liebe, wenn Sie können. Es scheint meist eine unüberwindliche Hürde, einem Plagegeist wohlwollende Gedanken zu senden. Springen Sie über Ihren Schatten! Sie können an dieser Stelle auch ein Ave Maria beten, es erhöht die Schwingung und bringt den Schutz der Maria-Energie zu Ihnen.

Wer ein exorzistisches Gebet sagen möchte, dem biete ich hier ein von mir modifiziertes Gebet an, das ich bei Giancarlo Padula gefunden habe:

"Im Namen Jesus Christus zerbreche und löse ich jegliche Art von Flüchen, Schikanen, Zaubereien, Fallen, Schnüren, Lügen, Hindernissen, Betrügereien, Entgleisungen, falschen spirituellen Diensten, den bösen Blick, böse Wünsche, bekannte und unbekannte erbliche Gebrechen sowie jede Krankheit jeglicher Ursache einschließlich meiner Fehler und Sünden.

Im Namen Jesus Christus unterbreche ich den Einfluss jedes satanischen Gelübdes, satanischen Paktes, spiritueller Knechtschaft, Fesselungen der Seele sowie satanischer Werke.

Im Namen Jesus Christus zerbreche und löse ich alle Fesselungen und deren Auswirkungen wie falsche Astrologie, falsches Channeling und falsches Kartenlegen, Heiler und Wahrsager, die mit Kristallkugeln arbeiten, Prediger des Glücks, Medien, die New-Age-Bewegung, Okkultisten, Handleser, falsche Wahrsager, psychische Phänomene, Satanskult, Hexen, Hexenmeister und Voodoo.

Im Namen Jesus Christus löse ich alle Auswirkungen durch Teilnahme an spiritistischen Sitzungen und Wahrsagereien, Tischerücken, okkultistischen Spielen sowie jeder Art von Kult, welcher nicht wirklich Jesus Christus Ehre erweist.

Heiliger Geist befreie mich durch das Wort der Erkenntnis von jedem negativen Geist, der sich gleich welcher Art an mich gehängt hat."

Die esoterische Bewegung, spirituell arbeitende Menschen und die New-Age-Bewegung werden ohne Differenzierung über einen Kamm geschoren und gelten bei Giancarlo Padula als satanisch. Einzige akzeptierte Ausnahme ist die Heilung mit den Händen als Gabe von Gott. Da aber nur Jesus das Heilen mit den Händen zugestanden wird und die Kirche auf Jesus ein Monopol hat, gelten alle Heiler, die über ihre Hände Energie kanalisieren, ebenfalls als verbunden mit dem Bösen. Bei aller Übertreibung hat Padula in einem Punkt Recht: Wer sich allzu leichtgläubig für spirituelle und bewusstseinserweiternde Methoden öffnet, kann schlimme Erfahrungen machen.

Friede – Hüllen Sie den Angreifer in rosa Wolken und senden Sie ihm die Botschaft "Friede sei mit dir!". Wie Sie wissen, geht kein Gedanke verloren. Sie können sicher sein, dass Ihre friedlichen und vergebenden Gedanken ankommen und auch Wirkung zeigen werden. Die Kraft der Liebe ist die stärkste Kraft. Niemand kann sich auf Dauer diesem Einfluss entziehen. Wenn Sie also liebevoll und verzeihend an den Verursacher Ihres Übels denken können, sind Sie erstens für sich einen Riesenschritt vorwärts gekommen, um Ihr eigenes Karma günstig zu beeinflussen, und schwächen gleichzeitig die Ursache für den Angriff. Wahrscheinlich wird sich die schwarze Magie von selbst erledigen. Hüllen Sie sich selbst gedanklich in blaues oder weißes Licht. Visualisieren Sie sich in einem großen weiten Oval aus reinem gleißendem Licht.

Steine – Unter Ihrem Kopfkissen oder neben dem Bett könnte ein schwarzer Turmalin (Schörl) liegen, ein Stein, der zusätzlich vor feinstofflichen Energien schützt. Auch die Kombination mit ungeschliffenen Bergkristallgruppen (große Kristalle) sowie einem nicht polierten Rosenquarz für die Herzensenergie der Liebe kann gute Dienste leisten.

Abwehr – Wenn Sie indes einen Angriff bemerken, der unmittelbar auf Ihren Körper abzielt, so können Sie sich gedanklich in eine verspiegelte Pyramide hineinversetzen. Dies ist eine Erste-Hilfe-Maßnahme, bei der der Angriff reflektiert wird. Die angreifenden Energien werden an den Absender zurückgesandt. Bitte wenden Sie diese Methode nur in großer Not an, denn durch das Reflektieren der dunklen Energie bleiben Sie in Resonanz mit dem Angreifer. Diese Methode dient nicht der Lösung des Problems, sondern nur Ihrer augenblicklichen Hilfe aus der Misere. Bemerken Sie hingegen Angriffe auf Ihre Wohnung, Ihr Haus oder Ihre Geschäftsräume aus einer bestimmten Richtung, so dürfen Sie in die Fenster dieser Himmelsrichtung Prismen (geschliffenes Glas in Kugel- oder Tropfenform) oder verspiegelte Glaskugeln, ähnlich wie Weihnachtskugeln, aufhängen. Diese konvexen, also bauchigen, nach außen gewölbten Formen reflektieren zwar auch, zerstreuen aber die Strahlen der herannahenden Energie stärker. Von konkaven, nach innen gewölbten Spiegeln

- wie eine Satellitenschüssel - ist wegen des Gegenangriffs, den diese erzeugen, abzuraten. Konkave Formen bündeln die auftreffenden Strahlen und senden sie zurück. Das wollen wir auf alle Fälle vermeiden, ebenso wie das neue Karma, das daraus resultieren würde.

Gedankenkraft - So wie ein schwarzmagischer Angriff gegen Sie mittels Kraft der Gedanken übermittelt werden kann, genauso gut können Sie - vorausgesetzt Ihre Schwingung ist hoch - Ihre Kraft bündeln, um den Angriff zu unterbrechen. *Sie werden nur dann zum Opfer, wenn Sie es zulassen.* Stellen Sie sich dazu vor, Sie errichteten eine Mauer zwischen sich und dem Angreifer. Bauen Sie die Mauer so dick und stark wie Sie möchten. Sie können aber auch eine andere Methode anwenden, indem Sie sich in Gedanken den Angriff wie einen dicken Bleistiftstrich vorstellen. Setzen Sie sich ruhig hin, konzentrieren Sie Ihre Kraft auf das Ausradieren dieses Striches. Es genügt meist schon, eine breite Lücke in den Angriff hineinzuradieren. Wenn der Angriff sehr stark ist und nicht nachzulassen scheint, so zeichnen Sie in wenigen Strichen den Verursacher auf ein Blatt Papier. Falls Ihnen der Name bekannt ist, schreiben Sie ihn dazu. Dann nehmen Sie ein normales Wasserglas aus dem Schrank und stülpen Sie es über den Angreifer auf dem Papier. Stellen Sie sich dabei vor, dass die Angriffe Sie nicht mehr erreichen können und unterwegs verpuffen. Durch das Glas haben Sie den Aktionsradius des Schwarzmagiers deutlich eingeschränkt. Sie verhindern damit, dass Sie weiterhin "bestrahlt" werden. Diese Methode ist natürlich ein Eingriff in die Freiheit des anderen und muss unbedingt nach ein paar Minuten oder spätestens dann, wenn es Ihnen besser geht, beendet werden. Nehmen Sie in eigenem Interesse das Glas so rasch wie möglich wieder weg. Als Erste-Hilfe-Aktion wird es Ihnen von der geistigen Welt gewährt werden, aber nicht für länger. Denn in der Tat ist es eine Manipulation des anderen und ein Eingriff in dessen freien Willen, der unweigerlich bei Ihnen neues Karma erzeugen würde, würden Sie es aus Böswilligkeit oder Arglosigkeit länger als benötigt anwenden.

Liegende Acht - Wenn Sie den Namen der schwarzmagisch gegen Sie arbeitenden Person kennen, malen Sie auf ein großes Blatt weißes Papier eine liegende Acht. Schreiben Sie in den einen Bauch der Acht Ihren

Namen, in den anderen Bauch den Namen des Angreifers. Dann zünden Sie eine Kerze an, sprechen Sie ein Vaterunser, wenn Sie mögen, und beginnen Sie nun langsam mit einem Finger die komplette Form der Acht nachzufahren. Malen Sie ganz viele Achten mit dem Finger über diejenige, die Sie tatsächlich gezeichnet haben. Sprechen Sie, während Sie immer wieder die Acht mit dem Finger nachzeichnen, positive Affirmationen. Das können zum Beispiel sein: Friede, Harmonie, Freundschaft oder Friede, Freude, Liebe. Egal, zu welchen Begriffen Sie sich entscheiden, rezitieren Sie diese unaufhörlich so lange, bis sich Ihre Spannung und Ihre Emotionen in Bezug auf die andere Person wirklich aufgelöst haben. Darüber kann schon mal eine halbe Stunde vergehen. Ihre Arbeit ist aber nur dann wirksam, wenn Sie einen inneren Frieden und eine Ausgeglichenheit gegenüber dem Angreifer spüren, auch wenn Sie dessen Namen nennen. Ihre Harmonie und ihr Gleichgewicht sollen wieder hergestellt werden. Sobald Sie merken, dass Sie in der vollkommenen Ruhe und in innerem Frieden mit der Person sind, nehmen Sie eine Schere und schneiden die Acht zwischen den Namen durch. Damit werden die Emotionen bzw. die Ursachen für die Emotionen, die zu der Aggression geführt haben, durchtrennt. In der Folge sollten weder der Name noch ein Gedanke an diese Person bei Ihnen für Aufregung sorgen. Wenn Sie ganz ruhig bleiben und weiterhin Ihren Frieden spüren, dann hat die Arbeit gefruchtet. Falls Sie jedoch nach dieser Arbeit weiterhin Herzklopfen und Magenschmerzen wahrnehmen, auch wenn diese bereits schwächer geworden sind, wiederholen Sie diese Methode. Sie können dies an mehreren aufeinander folgenden Tagen tun.

Räuchern – Hegen Sie den Verdacht, dass man Ihnen verzauberte Gegenstände geschenkt hat? Kleidungsstücke, ein Seidentuch, Dekorationen für die Wohnung oder gar einen Talisman? Wenn Sie sicher sein möchten, dass alles rein ist und ohne schwarzmagische Belastung, so halten Sie den entsprechenden Gegenstand über und in den Rauch von Harzen oder Pflanzen, mit denen Sie räuchern. Am besten geeignet dafür sind Weihrauch-Harze und Salbei. Stellen Sie sich dabei vor, dass alles Dunkle in dem Rauch in Licht transformiert wird. Wenn Sie mögen, segnen

Sie den Gegenstand anschließend. Bitten Sie Erzengel Michael und seine Helfer um Ihre eigene Reinigung und um Schutz, wenn Sie mit dem Gegenstand in Berührung kommen. Und lassen Sie sie auch den Gegenstand reinigen und vor weiterer Belastung schützen. Generell sollten Sie Geschenke, Schmuckstücke, Kleidungsstücke und Schuhe nach dem Erhalt und Kauf feinstofflich unter einer imaginären Lichtdusche reinigen. Bedenken Sie bitte, dass Antiquitäten und antike Möbel alle Energien ihrer Vorbesitzer gespeichert haben und unbedingt ausgeräuchert werden sollten.

Professionelle Hilfe – Sollten Ihre Maßnahmen nicht fruchten und der Angriff weiter bestehen, so wenden Sie sich bitte an einen Profi. Wenn auf der Gegenseite so stark und bösartig gearbeitet wird, dass Sie vor dem finanziellen Ruin stehen, dass Ihre Gesundheit angegriffen wird, dass Sie die Haare verlieren, Ihnen die Zähne ausfallen, Ihre bisher harmonische Partnerschaft zu zerbrechen droht, dann experimentieren Sie nicht allzu lange mit den beschriebenen Methoden. Einem starken Angriff durch einen Magier kann auch nur ein Magier, aber natürlich ein weißmagisch arbeitender, begegnen. Bedenken Sie bitte, dass teilweise mächtige Institutionen hinter den Angriffen stecken und dafür verantwortlich sind. Wenn Sie mögen, nehmen Sie Kontakt zu mir auf.

> *"Weiche ab vom Pfad der Vergeltung*
> *und gehe den Weg der Liebe!"*

Schwarze Magie und Voodoo nehmen insofern eine Sonderstellung unter den Fremdenergien ein, als ein bösartiger, nachtragender Mensch immer wieder ein schwarzmagisches Ritual erneuern und auf die Zielperson absenden kann. Dies geschieht leider in einigen Fällen, in denen Hass, Eifersucht oder der Groll gegenüber einer Person so unermesslich groß sind. Viel Geld wird dafür ausgegeben, einen Magier immer und immer wieder mit der Übeltat zu beauftragen. Es wird sogar billigend in Kauf genommen, dass derartiges Verhalten neues negatives Karma schafft. In derartigen Fällen sollte das Clearing auch die Lösung von unguten

Bändern und Verstrickungen beinhalten. Die Überlegungen sollten dann dahin gehen, wie der Schutz verbessert und die Resonanz zwischen den verfeindeten Menschen gelöst werden kann.

Meine Arbeit hat im nachfolgend geschilderten Fall wieder einmal mit Italien zu tun. Eine mit einem Süditaliener verheiratete Deutsche bittet mich um rasche Hilfe. Ihr Ehemann hat sich nach süditalienischer Männersitte einige Freiheiten erlaubt, die nicht mit ihr abgesprochen waren, für deren finanzielle Folgen sie aber gerade stehen muss. Ihr Ehegatte droht ihr mit Konsequenzen für ihre Gesundheit und ihren Ruf, sollte sie sich bei irgendjemandem über ihn beschweren. Außerdem wird er gewalttätig. Schließlich verlässt er sie, lebt mit einer jüngeren Geliebten zusammen, die schon bald ein Kind von ihm erwartet. Unterdessen lebt seine Noch-Ehefrau am Existenzminimum, weil sie seine Verbindlichkeiten bezahlen muss. Sie ist sogar gezwungen, ihr Elternhaus zu veräußern, um seine Schulden zu tilgen. Bald steht fest, dass er seine Ehefrau loswerden will. Dazu gibt er einen schwarzmagischen Angriff in Auftrag. Beim ersten Austesten der Belastungen stelle ich einen sehr starken Angriff fest, der ihr nach dem Leben trachtet. Der Angriff, der von einer kleinen Gruppe von Personen ausgeführt wird, setzt unmittelbar danach ein, nachdem der Ehemann eines ihrer Kleidungsstücke aus dem Schlafzimmer entwendet hat. Wir können also davon ausgehen, dass ein ganz klassisches schwarzmagisches Ritual anhand des Kleidungsstücks vorgenommen wurde. Ein Kleidungsstück ist wie ein Haar, etwas Handschriftliches, das Geburtsdatum oder ein Foto ein ganz persönlicher Gegenstand, über den die Schwarzmagier zielgerichtet den Besitzer treffen können. In diesem konkreten Fall soll es darauf hinauslaufen, dass der Dame über die auf das Herz wirkenden schwarzmagischen Rituale alle Lebensenergie abgezogen wird. Als sie mich kontaktiert, fühlt sie sich bereits sehr schwach, ist unkonzentriert und hat kaum noch Energie, den Alltag zu bewältigen. Es handelt sich um einen böswilligen egoistischen Akt der Machtausübung und Manipulation, der in diesem Fall auch noch schwere gesundheitliche Schäden billigend in Kauf nimmt, ja diese sogar beabsichtigt. Außerdem wurden via schwarze Magie einige Dämonen in das zu verkaufende Haus beordert, um die Veräußerung zu verhindern. Nicht nur die Gesundheit und das Wohlbefinden der Klientin sollen empfindlich gestört werden, sondern auch die wirtschaftliche Lage. Ihr Noch-Ehemann hat die üble Absicht, sie gleich in mehreren Bereichen zu ruinieren. Mit Hilfe der eigenen hohen Schwingung und der kosmischen Helfer war es rasch möglich, die Angriffe zu unterbrechen und die Auswirkungen der schwarzen Magie zu neutralisieren. Nach der ersten Sitzung war die Magie bereits beseitigt und der ebenfalls vorhandene starke Fluch gelöst. In der zweiten Clearing-Sitzung konnten die Dämonen aus dem Haus der Klientin transformiert werden. Dadurch konnte in den nachfolgenden Sitzungen Heilenergie fließen und die ihr zuvor abgezogene Lebensenergie aufgefüllt werden.

In Zukunft werde ich zusammen mit meiner Klientin den Zustand beobachten müssen, ob eventuell eine weitere schwarze Magie nachgelegt oder ob Ruhe einkehren wird. Problematisch könnte sein, dass die Dame aufgrund der Schwere des Falls und aller Nachteile, die sie erfahren hat und weiterhin erfährt, noch nicht in der Lage ist, ihrem Mann zu vergeben. Sie gibt zu, dass sie noch starke Hassgedanken gegen ihn hegt. Sie ist verärgert, verletzt und wütend. Bei allem Verständnis für sie und ihre Gedanken mache ich jedoch immer wieder darauf aufmerksam, dass sie nur dann aus der Situation herauskommt, wenn sie aus der Resonanz geht. Das wiederum kann nur dann geschehen, wenn sie ihre Emotionen zulässt und beginnt, deren Botschaft zu verstehen. Sehr schnell gelangt sie zu dem beruhigenden Bewusstsein, dass es offensichtlich ihr Karma ist, diesen Prozess zu durchleben. Sie wird zu tief greifenden Erkenntnissen kommen und ein völlig neues Leben beginnen können. Wenn sie ihre Opferrolle verlässt und ihre Denkmuster und Verhaltensweisen verändert, werden die Lebensbereiche Partnerschaft und Finanzen heilen dürfen. Dieser Auftrag all´italiana erfüllte mich mit Freude und Dankbarkeit darüber, für einige Menschen Wegbereiter und Wegbegleiter sein zu dürfen.

FLUCH UND VERWÜNSCHUNG

Was ist ein Fluch, was ist eine Verwünschung? Die meisten meiner Klienten reagieren auf die Diagnose Fluch und Verwünschung verwundert und oftmals mit der Aussage: "Aber das gibt es doch nur im Märchen!" Erinnern Sie sich an die Märchen, in denen eine böse Hexe oder eine andere böse Person eine Verwünschung ausspricht? Dornröschen zum Beispiel fällt in einen hundertjährigen Schlaf, nachdem es verwunschen worden ist. ... Und wenn sie nicht gestorben sind, so leben sie noch heute. Und das tun sie, sie leben weiter – die Flüche und die Verwünschungen. Sie büßen auch über Jahrhunderte nicht an Wirksamkeit ein. Flüche sind quasi unsterblich, es sei denn, man macht ein den Fluch neutralisierendes Clearing. Daher gilt: "Und wenn sie nicht beseitigt werden, so wirken sie noch heute."

Fluch und Verwünschung sind immer personenbezogen, und zwar von beiden Seiten. Das heißt, ein Fluch wird stets von einer Person ausgesprochen, oder vielmehr in großer Wut und mit Hass herausgeschleudert, und zwar gegen eine andere Person oder deren Familie. Der Fluch wirkt sich generell auf das Leben der betroffenen Person aus, er klebt als dunkler Schatten in ihrer Aura. Bei einer Verwünschung handelt es sich sozusagen um einen Fluch, kombiniert mit einem präzise formulierten Wunsch, der sich vielleicht gegen die Nachkommen der Person richtet oder gegen deren Gesundheit. Es wird genau gesagt, was geschehen (Krankheit, Behinderung, Scheidung, behinderte Kinder, Unfall oder Tod) oder vermieden werden soll (Reichtum, Gesundheit, Partnerschaft, Kinder, Ansehen, Glück). Fluch und Verwünschung sind gemein und niederträchtig. Das "Opfer" kann sich dagegen nicht wehren, meist weiß es gar nichts davon. Nur die Auswirkungen wird es spüren und sich nicht erklären können.

Handelt es sich um Flüche aus früheren Leben, so wirken diese sehr stark. Sie sind zäh und verkleben die Aura. Sie wirken stets und unvermindert stark. Stelle ich eine Belastung durch Fluch und Verwünschung fest, frage ich direkt nach, wie groß der Anteil des alten karmischen Fluchs ist. Flüche aus diesem Leben sind wesentlich schwächer und wirken sich nicht so dramatisch aus. Anscheinend ist heutzutage niemand mehr in der Lage, einen wirksamen Fluch auszusprechen, beziehungsweise sind sich diejenigen Menschen, die es könnten, und die die mentale Kraft dazu hätten, dessen bewusst, dass sie sich neues Karma anhäufen würden. Flüche aller Art sind rasch und problemlos zu unterbrechen. Bei alten, besonders starken Flüchen dauert es aber schon einmal eine Sitzung länger, bis sie endgültig gelöst sind. Ein Fluch ist kein Grund zur Besorgnis. Er kann immer gelöst werden, an die Stelle der Belastung fließt Heilenergie. Die Wirkung eines Fluchs ist mit dem Clearing auch gleich gelöst, so dass etwa eine Frau mit Kinderwunsch schwanger werden kann, sobald die Verwünschung, die die Kinderlosigkeit bewirkt hat, gelöst ist.

Besonders spirituell arbeitende Menschen wissen, dass kein Gedanke, kein Wort im Universum verloren geht. Alles ist Energie. Ein einmal gedachter Gedanke wird ins Universum gesendet und findet sich dann wieder in einer Art Netzwerk - dem morphogenetischen Feld, in dem ein Gedanke seinesgleichen findet, sich also verstärkt und unter anderem zum Absender zurückkehrt. Das ist eine Erklärung dafür, dass es in mehreren Teilen der Welt beinahe zeitgleich Entdeckungen und Experimente derselben Art gegeben hat. Es ist eine Erklärung dafür, dass sich das Bewusstsein aller Bewohner des Planeten mehr oder weniger gleichzeitig verändert, dass wir alle zu denselben Erkenntnissen gelangen. Daher ist es wichtig, zuversichtliche und liebevolle Gedanken zu hegen. Somit kann mehr Licht auf die Erde gelangen. Riskant für unser aller Entwicklung und die Zukunft des Planeten, der Mutter Erde, sind dagegen Gedanken von Hass, Krieg, Armut, sozialen Konflikten, unfähigen Politikern, denn auch diese Gedanken sind eine Form der Energie und verstärken sich in dem Netzwerk. Wir erhalten also diejenigen Politiker und diejenigen sozialen Zustände, über die wir uns beschweren. Dies ist die Gefahr der Stammtischpolitik. Besser wäre es, sich Gedanken über die Idealvorstellungen zu machen und mehr Zuversicht in das Netzwerk einzuspeisen. Daher seien Sie bitte vorsichtig und achtsam mit Ihren Gedanken, auch wenn Sie sich ärgern. Fluchen Sie bitte nicht, auch nicht beim Autofahren! Sie könnten mitverantwortlich sein an Pannen und Unfällen.

Energie folgt der Aufmerksamkeit und dem Gedanken!

Flüche werden häufig gesendet, wenn etwas nicht gelingt und man einen (vermeintlich) Verantwortlichen dafür findet. Fluch und Verwünschung war vor zwei und mehr Jahrhunderten noch üblich, und da die Menschen damals noch viel mehr mentale Kraft besaßen und um die Kraft der Gedanken wussten, so wirkten auch Flüche und Verwünschungen stärker als heute. Sie blockieren den Energiefluss in der Aura und behindern ein gutes, vitales Leben. Es gibt auch heute noch Volksgruppen, die beinahe durchgängig durch die gesamte Bevölkerung mediale Fähigkeiten haben. Man könnte meinen, dies wäre genetisch bedingt. Sie können aus der Hand lesen und erkennen die Farben und den Zustand der Aura, sie erspüren die Stimmung eines Menschen und versuchen, sich diese zunutze zu machen, und sie beherrschen die Technik des Verwünschens. Man achte sorgsam darauf, diese Menschen weder zu erzürnen noch zu beleidigen: Eine Klientin litt überraschend und spontan, nachdem sie das Handlesen abgelehnt hatte, an einem offenen, nässenden Ausschlag am Bauch, der sich hartnäckig über mehrere Wochen hielt.

Kürzlich sprach mich eine Dame an, deren Aura von starkem Fluch und von Verwünschung verklebt war. Ihr Leben konnte aufgrund dieser Belastung in den Bereichen Partnerschaft und Wohlstand nicht gut gelingen. Immer wieder gingen Beziehungen zu Männern in die Brüche und finanziell kam sie auch auf keinen grünen Zweig. Das Geld zerrann ihr unter den Fingern. Als ich ihr erklärte, dass sie in Resonanz mit solchen Energien steht, sprach sie unumwunden davon, dass sie bereits als Mädchen und junge Frau Flüche und Verwünschungen gegen andere Menschen ausgesprochen hatte. Kleinste banale Begebenheiten genügten ihr, um dies zu tun. Einmal fühlte sie sich von einer Kollegin ungerecht behandelt. Kurzum wurde diese verflucht und erkrankte daraufhin innerhalb kürzester Zeit schwer. Einer anderen Person wünschte sie einen Autounfall, der dann auch prompt geschah. Daraufhin wurde ihr bewusst, wie stark ihre Gedanken sind. Dies ist oft der Fall bei Menschen, die auch in früheren Inkarnationen schwarzmagisch gearbeitet haben und sich zum Dunklen bekehrten. Daher ist es nicht verwunderlich, dass sie selbst von Fluch und Verwünschung getroffen wurde. Gemäß dem Resonanzgesetz ist es nur zu logisch, dass auf eine derartige Aktion wie das Verwünschen auch die entsprechende Reaktion folgt. Meist werden diese Personen selbst verwünscht. In diesem Fall habe ich die Belastung durch Fluch und Verwünschung gestoppt, den Fluch mit hoher Lichtfrequenz unwirksam gemacht, der Dame aber eine Hausaufgabe mitgegeben. Um dauerhaft geschützt zu sein, ist die Gedankenhygiene wichtig. Wie in einigen anderen Fällen auch, so hatte auch sie sich noch nicht völlig zum Licht bekannt. Sie darf sich nun disziplinieren und sich mit lauter Stimme zum Göttlichen bekehren: Mehrere Tage hintereinander darf sie sich für alle Zeiten und Ewigkeiten zum göttlichen weißgoldenen Licht bekennen. Erst dann kann dauerhafte Heilung einsetzen.

Flüche werden oftmals so formuliert, dass sie gleich mehrere Generationen einer Familie betreffen. Dies sind so genannte Sippenflüche. Bei einer adeligen Familie lag ein Fluch vor, der bereits im siebzehnten Jahrhundert ausgesprochen wurde und seitdem sein Unwesen trieb. Infolge des Fluchs verstarb jeder männliche Erstgeborene bei einem Unfall, sei es ein Jagdunfall, ein Unfall in den Stallungen, auf dem Feld oder bei einem Verkehrsunfall. Mein Auftrag war es nun, den ältesten lebenden Mann dieses Adelshauses und dessen ältesten Sohn auf Fluch und Verwünschung zu überprüfen und beide gegebenenfalls davon zu befreien. Je älter die Flüche, desto stärker und wirksamer sind sie. Es bedurfte einiger Sitzungen, um alle Aspekte des Fluchs zu lösen und ihn vollständig zu transformieren. Eine besondere Freude war es, von den Herren zu vernehmen, dass sie schon während der Sitzungen bemerkten, dass sich eine Last von ihnen löste und quasi dahinschmolz. Der ältere Herr hatte während des Clearings, zur selben Zeit als sich der Fluch löste und transformiert wurde, starkes Zähneklappern und spürte eine große Kälte. Vater und Sohn fühlten sich beide erleichtert und hatten im wahrsten Sinne des Wortes ein klareres Bild vor Augen. Ihre Sicht auf die Dinge war nunmehr ungetrübt. Es gelang, mehr Heiterkeit in die Familie zu bringen. Endlich konnten sie ihre Angst und Furcht vor der Wirkung des Fluchs loslassen.

Ein anderes Mal erhielt ich einen Anruf aus der Schweiz von einem Ehepaar, das mir mehrere Fotos einer Wohnsiedlung zusandte. Später erhielt ich auch noch ein Luftbild des gesamten Ortes. Merkwürdiges ereignete sich dort in den letzten Jahren. Überall in der Gegend fand man bei Ausgrabungen Überreste römischer Siedlungen, nur nicht in diesem Dorf. Überlieferte Erzählungen berichteten davon, dass die Römer diesen Ort mieden und einen großen Bogen darum machten. Das Dorf sei verflucht worden, sagt der Volksmund. Tatsächlich lastete auf diesem Dorf ein Fluch, besonders aber in der kleinen Siedlung am Ortsrand. Es gab dort eine große Ansammlung unerlöster Seelen, die wohl einen kollektiven Tod erlitten hatten. Sie wollten partout nicht weichen. Nach Befreiung des Ortes von der dunklen, klebrigen Energie des Fluchs klärten sich die Energien. Auch die übrigen Fremdenergien ließen sich daraufhin gut transformieren und erlösen.

Eine junge Frau litt schon seit der Geburt an einer seltenen, angeblich erblich bedingten Hautkrankheit. Ein Medium in der Schweiz hatte ihr mitgeteilt, dass diese Krankheit lediglich infolge eines in einem früheren Leben gegen die Klientin ausgesprochenen Fluchs ausgebrochen war. Nach der Analyse des Fotos konnte ich eine starke Belastung durch einen karmischen Fluch bestätigen, aber es waren auch noch andere Fremdenergien vorhanden. Meist bereitet eine Energieform den Boden für weitere. Sobald sich eine Form anlagert, reduziert sich die Schwingung der Person dermaßen, dass andere Energieformen und Wesenheiten ebenfalls leicht andocken können. Der Fluch, der sich tatsächlich auf Gesundheit/Krankheit auswirken sollte, war rasch gelöst und transformiert, so dass nun der Heilungsprozess einsetzen kann. Nach dem Clearing hatten wir noch einige Fernheilsitzungen durchgeführt. Bei dieser Klientin braucht es sicherlich noch einige Monate, bis sich tatsächlich eine Besserung der Haut einstellt. Auch ist es nötig, dass sie ihr gewohnheitsmäßiges Denken aufgibt und sich gesund "denkt". Göttliches Licht und göttliche Liebe dürfen nun an die erkrankten Stellen fließen und dort den Heilprozess in Gang setzen. Da wir geistige Wesen sind, dürfen wir getrost der Kraft unserer Gedanken vertrauen. Unsere Gedanken erschaffen unsere Realität.

BESEITIGUNG VON FLUCH UND VERWÜNSCHUNG

Fluch und Verwünschung fallen bei der Befreiungsarbeit häufig unter den Tisch. Dass sie existieren, wird meist nicht berücksichtigt. Wenn ich meinen Klienten mitteile, dass ein Fluch auf ihnen lastet, sind sie oft fassungslos und ungläubig. Fluch ist etwas, was man in der heutigen Zeit nicht erwartet. Tatsächlich ist es auch so, dass die modernen Flüche nicht viel taugen. Sie sind zu schwach, um einen Riesenschaden anzurichten. Anders hingegen die mittelalterlichen Verwünschungen, die in allergrößtem Zorn und Hass ausgestoßen wurden. Diese Flüche verlieren nicht an Kraft und wirken nach wie vor. Sie lassen sich meist innerhalb kürzester Zeit auflösen, allerdings muss man sehr konzentriert und kraftvoll arbeiten. Flüche und Verwünschungen sind ein zäher, klebriger Belag der Aura und verhindern ein vitales Leben.

Viele Klienten möchten wissen, wer hinter ihren Schwierigkeiten steckt, wer irgendwann einmal und aus welchem Grund eine Verwünschung ausgestoßen hat. Zeitlich kann man dies ganz gut eingrenzen. Bilder dazu erhalte ich selten. Es scheint meist gar nicht wichtig, Näheres zu erfahren. Im Gegenteil, sobald jemand eine Ahnung davon hat, woher der Fluch kommt und aus welchem Grund er formuliert wurde, wandern seine Aufmerksamkeit und zwangsläufig auch seine Energie hin zu der Person und zu dem Problem.

> *"An und für sich hat ein Problem keine Macht;*
> *indem man ihm aber Macht beimisst, reagiert man so, als hätte es*
> *diese Macht. Sowie man der Versuchung erliegt, eine Person, eine*
> *Sünde oder eine Krankheit zu bekämpfen, wird man in einen Kampf*
> *verwickelt, der einen am Ende selbst vernichtet."*
> (Joel S. Goldsmith: Die Kunst der geistigen Heilung)

Ich vermeide es sehr gerne, allzu tief in das Problem einzusteigen. Die Lösung ist mir wichtiger. Es ist mir bekannt, dass Kollegen auf die Erforschung und das Betrachten der Ursache großen Wert legen. Das ist sicherlich ein wohlmeinendes Ansinnen. Oftmals aber ertragen die Klienten es nicht, mit der Vergangenheit und ihrem eigenen Handeln konfrontiert zu werden. Sie werden regelrecht traumatisiert, erschüttert über sich selbst und werden oftmals von reaktivierten dunklen Energien attackiert. Ein Großteil meiner Klienten besteht aus solchen vortherapierten Menschen. In diesen Fällen kommt einmal mehr nach erfolgtem Clearing die Versöhnungsarbeit zum Zug.

Ich werde oft von betroffenen Klienten gefragt, wie sie sich selbst helfen können. Ich weiß, dass es bisher noch keinem meiner Klienten gelungen ist, sich selbst von einem Fluch zu befreien. Auch mit Lösungssätzen wurde bislang noch nicht erreicht, frei davon zu sein. Daher weiß ich Ihnen momentan keinen besonderen Tipp zu geben. Da der Fluch schon lange bei der Person und quasi ein Bestandteil von ihr geworden ist, greifen die bei der schwarzen Magie beschriebenen Methoden nicht. Fluch und Verwünschung dürften sich aber von alleine lösen, sobald ein Mensch zu mehr Bewusstsein gelangt und in der Schwingung ansteigt. Bis dahin wende er sich gerne an mich, damit Fluch und Verwünschung nicht noch länger wirken können.

Deine Überzeugungen werden deine Gedanken,
Deine Gedanken werden deine Worte,
Deine Worte werden dein Handeln,
Dein Handeln wird zu deinen Gewohnheiten,
Deine Gewohnheiten werden zu deinen Werten,
Deine Werte werden zu deinem Schicksal.

(Mahatma Gandhi)

2.

ERDGEBUNDENE VERSTORBENE

Unerlöste Seelen Verstorbener

Verstorbene gehen nicht in jedem Fall ins Licht. Vor allem in den Fällen, wenn es sich um einen unerwarteten Tod handelt, einen Tod durch ein Gewaltverbrechen oder einen Verkehrsunfall, sind die Verstorbenen dermaßen überrascht von ihrem plötzlichen Ableben, dass sie den Tod nicht realisieren und ihre Seele erdgebunden bleibt. Es kommt aber auch vor, dass der eifersüchtige Ehemann seine Witwe nicht einem anderen Mann überlassen möchte. Er zieht es vor, bei ihr zu bleiben und sich an sie zu heften. Riesige Ansammlungen unerlöster Seelen kommen in Deutschland auf den Schlachtfeldern des dreißigjährigen Kriegs, der Napoleonfeldzüge, des Ersten und Zweiten Weltkriegs, auf Galgenplätzen und Hinrichtungsorten der mittelalterlichen Inquisition vor. In der Schweiz und Österreich ist es nicht anders. Wo Gräueltaten verübt wurden, bleiben Seelen "hängen". Viele Verstorbene ziehen es vor zu bleiben, da sie überrascht sind von dem Lichttunnel und von der Tatsache, dass sie von Lichtwesen abgeholt werden sollen. Es ist so ganz anders, als man sie lehrte. Für viele ist dies ein richtiger Schock, und sie lehnen erst einmal ab, ins Licht zu gehen, um in ihrer gewohnten Umgebung bleiben zu können.

So verschieden die Gründe für das Verbleiben der Seelen auf der Erde sind, so identisch sind die Auswirkungen: Für die unerlöste Seele bedeutet es, unsichtbar auf der Erde zu bleiben. Da sie den physischen Körper mit dem Tod abgelegt hat, kann sie sich durch Wände und Decken hindurch bewegen. Sie bleibt in ihrer vertrauten Umgebung. Wechselt die Person, an der sie hängt, in eine andere Wohnung, so zieht sie mit um. Da sie sich zum Weiterexistieren ernähren muss, dockt sie an der lebenden Person an und entzieht dieser Energie. Das ist die Ursache dafür, dass sich belagerte Personen müde und energielos fühlen. Eine Belagerung durch unerlöste Seelen hat zwei Komponenten: Zum Einen wird die spirituelle Weiterentwicklung der Seele durch das Erdgebundensein verhindert, zum Anderen wird die lebende Person, die die Seele ernährt, in ihrem Leben gestört und beeinflusst. Ein Clearing, also die Befreiungsarbeit, ist in diesem Fall doppelt sinnvoll. Die Seele wird errettet, um sich entwickeln zu dürfen, und der Mensch wird von der fremden Energie befreit, um sich selbst leben zu können.

Ich möchte Ihnen meine eigene Begegnung mit einer unerlösten Seele nicht vorenthalten. In der zweiten Nacht, die ich hier im Juli in Rom verbringe, geschieht Folgendes: Ungewohnt früh am Abend überfällt mich eine bleierne Müdigkeit. Weit vor meiner normalen Zeit gehe ich zu Bett und schlafe sofort ein. Ich wache unvermittelt auf, weil ich – auf der Seite liegend – eine Berührung am Rücken wahrnehme, als würde an meinem Nachthemd gezupft. Gleichzeitig höre ich an den beiden seitlichen Wänden des Schlafzimmers das laute Ticken einer Wanduhr. Ich stehe auf, um nachzuschauen, woher das Geräusch kommt, denn Uhren habe ich vorher in diesem Raum nicht gesehen. Lediglich in der Küche hängt eine, die jedoch nicht tickt. Das Uhrenticken hält unvermindert stark an und nervt. Ich bemerke, dass sich in dem Raum eine Wesenheit aufhält. Ich weiß urplötzlich, dass es sich um die ehemalige Besitzerin dieser Wohnung handelt. Ich rede mit ihr, beruhige sie und nehme ihr die Angst davor, sich ins Licht abholen zu lassen. Es dauert nur wenige Minuten, dann nehme ich sie nicht mehr wahr. Die Energien im Schlafzimmer haben sich umgehend beruhigt, und auch das Ticken der Uhr hat schlagartig aufgehört. Seitdem verbringe ich die Nächte dort ohne Störungen und Unterbrechungen, lediglich die temperamentvollen Unterhaltungen des sommerlichen "dolce Vita" dringen von der Straße zu mir hinauf.

Wie bereits in meinem ersten Buch beschrieben, melden sich Verstorbene auch gerne durch besondere Merkmale. So zum Beispiel durch den Duft des zu Lebzeiten benützten Parfums oder den Rauch von Zigarre oder Pfeife. Manche Klienten geben aber auch an, die Krankheit der verstorbenen Person zu riechen. So geschehen bei einer Klientin im Ruhrgebiet, einer allein stehenden älteren Dame, die sich ein Häuschen als Altersruhesitz gekauft hat und dort nun mit der Anwesenheit einer verirrten Seele konfrontiert wird. Diese Seele, von meiner Klientin ebenfalls als ältere Dame wahrgenommen, war die ehemalige Hauseigentümerin, die dort an einem Krebsleiden verstarb. Es fiel ihr schwer, den eigenen Tod zu akzeptieren. Sie wollte nicht gehen und hatte das Gefühl, noch so vieles im Leben erledigen und erleben zu wollen. Außerdem fühlte sie sich vom Schicksal ungerecht behandelt. Daher blieb sie in ihrem Haus und machte der neuen Besitzerin das Leben insofern schwer, als sie diese in der Nacht massiv störte. Es bedurfte einiger langer und intensiver Gespräche und großer Überzeugungskraft, sie dazu zu bewegen, die Erde endgültig zu verlassen und in die Erlösung zu gehen.

Es sei an dieser Stelle nochmals darauf hingewiesen, dass man Seelen nicht einfach "wegschicken" kann. Auch im körperlosen Zustand verfügen sie noch über ihren freien Willen. Schwieriger wird die Arbeit dann, wenn die Lebenden eine verirrte Seele gar nicht loslassen wollen. Es gibt Fälle, da wird eine unerlöste Seele als eine nette Gesellschaft für eine allein lebende Person empfunden. Der Verstand will zwar die dadurch entstehende Belästigung vermeiden, das Unbewusste aber hält an der Gesellschaft fest. In Fällen, in denen die Clearing-Arbeit nur schleppend vorankommt, ist dieser Aspekt zu berücksichtigen. Wird die Seele immer wieder bewusst gerufen oder unbewusst angezogen, wird sie umso länger erdgebunden bleiben. Uta Ranke-Heinemann schreibt: "Nicht weil die Seele ihn verlässt, stirbt der Körper, sondern weil der Körper stirbt, verlässt die Seele ihn und geht zu dem Gott der Lebendigen, geht zu Gott und den anderen Lebendigen." So sollte es im Idealfall sein. In anderen Fällen bedarf es eben ein wenig der Nachhilfe.

In bisher drei Fällen von analysierter Belagerung durch unerlöste Seelen Verstorbener hat es sich ergeben, dass ich komplette Dörfer bzw. Baugebiete habe clearen dürfen. In dem Neubau einer Familie in Niederbayern waren unerlöste Seelen anwesend. Die Familie bemerkte diese dadurch, dass einige Familienmitglieder eine deutliche Last und Schwere auf den Schultern wahrnahmen. Immer wieder geschahen merkwürdige Dinge im Haus, es spukte. In den Keller zu gehen, war bereits ein gruseliges Abenteuer geworden. Ich erhielt den Auftrag, das Haus zu reinigen. Nach ein paar Sitzungen war das Haus frei von Verstorbenen, und die Seelen hatten sich nach ein wenig Überzeugungsarbeit von den Engeln abholen und begleiten lassen.

Manchmal braucht es ein wenig, wenn Seelen unsicher und misstrauisch sind. Ich muss zunächst ein Vertrauensverhältnis aufbauen zwischen ihnen und mir. Sie wollen sicher sein, dass ich keine Lügen erzähle, und dass sie kein Risiko eingehen. Erzähle ich aber von der Erlösung und von der Liebe Gottes, und davon, dass man sie bereits erwartet, dann gehen sie meist rasch und gerne. Es gibt natürlich immer wieder einmal eine Seele, die sich nur versteckt, die das Haus verlässt, dann aber zurückkehrt. Diese hartnäckigen Burschen brauchen dann etwas mehr Aufmerksamkeit, Einfühlungsvermögen und Überzeugungskraft. Am Ende gehen sie jedoch alle. Noch keine Seele ist zurückgeblieben. Es ist für einige Klienten schwierig zu begreifen, wenn es sich erweist, dass ihr Haus von allen unerlösten Seelen der Umgebung aufgesucht wird. Dort, wo ich arbeite, scheint ein Sog zu entstehen. Ich erhalte manchmal das Bild einer Art Windhose, in der die befreiten Seelen wie mit einem Aufzug nach oben fliegen. Einige Male schon habe ich diese Erfahrung gemacht, dass nach einem Clearing weitere Seelen aus dem Umkreis in das Haus strömen, in dem es Rettung gibt. Ich vermute, dass es die Aufgabe dieser Bewohner ist, unerlöste Seelen geradezu einzuladen, um sie zu erlösen oder erlösen zu lassen. Nach einigen zusätzlichen Sitzungen war das Problem komplett gelöst und alle verirrten Seelen des Dorfes im Licht.

Nicht in jedem Fall sind meine Klienten verständnisvoll und einsichtig. In einem Fall haben oder wollten sie es partout nicht verstehen, dass ihr Haus auserwählt worden war, allen Seelen des Baugebietes zur Erlösung zu verhelfen. Es war genauso wie beschrieben: Zwei Tage nach

dem erfolgreichen Clearing und der Befreiung des Hauses und der Seelen erreichte mich die Reklamation. Rasch konnte ich feststellen, dass es
sich genauso verhielt – das Haus dieser Familie war zur Shuttlestation ins
Licht auserkoren worden. Ich arbeitete also noch mehrere Male, konnte
noch viele Seelen abholen lassen und bat dann die Familie um Rück-
meldung, um deren Wahrnehmung mit meiner abzustimmen. Leider waren sie nicht mehr kooperativ, sprachen nicht mehr mit mir am Telefon
und hielten es auch nicht für nötig, das vereinbarte Honorar zu zahlen.
Der Hintergrund der Erscheinungen wurde von diesen Menschen leider
nicht verstanden. In den anderen bisherigen Fällen, in denen ich Dörfer
bereinigte, verlief alles glatt und reibungslos. Es gibt Gott sei Dank auch
einsichtige Menschen, die sich freuen, möglichst vielen verirrten Seelen
zur Erlösung zu verhelfen. Viele Klienten berichten mir davon, dass sie
sich geradezu dazu berufen fühlen.

Im Winter arbeitete ich mit einem älteren Ehepaar, das mich bat, die
verstorbene Mutter ins Licht zu schicken. Es sei von jeher eine proble-
matische Beziehung zwischen Mutter und Tochter gewesen, aber auch
zwischen dem Schwiegersohn und seiner Schwiegermutter. Es gab große
Probleme mit der gegenseitigen Anerkennung und Achtung zwischen den
Generationen. Es wurde mir gegenüber erwähnt, dass die verstorbene
Mutter stets dem Naziregime nahe stand und eine dickköpfige Person gewesen sein soll, die ihre eigenen Kinder gegeneinander ausspielte. Es war
tatsächlich so, dass die Verstorbene noch nicht völlig gegangen war und
sich an ihre Tochter angelagert hatte. Diese fühlte sich hochgradig belästigt durch die Anwesenheit der Mutter, die sie wohl auch nachts als Stimme wahrnahm. Ich machte ein für unerlöste Seelen übliches Clearing mit
einem einfühlsamen Gespräch. Es bedurfte wirklich mehrerer Sitzungen,
bis sich die alte Dame davon überzeugen ließ, dass es nicht rechtens ist,
wissentlich Einfluss auf die Tochter nehmen zu wollen. An einem gewissen Punkt dann, als ich auf ihr persönliches Schicksal zu sprechen
kam, wurde sie einsichtig, dass es für sie besser sei, sich erlösen zu lassen
und komplett in die jenseitige Welt zu wechseln, wo Heilung und Erkenntnis stattfinden können.

Auf dem Ehepaar, das mich beauftragte, lastete noch ein Fluch aus diesem Leben, der das Verhältnis Eltern – Kinder trüben sollte und dies auch tat. Nachdem dieser Fluch gelöst war, erhielt ich einen Anruf von dem Ehemann, der mir berichtete, dass die Söhne nun viel freundlicher und gelassener mit ihnen als Eltern umgingen. Darüber seien sie froh und dankbar. Mein Eindruck war allerdings der, dass dieses Ehepaar ziemlich stur an der veralteten Einstellung festhält, dass die jüngere Generation die ältere hofieren müsse. Sie hatten immer Schuldzuweisungen für andere und sprachen von sich selbst als gläubige, unschuldige und gute Menschen.

Alles verstehen heißt alles verzeihen.

Buddha

Zwei Schwestern, die sich vor Jahren schon an mich wandten und mir von haarsträubenden Vorkommnissen in ihrem Elternhaus berichteten, konnten sich damals nicht für meine Arbeit entschließen. Als Reiki-Meisterinnen wollten sie es zunächst selbst versuchen. Seit dem ersten Gespräch sind fünf Jahre vergangen, in denen Belastung und Beeinflussung im Wohnhaus ständig zugenommen haben. Jetzt sei ein Punkt erreicht, an dem die ganze Geschichte bedrohlich werde, sagten sie mir. Beide wohnen mit den Eltern und den eigenen Partnern und Kindern in einem sehr alten Haus, das mehrfach um- und angebaut wurde. Dazu gehört auch eine zu einem Wohnhaus umgebaute Scheune. Seit ihrer Kindheit haben beide Frauen bemerkt, dass es dort Wesen gibt. Als Kinder sahen sie schon mal einen Clown in einer Zimmerecke oder gar einen kleinen Hund. Darüber waren sie gar nicht sonderlich besorgt. Was ihnen aber schon seit jeher Angst bereitete, war ein kleiner Gnom, der urplötzlich vor ihnen auftauchte und ein fratzenähnliches Gesicht hatte. Auch gab es einen großen schwarzen Mann mit Hut oder Zylinder, der bedrohlich wirkte.

An Phänomene wie huschende Schatten und graue Rauchschwaden im Haus, die auch von der Nachbarschaft beobachtet wurden, gewöhnten sie sich rasch. Mit den Eltern konnten sie darüber nicht sprechen. Der Vater tat alles als Blödsinn ab, die Mutter ignorierte es völlig. Sie erkrankte schwer und hat in diesem Haus bisher kein sehr angenehmes Leben gehabt. Keiner unternahm etwas, um diese Gespenster - wie sie sie nannten - zu vertreiben. Die beiden noch kleinen Kinder der Schwestern nehmen diese Gestalten natürlich ebenfalls wahr und sprechen auch davon. Das eine Kind, bereits ein Schuljunge, fühlt sich sehr zu Gebeten, Heiligen und Engeln hingezogen und kann sich damit schon selbst beruhigen. Das andere Kind, etwa anderthalb Jahre alt, beginnt jetzt erst zu sprechen und hat bislang nur immer in die betreffenden Ecken gedeutet und aufgeregt gestikuliert, sobald es dort eine Wahrnehmung gemacht hat. Meist spricht es von einem Baby und einem Hund. Es schläft nicht mehr gut, wacht in der Nacht mehrmals auf und schreit panisch vor Angst. Das Weinen ist derart hysterisch geworden, dass die ganze Familie sehr besorgt ist. Es ist normal, abends huschende Schatten zu sehen oder Nebelschwaden, die durchs Treppenhaus oder einen der Räume ziehen. Jetzt aber, wo der Kleine so sehr leidet, nicht mehr schläft und voller Angst ist, besinnen sich auch die Erwachsenen auf eine mögliche Abhilfe. Alle im Haus lebenden Personen sind körperlich krank oder neigen zu Depressionen. Ein Freund der Familie, der einmal dort übernachtete, war am anderen Morgen klatschnass geschwitzt und berichtete von einer Horrornacht mit allen möglichen Erscheinungen und Geräuschen. Er wolle nie mehr wieder in diesem Haus übernachten. Selbst tagsüber betritt er es höchst selten und nur für kurze Zeit.

Die ältere der beiden Schwestern wollte dem Phänomen der nächtlichen Erscheinungen in der Wohnung der Schwester nachgehen. Eines Abends war sie alleine dort, um auf den kleinen Neffen aufzupassen. Aus Wissbegier begann sie die noch nicht in Erscheinung getretenen Wesenheiten anzusprechen. "Ich bitte Euch, ich möchte gerne das erleben, was mein kleiner Neffe sieht und spürt." Sie hatte diese Bitte kaum ausgesprochen, als das Zimmer sofort eiskalt wurde. Sie bemerkte einen kalten Lufthauch und sah, wie sich ein Spielzeug vor ihren Füßen langsam bewegte. Es handelte sich um ein Spielzeug ohne Rollen, das sich (wie) von Geisterhand geschoben in Richtung einer Zimmerecke in Bewegung setzte. Die Frau erstarrte vor Schreck. Sehen konnte sie niemanden, aber sie spürte deutlich, dass außer ihr noch jemand im Zimmer war. Sie begann augenblicklich zu beten und rief die Engel um Beistand an. Sie konnte sich nur mit Mühe an den Text des Vaterunsers erinnern. Sie war beinahe völlig blockiert, konnte sich auch nicht mehr bewegen. Mit einem Mal war der Spuk vorüber, und sie erholte sich langsam von dem Schrecken.

Die Fotoanalyse ergab, dass außer den bereits mehr als vierzig Jahre dort existierenden verirrten Seelen, die teilweise recht bösartig sind und die Bewohner erschrecken, auch dunkle Kräfte vorhanden sind, die offensichtlich in Zusammenhang stehen mit schwarzmagischen Ritualen, die schon vor dreißig Jahren gegen das Haus und die Bewohner gerichtet wurden. Die Dämonen tauchten zeitgleich mit den schwarzmagischen Praktiken auf. Sie sind bis heute geblieben und sorgen dafür, dass in dem Haus niemand richtig glücklich wird. Es gibt dort viel Sorge, Krankheit, erschwerte Partnerschaften und – wie schon beschrieben – sehr viele mysteriöse Erscheinungen. In der Zeit, die zwischen meiner Bestandsaufnahme und der Erteilung des Clearing-Auftrags vergangen war, haben sich die Zustände in dem Anwesen derart zugespitzt, dass sich nunmehr alle Bewohner von diesen Wesenheiten terrorisiert fühlen. Es ging sogar so weit, dass die Eltern des kleinen Jungen die stets offen stehende Tür seines Zimmers fest verschlossen vorfinden, und darüber hinaus noch den Heizkörper auf höchster Stufe – als habe sich eine fremde Kraft daran zu schaffen gemacht, um dem Kind "einzuheizen" und die Eltern einzuschüchtern. Infolge der viel zu hohen Raumtemperatur bekam der Kleine einen so starken Krupphusten, dass man ihn ins Krankenhaus brachte, wo er zusammen mit seiner Mutter einige Tage zur Beobachtung und Behandlung blieb.

Es ist ein typisches Verhalten bösartiger Wesenheiten, und das können sowohl verirrte Seelen als auch Dämonen sein, dass diese ihre Aktivitäten steigern und noch frecher reagieren, sobald über die Befreiungsarbeit gesprochen oder ein derartiger Auftrag erteilt wird. Jedenfalls bemerkten auch andere vormals skeptische und sehr zurückhaltende Familienmitglieder und Hausbewohner, dass es nicht mit rechten Dingen zuging. Die Angst verstärkte sich und lieferte den Dämonen noch mehr "Futter" in Form von elektromagnetischen Wellen, die diese Emotion erzeugt. Schließlich kam der Tag der ersten Clearing-Sitzung. Schon in den ersten Minuten meiner Arbeit, als ich mit den Wesen in Kontakt gegangen war, bemerkte ich einen starken Druck im Bereich der Thymusdrüse. Es nahm mir beinahe die Luft. Also hatte ich es gleich zu Beginn der Arbeit mit demjenigen Wesen zu tun, das bei dem kleinen Jungen die Erstickungs- und Hustenanfälle ausgelöst hatte. Vermutlich handelte es sich um eine arme Seele, die zu Lebzeiten selbst Probleme mit den Atemwegen hatte und unter Erkrankungen der Bronchien und der Lunge litt. Ich nahm das Wesen als sehr kraftvoll, aggressiv und autoritär wahr. Zunächst war es sehr erbost darüber, dass ich mich einmischte und auch noch solch hohe Lichtfrequenzen sandte, die es und die anderen zum Abzug veranlassten.

Es waren die unerlösten Seelen, die zuerst den Weg ins Licht nahmen. Haben diese erst einmal erkannt, dass sie tot sind und dass es für sie auf der Erde nicht weitergeht, so sind sie meist froh und erleichtert, diese verlassen zu können. Ich sah, wie sich dieses Wesen mehrmals mit vor der Brust verschränkten Armen vor dem Jungen und seiner Mutter verbeugte und dann nach oben durch das Dach des Hauses davonschwebte. Diese Geste der vor der Brust gekreuzten Arme und die mehrmaligen Verbeugungen vor den Bewohnern des Hauses zeugten von Demut und der Bitte um Vergebung. Offensichtlich war es dem Wesen nicht bewusst gewesen, dass die Hausbewohner sehr unter seiner Anwesenheit litten. Schon während der ersten Sitzung entschieden sich alle verirrten Seelen, den Weg in die Erlösung und ins Licht zu nehmen. Mögen sie ihre Entwicklung fortsetzen!

In dem etwa zweihundert Jahre alten Haus mitten im Ortskern eines fränkischen Dorfes, das vor einigen Jahren einen modernen Anbau erhielt, leben und arbeiten zwei Familien. Wie so oft in alten Gebäuden lebten auch hier mehrere unerlöste Seelen, die den Weg in die Erlösung noch nicht gefunden hatten. Sie machten derartig vehement mit Geräuschen und Gerüchen auf sich aufmerksam, dass sich die Bewohner zu einem Clearing entschlossen. Bevor man mir den Auftrag dazu erteilte, hatten sich bereits mehrere "Kundige" und Heiler daran versucht. Bei vielen Befreiungsversuchen scheitert es einfach daran, dass vor Beginn der Arbeit keine umfassende Analyse der Situation gemacht wird. Es ist riskant, ein

Clearing zu beginnen, wenn man nicht definitiv weiß, welche Energien man antreffen wird. Meist treten die Fremdenergien in Kombination auf, wie auch in diesem Fall. Neben den Verstorbenen wurde das Haus samt Bewohnern noch von einem alten zähen Fluch belastet. Diese Menschen konnten somit gar nicht in ihre Kraft kommen. Ein erfolgreiches und gesundes Leben war aufgrund des Fluchs plus der unerlösten Seelen gar nicht möglich. Da die Heiler, die vor mir tätig gewesen waren, aber nur die Seelen bemerkten, und auch diese nicht erlösen konnten, blieb ein bedeutender Rest an Belastung übrig. Nach dem Clearing, das ich teilweise während des Urlaubs der Familie durchführte, erhielt ich ein Dankschreiben folgenden Inhalts: *"Es ist fast nicht zu glauben, aber wir haben die Veränderungen gleich nach unserem Urlaub bemerkt. So eine Stille und 'Leere' haben wir in diesem Haus noch nie vorgefunden. Die Auswirkungen des Clearings haben wir auch bei der anderen Familie in unserem Haus feststellen können. Aus diesem Grund recht herzlichen Dank für Ihre Hilfe!"*

Es freut mich besonders, dass eine Klientin, mit der ich von Rom aus Fernsitzungen durchgeführt habe, eine so präzise und wunderschöne Wahrnehmung während der ersten Clearing-Sitzung hatte, bei der drei verirrte Seelen in die Erlösung gehen durften. Sie berichtete mir, dass sie schon wenige Minuten nach dem Beginn des Clearings eine große Erleichterung verspürte. Sie hatte den Eindruck, als stünde ich persönlich neben ihr in ihrer Wohnung. Die nächtlichen Geräusche wie Knacken und Knarren der Möbel sowie Atemgeräusche waren schon nach der ersten Sitzung verschwunden. Sie spürte, wie irgendwelche Kräfte aus ihren Beinen herausgezogen wurden. Sie verspürte auch große Kälte und bemerkte zum letzten Mal den ihr vertrauten Brandgeruch, mit dem sich die Seelen stets bei ihr einstellten und auf sich aufmerksam machten. Wahrscheinlich war mindestens eine dieser verirrten Seelen bei einem Feuer ums Leben gekommen. Solche Rückmeldungen erfüllen mich mit großer Freude und Dankbarkeit.

Es ist mein Eindruck, dass in den letzten zwei Jahren eine Zunahme von unerlösten Seelen zu verzeichnen ist, die gerettet werden wollen. Ich vermute, dies liegt an der Schwingungserhöhung der Erde. Je mehr Licht auf die Erde kommt, desto mehr dieser erdgebundenen Seelen erwachen und haben den Wunsch nach Fortsetzung der eigenen spirituellen Entwicklung. Zurzeit halten sich noch sehr viele erdgebundene Seelen in der niederen vierten Dimension auf. Sie fühlen sich dort gefangen, obwohl sie sich aus freiem Willen entschieden hatten, nicht ins Licht zu gehen. Ein Kollege sagte, meine Arbeit würde ganze Generationen von Seelen ins Licht ziehen. Wenn dem so ist, wäre dies wunderschön.

BEFREIUNGSARBEIT FÜR VERSTORBENE UND LEBENDE

Es ist für Sie ohne großes Risiko, einen Versuch zu starten, eine unerlöste Seele in Ihrem Haus zu befreien. Schlimmstenfalls bleibt sie bei Ihnen. Es besteht aber keinesfalls die Gefahr, dass Sie mit Besessenheit rechnen müssen. Vielleicht reagiert die Seele beleidigt oder auch angriffslustig, dann wird sie Sie in der nächsten Nacht ein wenig ärgern. In diesem Fall melden Sie sich bei mir.

Eine unerlöste Seele löst sich umso schneller, je eher sie losgelassen wird. Beten Sie nach dem Tod eines Angehörigen für die Erlösung seiner Seele. Reden Sie mit ihm und überzeugen Sie ihn davon, dass Sie ohne ihn zurechtkommen, dass Sie in der Lage sind, mit Gottes Hilfe das Leben zu meistern. Mit dem folgenden Gebet bitten Sie ihn, die Erde vollständig zu verlassen und ins erlösende Licht zu gehen:

"Liebe/r ..., ich achte und ehre dich. Du bist verstorben und ich bitte dich, nach Hause ins Licht und in die Erlösung zu gehen. Ich kann durchaus mein Schicksal selbst und ohne deine Hilfe meistern. Ich bleibe noch hier auf der Erde und folge dir nach, wenn es für mich an der Zeit ist. Ich bedanke mich bei dir."

Sie können und dürfen selbstverständlich das Gebet abändern und viel persönlicher formulieren. Wenn Sie dem Verstorbenen noch etwas Wichtiges sagen möchten, können Sie das ebenfalls gerne mit diesem

Gebet tun. Vermeiden Sie aber alles, was ihn hier auf der Erde und in Ihrer Nähe festhalten könnte.

Meine Arbeit mit Verstorbenen beginnt mit vorbereitenden Gebeten an das Göttliche und der Hinwendung an die unterstützenden Erzengel, um damit den Verstorbenen die Angst vor mir und der Situation zu nehmen. Sie kennen mich nicht. Ich baue zunächst ein Vertrauensverhältnis zwischen uns auf. Meines Erachtens wird das weit verbreitete "ins Licht schicken" oder "wegschicken" den unerlösten Seelen nicht gerecht. Sie sind doch keine Fliegen, die man verscheuchen kann; es handelt sich um Menschen, die ihren Körper abgelegt haben. Sie wollen und sollen mit Respekt und Anstand behandelt werden. Ich erkläre ihnen, dass sie verstorben sind. Die meisten unerlösten Seelen haben das tatsächlich noch nicht realisiert. Sie erschrecken zunächst einmal, dann erkennen sie, dass sie durch Wände und geschlossene Türen gehen können, und dass ihre Fortbewegungsart nicht das Gehen, sondern eine Art Schweben ist. Diese erste Hürde ist relativ rasch genommen, vor allem wenn sie lichtvolle Energie spüren. Meine Energie ist hoch frequentes Licht, und Licht ist Liebe. Sie erkennen meine guten Absichten, lassen mit sich reden. Ich sage ihnen, dass es besser wäre für sie und für die Lebenden, die sie belagern und denen sie dadurch Energie abziehen, wenn sie in die Erlösung gingen. Etwas zögerlich schauen manche in die Richtung, in der ich eine Lichtsäule stelle oder auf die ich ganz einfach hinweise als eine Möglichkeit, nach oben zu steigen. Ich erwähne auch die Erzengel und Helferengel, die sich um die unerlösten Seelen kümmern, sie abholen und begleiten. Sobald ich davon spreche, dass Gottvater sie liebt, erwartet und ihnen längst vergeben hat, erheben sie sich schnell und verlassen uns.

"Dein Tod ist längst gesühnt, du brauchst dich nicht zu schämen. Dir ist längst vergeben, du wirst geliebt und erwartet im Licht und der Erlösung. Dort kannst du deine Entwicklung fortsetzen. Wenn du dagegen hier auf der Erde bleibst, hast du keine Möglichkeit, dich spirituell zu entwickeln. Sieh, dort in der Ecke (ich deute auf einen Winkel) kannst du ins Licht gehen. Lass dir von Erzengel Gabriel helfen. Ich danke dir."

...ser Monolog ist sehr einfach, beinahe naiv formuliert. Er wird ver-
...den und – ganz wichtig – er wird befolgt. Ich erwähnte bereits, dass
...r die Ausdrucksweise wenig behagt, wenn Menschen sagen, sie schicken
...eelen ins Licht. Bedenken Sie bitte, dass unerlöste Seelen nur dann gehen, wenn sie selbst es wollen. Sie wollen überzeugt werden von dem,
was sie in der anderen Dimension erwartet. Bedenken Sie, dass das größte
Hindernis für diese verirrten Seelen die eigene Angst ist. In einem Buch
über Besessenheit las ich, dass man unerlösten Seelen sagen solle, dass es
im Jenseits Bier, Wein, Zigaretten und Sex im Überfluss gäbe. Alles sei
vorhanden, so dass sie dort keinen Mangel leiden müssten. Verzeihung,
aber das halte ich für Nonsens, denn Genüsse, Süchte und Abhängigkeiten sind Dinge, die mit unserem physischen Körper zusammenhängen.
Durch ihn finden sie Ausdruck. Die Seelen, mit denen ich bislang zu tun
hatte, haben dann rasch reagiert und sich erlösen lassen, wenn die Rede
davon war, dass sie weder Scham noch Wut hegen müssen, und wenn sie
erfahren haben, dass sie erwartet und geliebt werden. In den meisten Fällen geht es um Vergebung. Um Vergebung für andere oder um Vergebung
für sich selbst. Sollte es Ihnen Unbehagen bereiten, von Vergebung zu
sprechen – viele Menschen denken, nur Gott allein könne vergeben –, so
können Sie auch ebenso gut von Verzeihung oder Versöhnung reden. Sinn-
gemäß sind die Begriffe gleichwertig und im Ergebnis letztlich auch. Auch
bei der Arbeit mit verirrten Seelen lässt sich der Vergebungssatz anwenden, damit Entspannung geschaffen werden kann.

> *"Ich bitte alle lebenden und toten Mitgeschöpfe, denen ich jemals
> Schmerz oder Unrecht zugefügt habe, um Vergebung / Verzeihung.
> Und ich vergebe / verzeihe allen lebenden und toten Mitgeschöpfen,
> die mir jemals Schmerz oder Unrecht zugefügt haben."*

Nicht nur hilfreich bei dieser Art von Arbeit, sondern geradezu essentiell ist es, selbst eine sehr hohe Schwingung zu haben. Schwingung
ist Vibration ist Frequenz ist Licht ist Information ist Wahrheit. Von
hoher Schwingung und Wahrheit schreibend erhalte ich gerade in diesem Augenblick die Information von meiner geistigen Führung, dass ich

unbedingt die Wahrheit erwähnen soll. Wir seien alle der Wahrheit verpflichtet, sagen sie mir. Wir würden zwar immer von Frequenzanhebung und zunehmender Schwingung reden und wüssten auch, dass diese erstrebenswert und gut sei. Die eigentliche Botschaft dahinter sei uns aber bisher verborgen gewesen. Durch eine hohe eigene Schwingung des gesamten Energiefeldes unserer Körper können wir uns besser an die Helfer im Universum anbinden, beziehungsweise unsere Helfer erreichen uns umso leichter, je höher wir vibrieren. Wir haben viele Helfer im Kosmos, das gesamte Universum beobachtet zurzeit die Erde und deren Entwicklung. Viele Spezies haben ein Interesse an unserem schönen Planeten und an der menschlichen Rasse. Nicht jedes Interesse basiert auf guten Absichten.

Um die Erde zu retten, ist es ganz wichtig, dass möglichst viele Lichtarbeiter (auch Sie!) jetzt auf der Erde inkarniert sind, um den Planeten durch die nunmehr verstärkt stattfindenden Schwingungsanhebungen in die nächste Dimension zu begleiten. Wir sollen jetzt verstärkt unsere eigene Schwingung aufbauen und erhöhen – durch das Lösen von blockierenden Denkweisen und von Karma, durch Erweiterung des Bewusstseins und durch die Anbindung an die Quelle, zu der wir alle einmal zurückkehren werden. Unsere Helfer – sie kommen von den Plejaden, dem Orion, Sirius, Andromeda und andern Galaxien – teilen uns mit, dass jeder energetisch arbeitende Mensch, ein Lichtarbeiter also, durch seine eigene Frequenz eine Lichtsäule stellt und die Schwingung des Planeten stabil hält. Wir erhalten diese Informationen in der Nacht, viele von uns auch im Tagesbewusstsein, aber immer ist es Information aus dem Göttlichen, die zu uns fließt. Und diese Information ist die Wahrheit.

Meine Engel lassen mich jetzt über dieses Spiel, die Illusion schreiben, über die es zahlreiche Bücher gibt. Es wird gesagt, dass es darum ginge, die Erde möglichst weit von der Quelle, dem Urschöpfer, zu entfernen und dann zu sehen, ob sie gerettet werden kann, ob die Menschen sich dessen bewusst werden würden, dass man sie absichtlich getrennt hat von ihrer Spiritualität, von ihren mehrdimensionalen Wahrnehmungen, von ihren Fähigkeiten der Hellsicht, der gedanklichen nonverbalen Kommunikation, des Zusammenlebens mit Naturgeistern, vom Glauben und dem Wissen um die kosmischen Gesetze, von der Fähigkeit der Dematerialisierung und der Teleportation, der Fortbewegung ohne Fahrzeug. Stattdessen hat man ihnen Götter und Bilder gegeben, hat sie mit Lügen gefüttert und um sie herum ein Gebilde aus Angst, materiellem Verlangen und falschen Idealen geschaffen. Dadurch hat sich die Erde samt menschlicher Rasse maximal von der Quelle entfernt.

Ob wir den Planeten retten können?

Wenn wir uns der Tatsache bewusst werden, dass es um eine kollektive Aufgabe der Menschen geht, diesen wunderschönen Planeten zu retten, dann müssen wir einfach an einem Strang ziehen und uns nicht in zwischenmenschlichen Kleinkriegen, Streitigkeiten und Scharmützeln verlieren. Konzentrieren wir unsere Kraft, unser Licht und unsere Liebe auf unsere Aufgabe! Erkennen Sie die Absicht hinter der täglichen Angstmache durch Behörden und Institutionen, lassen Sie sich nicht täuschen von Zeitungs- und Fernsehberichten, die ohnehin alle nach dem Willen einiger weniger Medienmogule "frisiert" werden. Die Berichterstattung in der ganzen Welt, zumindest in der westlichen, ist unisono, negativ, kontrolliert und manipuliert. Seien Sie argwöhnisch, wenn es um Massenimpfungen, Militäreinsatz im Land, noch mehr Kontrollen und Überwachungen geht! Wem nützt das, wer verdient daran? Das Dunkle ist ideenreich, raffiniert und hinterlistig. Diese Worte sind scheinbar aus dem Mittelalter, aber sie haben höchste Gültigkeit heute. Soweit ein kleiner Exkurs in die *Wahrheit*, inspiriert durch meine Engel am 14.07.2007. Es sei wichtig, dass diese Anmerkungen in diesem Buch Platz finden, sagen sie nochmals eindringlich.

Zwei aktuelle Fallbeispiele, bei denen die Verstorbenen ihren Tod nicht realisiert haben: Eine ältere Dame berichtet mir, dass sie ihr Haus verkaufen möchte, dass dieses sich aber nicht verkaufen lässt. Es finden sich zwar Interessenten dafür, aber jedes Mal bevor es zu einer Vertragsunterzeichnung kommt, machen sie einen Rückzieher. Von einer Freundin hat sie davon gehört, dass es manchmal vorkommt, dass verirrte Seelen Verstorbener Käufe und Verkäufe von Immobilien verhindern. Sie war zunächst sehr kritisch bezüglich meiner Arbeit, vertraute mir aber schließlich doch.

Bereits nach zwei Sitzungen über die Ferne bemerkte sie eine Erleichterung. Sie fühlte sich freier und klarer. In der Tat lebte sie nicht alleine in dem Haus. Es wurde von mehreren Seelen bevölkert. Eine davon war ihr vor langer Zeit verstorbener Ehemann. Dieser war einem Herzinfarkt erlegen und hatte wahrhaftig keine Zeit, sich aufs Sterben vorzubereiten. Er war damals noch nicht einmal sechzig Jahre alt. Selbst wenn er seinen Tod realisiert hätte, so wurde er doch auch durch die Emotionen seiner Witwe gehalten. Er hinterließ auch zwei Kinder, die einen Vater noch dringend gebraucht hätten. Meine Klientin erzählte mir, dass sie in den ersten Jahren nach dem plötzlichen Tod ihres Mannes diesen sehr oft angesprochen hat. Sie teilte ihm ihre Trauer, ihre große Wut und ihre Besorgnis mit. Häufig fragte sie ihn, warum er gegangen sei und warum er sie so allein gelassen hatte. Dieses Verhalten hat sicherlich dazu beigetragen, dass der Verstorbene nicht in die Erlösung gehen wollte und konnte. Auf die Dauer jedoch hat er mit seiner Anwesenheit im Haus nicht nur seiner Frau geschadet, indem er ihr Energie wegnahm, sondern er hat auch den Verkauf des Hauses verhindert.

Auch wenn viele Menschen ihre Wahrnehmungen nicht erklären oder nicht einmal genau definieren können, so empfinden sie doch alle ein unangenehmes Gefühl, sobald unerlöste Seelen anwesend sind. Anwesende Verstorbene senden eine Frequenz aus, die als störend und belastend wahrgenommen wird. Die Menschen beginnen zu frieren, Kälte dringt bis in die Knochen. Sie fühlen sich unwohl, haben einen großen Druck auf dem Kopf oder den Schultern, werden ungeduldig, wollen rasch wieder weg und bekommen eine unerklärliche Furcht. Meine Arbeit besteht nun darin, die unerlösten Seelen anzusprechen und sie davon zu überzeugen, dass sie nicht mehr zu den Lebenden gehören. Manchmal ist es gar nicht einfach, ihnen beizubringen, dass sie durch Wände oder durch Körper gehen können, dass sie unbemerkt bei Tisch sitzen, weder Schmerz noch Freude empfinden und dass sie keine normale Unterhaltung mehr führen können. Für den verstorbenen Ehemann meiner Klientin war es zunächst schwierig sich vorzustellen, dass es außer dem Haus noch eine andere Welt gibt, in der er nunmehr Heilung erfahren darf und sich weiterentwickeln kann. Nachdem er verstanden hat, dass er für seine Frau keine

Unterstützung mehr ist, hat er sich verabschiedet und sich von lichtvollen Helfern ins Licht geleiten lassen. Das Haus ist nun frei von jeglichen fremden Energien, dem Verkauf wird nichts mehr im Wege stehen.

In einem ähnlich gelagerten Fall, bei dem es aber nicht um den Verkauf des Hauses geht, war der Vorbesitzer des Anwesens auch mehr als zwanzig Jahre nach seinem Tod noch präsent. Er hatte das Haus bereits einige Jahre vor seinem Tod an ein Ehepaar verkauft und für sich und seine Frau ein neues Haus in der Nachbarschaft gebaut. Nach seinem Tod, der ebenfalls unerwartet kam, wurde er immer wieder im Garten des alten Hauses gesehen. Meine Klienten waren darüber beunruhigt, merkten sie doch, dass von der unerlösten Seele störende Energien ausgingen. Sie fühlten sich beobachtet und durch die Anwesenheit des Vorbesitzers bedroht. Sie wollten nicht akzeptieren, dass eine unerlöste Seele ihr Leben und ihren Frieden beeinträchtigte. Nachdem alles gute Zureden den Verstorbenen nicht zum Gehen bewegen konnte, erteilten sie mir den Auftrag für ein Clearing, das ich aus der Ferne durchführte. Auch hier bestand die Hauptaufgabe darin, den verstorbenen ehemaligen Besitzer des Anwesens von seinem eigenen Tod zu überzeugen und ihm plausibel zu erklären, dass er es besser hat, wenn er sich in das Licht und die Erlösung abholen lässt. Anfangs war er sehr misstrauisch mir gegenüber. Immerhin kannte er mich nicht, ich hatte weder mit den Nachbesitzern noch mit seiner Familie Kontakt gehabt. Nach einer Weile des Redens vertraute er aber meiner Frequenz und der liebevollen Unterstützung durch die geistigen Helfer. Er konnte sich ruhigen Gewissens darauf einlassen, sein ehemaliges Haus, den Garten und seine Nachbarn zu verlassen. Es ist eine wunderbare Arbeit, die ich ohne zu befehlen und ohne zu "schicken" tun darf. Sie basiert ganz allein auf der eigenen Lichtschwingung und der Kunst des liebevollen und einfühlsamen Überzeugens.

Kürzlich wurde ich nochmals von einer Klientin um Hilfe gebeten, mit deren ganzer Familie ich bereits ein Jahr zuvor gearbeitet hatte. Dies ist einer der Fälle, bei dem sich die unerlösten Seelen vom benachbarten Friedhof von einer Familie angezogen fühlen. Die weiblichen Familienmitglieder sind medial und sehr sensitiv. Für die verirrten Seelen ist dies ein Glücksfall, denn sie können sicher sein, bemerkt zu werden. Bei den ersten Aufträgen konnte ich schon sehr viele Seelen in die Erlösung gehen sehen. Immer wieder jedoch kommen neue in das Haus der Familie. Im aktuellen Fall aber brachte sich der Sohn des Hauses einige Seelen aus dem Krankenhaus mit, als er sich dort zu einer Operation aufhielt. Seine Mutter fand sein Benehmen, das er nach der Rückkehr nach Hause an den Tag legte, höchst unangenehm und konnte seine schlechte Laune nicht ertragen. Sie hatte gleich den Verdacht, dass er sich irgendwelche Wesen aus dem Krankenhaus mitgebracht hatte. Ein kurzes Hineinspüren ergab, dass es nicht nur zwei unerlöste Seelen Verstorbener waren, sondern dass auch eine dunkle Kraft die Gelegenheit genützt hatte, sich einen neuen Wirt zu suchen. Das Clearing war eine rasche Angelegenheit, bei der die Seelen sehr gerne ins Licht gingen. Die dunkle Wesenheit ließ sich ebenfalls schnell transformieren. Diese Familie, besonders Mutter und Tochter, hat meines Erachtens die Aufgabe, sich mit unerlösten verirrten Seelen zu beschäftigen und diese zu erretten. Es ist keine Strafe, dass sie immer wieder von Seelen heimgesucht werden. Es scheint vielmehr ihre Aufgabe zu sein, sich ausbilden zu lassen und für eine gute Erhöhung von Schwingung und Bewusstsein zu sorgen, um diese Befreiungsarbeit an erdgebundenen Verstorbenen selbst zu bewerkstelligen. Wir werden in Zukunft noch viel mehr Menschen benötigen, die für die Befreiungsarbeit mit unerlösten Seelen geeignet sind und diese Aufgabe mit Respekt und Dankbarkeit erfüllen. Die Erde braucht noch viel mehr Menschen, die ihrer Berufung folgen.

3.

NICHT MENSCHLICHE
WESENHEITEN

DÄMONISCHE BESETZUNGEN UND WIE ES DAZU KOMMT

An den Anfang dieses Kapitels möchte ich eine Begriffserklärung stellen, die sowohl die Herkunft des Wortes *Dämon* als auch der Bezeichnungen *Satan* und *Luzifer* erklärt. Während ursprünglich alle drei Begriffe dasselbe Phänomen oder dieselbe Wesenheit bezeichneten, so wird heute ein wenig differenziert. Luzifer verstehen wir natürlich immer noch als den Licht bringenden Engel, der "gefallen" ist. Nach einem Streit, bei dem es um die Vorherrschaft im Himmel ging, wurde er aus dem Himmel entfernt und musste sich in die dunklen Tiefen der Erde begeben. Er steht ebenbürtig mit Satan, nur dass diesem oftmals nicht die himmlische Herkunft zugestanden wird. Er lebt und kommt aus der Hölle, um die Menschen zu versuchen und zu besitzen. Dämonen werden bei uns als "Mitarbeiter" Luzifers oder Satans verstanden. Sie sind in der Hierarchie unterhalb dieser beiden angesiedelt und führen Befehle und Aufträge aus. Sie dienen dem absoluten Bösen. Dämonische Kräfte sind sozusagen Mitarbeiter des "höllischen Unternehmens", sie sind Befehlsempfänger und Ausführende, ihre Herkunft ist verschieden, sie waren aber niemals Mensch. Mein Eindruck ist der, dass dämonische Kräfte nicht nur aus der vierten Dimension kommen, sondern wohl auch von anderen Planeten und aus fernen Galaxien. Es handelt sich um artfremde Wesen mit für uns ungewohntem und erschreckendem Aussehen. Ich zitiere aus http://ww.wikipedia.de: Der Begriff des Teufels im Neuen

Testament ist ursprünglich griechisch Δ/άβολοζ, *Diàbolos*, "*der Verleumder, Durcheinanderwerfer, Verwirrer*", was sich von - Δ/ά-βαλλξ/ν, *dia-balläin*, "*durcheinanderwerfen*" herleitet, seltener die griechische Umschrift des hebräischen Wortes "Satan" mit ξαταναζ, *Satanás*. Das Wort personifiziert das Böse in seiner religiösen Funktion des Versuchers, wie es beispielhaft das Bild der Schlange im Paradies darstellt (1. Moses 3, 1–15). Im Christentum wird der Teufel als Gegner und Widersacher (hebräisch: "Satan") des christlichen Gottes angesehen. Während im Laufe der Jahrhunderte alle heidnischen Religionen in Europa von den Christen verdrängt wurden, erhielt der Teufel eine Vielzahl von Beinamen und neuen Gesichtern, da man die alten Gottheiten zu Feinden Gottes erklärte: Eine der bekannteren Darstellungen ist die des bocksbeinigen Hirtengottes Pan. Aus Sicht des Christentums ist Satanismus eine Ideologie, die sich weder mit dem christlichen Glauben vereinbaren noch auf ihm aufbauen lässt. In gnostischen Strömungen wurde Satan mit dem römischen Gott Luzifer, dem "Lichtbringer", gleichgesetzt.

Eine Besetzung liegt vor, wenn sich eine dunkle Kraft, also ein dämonisches Wesen, im Energiefeld eines Menschen anlagert und ihn durch seine Anwesenheit beeinflusst. Von Besessenheit spricht man, wenn ein Dämon oder Teufel in einen Körper eindringt und diesen regiert. Besetzung ist also eher das Vorgehen der dunklen Seite, während Besessenheit den Zustand des betroffenen Menschen beschreibt. Alfonso di Nola charakterisiert es so: "Bei der Besessenheit wird der Körper von einer anderen Realität, einer konkreten Macht besetzt, die heftige körperliche Reaktionen, Unruhe und Erregung hervorrufen kann, bis der Besessene schließlich in einen Zustand der Bewegungslosigkeit verfällt, der jedoch nicht wie im Fall der Ekstase Abwesenheit, Katalepsie, Scheintod ist. Im Zustand der Bewegungslosigkeit (Lähmung) handelt, spricht, offenbart, bewegt sich die fremde Gegenwart und bestimmt den Körperausdruck des besessenen Individuums. Im Grunde genommen ist die Ekstase ein 'Aufstieg der Seele', die sich auf einen Punkt außerhalb ihrer selbst hinbewegt, während die Besessenheit ein negativer 'Abstieg der Macht' in die Seele ist."

Besetzung und Besessenheit bedeuten die Inbesitznahme der Seele durch eine fremde Macht. Meist entzieht sich diese Inbesitznahme dem freien Willen des Besessenen, es handelt sich um einen gewaltsamen Akt. Interessant ist ein Aspekt, den Alfonso di Nola aufgreift, nämlich der, dass in einem ekstatischen Zustand (also auch in Meditation und anderen Praktiken) der Mensch dermaßen abwesend ist, dass eine dämonische Kraft, ohne auf Widerstand zu treffen, in den Körper eindringen und von ihm Besitz ergreifen kann. Daher sei an dieser Stelle auch noch einmal vor übertriebenem Meditieren gewarnt.

Wie kann es zu einer Besetzung durch dunkle Mächte kommen? Immer dann, wenn die Aura instabil und löchrig ist, können sich derartige Kräfte anlagern, in die Aura und den physischen Körper eindringen. Wann ist die Aura instabil? Leichtes Spiel haben die dunklen Kräfte, wenn sich der Mensch in einem Ausnahmezustand befindet: ein heftiger Streit, ein Außer-sich-geraten, bei Unfall, Schock, in Vollnarkose, während eines Alkoholrauschs oder durch Konsum von Drogen, wobei oft schon ein einziger Joint genügt. Natürlich kann es auch bei okkulten Praktiken wie Tische Rücken, automatischem Schreiben, Karten legen und Pendeln ohne korrekte Anbindung an die hohen Sphären, bei Anrufung irgendwelcher Geister und Helfer aus der Astralwelt, bei Anrufung von Verstorbenen und natürlich auch bei Ausübung von schwarzmagischen Praktiken und Voodoo geschehen.

Aus dem Buch "Befreiung von Dunkelmächten" greife ich nochmals zwei Texte auf, die einiges über Dämonen und Besetzungen erklären. Vielfach wird die Existenz des Bösen negiert, dennoch gibt es das Dunkle neben dem Lichten.

> *"Wo zwanzig Teufel sind, da sind auch hundert Engel;*
> *wenn das nicht so wäre, wären wir schon längst untergegangen.*
> *Es muss auch predigen von Teufeln,*
> *wer von den lieben Engeln predigt."*
>
> Martin Luther

Schauen Sie sich die Nachrichten im Fernsehen an (oder besser nicht!) und lesen Sie die Überschriften der Tageszeitungen. Sie werden mir bestätigen, dass es sich dabei um eine Konzentration des Bösen handelt. Wenn Gedanken Energie sind und die Gedanken von Millionen von Menschen auf Krieg, Zerstörung, Armut, Katastrophen, Gewalt, Macht und den Verfall der Werte gelenkt werden – wie viel Energie niederer Frequenz entsteht dadurch! Wohin geht diese Energie? Wen ernährt diese niedrige Schwingung? Die Frequenz ist sozusagen die persönliche Identitätskarte; sie sagt aus, welche Ausstrahlung unsere physischen, mentalen, emotionalen und spirituellen Körper haben. Die Ausstrahlung erfolgt in elektronischen Impulsen. Wo ist das Licht? Das Licht ist bei denen, die die Absichten erkennen und wissen, wie man Licht mehrt und die Schwingung erhöht.

Der Teufel wird, zumindest im Mittelalter, als eine reale Person gesehen, der es mit List gelingt, Bereiche des Körpers zu besetzen und diese in ihrer natürlichen Funktion zu hindern. Der Teufel gilt als das Gegenteil der göttlichen Kraft. Er wird oft gleichgesetzt mit Luzifer, dem Licht bringenden Engel, der aufgrund seiner Eitelkeit und Konkurrenz zu Gott in Ungnade gefallen war und den "Himmel" verlassen musste. Er wird häufig dargestellt als Ziegenbock, als menschliche Gestalt mit Fell und einem Bocksfuß, mit Hörnern und Schwanz. In zahlreichen Abbildungen besitzt er drei Köpfe. Er gilt als Widersacher Gottes. Viele Menschen stellen Gott und den Teufel gleichberechtigt auf eine Stufe. Er ist zwar ein Widersacher Gottes, aber niemals ebenbürtig. Man kann ihn auf eine Stufe mit den Erzengeln stellen, aber in der Hierarchie ist Gott die höchste Instanz und sonst nichts und niemand. Den Teufel können wir sinnbildlich verstehen als die Abkehr vom wahren Glauben (nicht Religion!) und die Hinwendung an das Böse, an einen Mangel an Moral und Toleranz unseren Mitgeschöpfen gegenüber.

Papst Paul VI hat 1972 den Teufelsglauben wieder aufleben lassen. Er erklärte feierlich: "Das Böse in der Welt ist das Vorhandensein und Wirken eines dunklen Feindes, des Teufels, in uns und in unserer Gesellschaft. Das Böse ist nicht allein ein Mangel, sondern es ist ein lebendiges, geistiges, pervertiertes und pervertierendes Wesen. Der Teufel ist der Feind Nummer eins, der Versucher schlechthin." Papst Johannes Paul II hat dieses Thema "vielleicht mit größerer, keinesfalls ungefährlicher Naivität wieder aufgegriffen", konstatiert Alfonso di Nola in "Der Teufel". "Als Person und als böser Geist nimmt er nicht allein auf die materiellen Dinge Einfluss, sondern auch auf den Körper des Menschen, weshalb man sehr wohl von teuflischer Besessenheit sprechen kann." 1986 greift Papst Johannes Paul II eine alte These wieder auf: "Satans geschickter Plan in der Welt besteht darin, die Menschen zu veranlassen, seine Existenz zu leugnen im Namen der Rationalität oder auch jedes anderen Denksystems, das zu allen nur möglichen Ausflüchten greift, um nur sein Wirken nicht eingestehen zu müssen." Nach Alfonso di Nola lässt "Papst Johannes Paul II in einer Ansprache am 15. August 1986 (Maria Himmelfahrt) die Frauenfeindlichkeit der Hexentraktate des Mittelalters wieder aufleben: "… versucht der Drache der Apokalypse, der von der Jungfrau Maria zertreten wird, ohne Unterlass die Frau und mehrt damit die Sünde in der Geschichte der Menschheit und versucht vor allem, den Menschen von Gott zu entfernen." Die Angstmache der Kirche bringt den Menschen Gott nicht näher. Sie beabsichtigt vielmehr, dass die Menschen sich der kirchlichen Macht annähern und alle Doktrinen befolgen, die gepredigt werden. Somit werden sie gut gläubige Schäfchen blinden Gehorsams und großzügiger Spendenbereitschaft für die "heilige Mutter" Kirche.

Es sind nun beinahe vier Jahre vergangen, dass ich "Befreiung von Dunkelmächten" geschrieben habe. Seitdem durfte ich eine starke persönliche Entwicklung durchmachen und zahlreiche neue Erkenntnisse gewinnen. Seitdem hat sich auch die Qualität der Anliegen und Aufträge stark verändert. Mittlerweile ist die Zahl der Hilfesuchenden, die sich auf dem spirituellen Weg befinden, stark angestiegen. Es scheint so, dass dort, wo viel Licht ist, oder die Hinwendung an das Licht groß ist, auch viel Schatten und Dunkel herrschen. Zu 80% besteht meine Klientel aus spirituell und therapeutisch arbeitenden Menschen. Es ist auffällig, dass es heute nicht mehr unbedenklich ist, sich in einen Reiki-Grad einweihen zu lassen oder ein bewusstseinserweiterndes Seminar zu belegen. Ganz im Trend liegen auch die Seminare, in denen der Teilnehmer mit seinen Schutzengeln in Kontakt kommen soll oder gar als Channel-Medium ausgebildet wird. Die Mehrzahl der Seminarleiter ist ehrlich und kompetent. Sie bieten und führen ihre Seminare mit lauteren Absichten durch. Aber es gibt auch schwarze Schafe unter ihnen. Ein Seminar zu buchen, das von einem schwarzmagisch arbeitenden Leiter oder einer ebensolchen Leiterin geführt wird, birgt das Risiko, sich eine Besetzung einzuhandeln oder über schwarzmagische Praktiken beeinflusst zu werden. Kundenbindung ist dabei noch die harmloseste Variante. Manchmal aber endet die Teilnahme an einem Seminar in der Psychiatrie. Ich habe solche Klienten betreut.

Ich möchte absolut nicht gegen Reiki-Ausbildung oder Seminare reden, sondern aus gutem Grund zu Vorsicht raten und zu mehr kritischer Begutachtung. Betrachten Sie kritisch die Werbung für das Seminar, das Sie belegen möchten. Wie war Ihr erstes spontanes Gefühl, als Sie davon gehört oder gelesen hatten? Achten Sie auf Ihre innere göttliche Stimme, die sich über den Solar Plexus (Magengegend) oder das Herz mitteilt. Die spirituelle oder esoterische Szene wird unterwandert von Menschen, die alles andere als lichtvolle Absichten haben. Meist spielen profane kommerzielle Gründe oder Motive der Macht und Manipulation eine große Rolle. Natürlich geschieht die Wahl eines solchen Kurses aufgrund feinstofflicher Komponenten. Es geschieht nichts ohne Grund. Hinterfragen Sie Ihre eigenen Motive, und Sie werden wieder ein Stück weiterkommen auf Ihrem Weg ins Licht. Meist ist es nicht sinnvoll, sondern eher schädlich, die eigene spirituelle Entwicklung beschleunigen zu wollen. Spiritueller Ehrgeiz macht blind für falsche Lehren und falsche Lehrer. Die Führung durch die geistige Welt ist vollkommen, und Sie werden immer dann ein Stück weiter vorankommen, sobald Sie eine Lektion gelernt und verinnerlicht haben. Es ist wichtig, eine solide Basis zu haben und in sich zu ruhen, bevor man den nächsten Schritt wagt.

Jeder Mensch, der sich vervollkommnen möchte, kann als Lichtarbeiter bezeichnet werden. Denn je mehr Ballast wir abwerfen, je mehr wir uns von der Dualität, von Beurteilungen und dem Kampf für unsere Überzeugungen und Ziele distanzieren, desto mehr Licht und hohe Schwingung können uns umgeben und in uns hineinfließen. Damit stabilisieren wir die Schwingung des Planeten Erde und sind in der Lage, Information aus dem Weltall zu empfangen. Licht ist Information. Betrachten Sie die Glasfaserkabel, auf denen via Licht Information transportiert wird. Wenn sich das menschliche Bewusstsein verändert, hin zum licht- und liebevollen Umgang miteinander, so verändert sich auch der Planet. Dass das natürlich den dunklen Mächten, die nur Interesse an Macht, Geld und Kriegen haben, nicht sonderlich gut gefällt, ist verständlich. Jeder Mensch, der sich dem Licht zuwendet, gläubig ist und sich dem Göttlichen verpflichtet fühlt (nicht einer Religionsgemeinschaft), der bewusst und verantwortungsvoll mit seinen Mitmenschen, den Tieren und Pflanzen, mit der gesamten Schöpfung umgeht, leistet einen höchst wichtigen Beitrag zur Rettung des Planeten Erde. Lichtarbeiter halten die Frequenz, können diese erhöhen, erhalten Information und arbeiten gegen Trauer, Ärger, Hass und Tod auf dieser Welt.

Es wird häufig von Besetzung gesprochen, auch wenn "nur" eine Belagerung vorliegt. Besetzung meint immer eine dunkle Wesenheit, die in den Körper eindringt. Von einer Umsetzung spricht man, wenn eine dunkle Kraft die Aura blockiert, aber nicht den Körper in Besitz nimmt. Besessenheit heißt es bei satanischer Besetzung, wenn ein Mensch ein vollkommen anderer wird, gigantische Kräfte entwickelt, eine andere Stimme erhält und sich komplett verändert. Belagerung hingegen ist der Terminus für unerlöste Seelen Verstorbener, ein völlig anderes Genre also.

Häufig liegt eine Mischform von Belagerung durch Verstorbene, Besetzung durch Dämonen, Beeinträchtigung der Vitalität durch Fluch, Verwünschung und/oder schwarze Magie vor. Ist das Energiefeld eines Menschen erst einmal geschwächt, lädt es mehrere Formen von Beeinflussungen ein. So arbeitete ich im Sommer mit einem Herrn, der vor ein paar Jahren aus heiterem Himmel zu einem Pflegefall geworden ist. Zuvor war er ein erfolgreicher Unternehmer mit intaktem Familienleben und guter Gesundheit. Die Analyse ergab eine langjährige Belagerung durch zwei unerlöste Seelen. Dabei handelte es sich um nahe Verwandte, die ihm beistehen wollten und sich daher nicht lösen konnten. Sie blieben erdgebunden und ernährten sich von der Energie dieses Mannes. Dies führte zu einer Schwächung und Störung des gesamten Energiefeldes, so dass dann vor etwa fünf Jahren einige Dämonen die Chance nutzten und ihn besetzten. Diese jedoch hatten die Absicht, den Mann zu ruinieren und beeinflussten ihn derart, dass er schwach und krank wurde. Er erlebte seinen physischen und finanziellen Niedergang. Seit einigen Jahren wurde er auch noch von neidischen Menschen schwarzmagisch angegriffen. Nachdem nun durch das Clearing die schwarze Magie unterbrochen wurde – die Wunden dürfen und können nun heilen – und die Seelen überzeugt werden konnten, in das Licht zu gehen, beugten sich auch die dämonischen Kräfte der hohen Lichtfrequenz; sie wurden transformiert. Noch ist der Klient nicht völlig geheilt, aber es sind deutliche Zeichen eines Heilprozesses zu verzeichnen. Was jahrelang zerstört wurde und war, braucht einige Zeit (Wochen, auch Monate) zum Regenerieren und zur Erholung.

BESETZUNGEN UND BESESSENHEIT DURCH THERAPEUTISCHE ARBEIT SOWIE TEILNAHME AN SEMINAREN

Auch therapeutisch arbeitende Menschen können sich eine Umsetzung (Wesenheit lagert sich in der Aura an) oder Besetzung (Wesenheit nimmt den Körper in Besitz) zuziehen. Ursache kann eine falsche Art der Arbeit sein, wobei es zu einer Hinwendung an dunkle Kräfte kommt. So geschehen bei einem Heilpraktiker aus Norddeutschland, der mich kontaktierte, weil er sich nicht mehr in seiner Kraft fühlte und keine Heilerfolge mehr verzeichnen konnte. Eine seiner Patientinnen rief mich ebenfalls an, um mir besorgt mitzuteilen, dass es ihr nach dem Besuch bei ihm schlechter ging als vorher. Sie fühlte, dass sich etwas angelagert hatte. Dieser Mann sprach während der Arbeit folgenden Satz: "Du bist geheilt mit der Heilkraft Gottes." Was war geschehen? Er hat eine Aussage getroffen, ohne Gott um Erlaubnis zu fragen. Er hat selbst Gott gespielt. Es ist nicht immer automatisch Heilung für unsere Klienten vorgesehen, das wissen wir alle. Aufgrund der fehlenden Ausrichtung auf das Göttliche sowie der fehlenden Demut – eine Erlaubnis von den geistigen Helfern holte er sich auch nicht – hatten sich Wesenheiten niederen Bewusstseins angelagert. Die dunkle Seite versteht es, Spielchen zu spielen.

Sie gaukelt Heilung vor und kommt dann zurück, um Energie bei den Menschen zu tanken und sie zu kontrollieren. Alle Therapeuten sind aufgerufen, sich an die lichtvolle Seite zu wenden, die eigene Arbeit kritisch zu betrachten und sich die Frage zu stellen, ob sie noch mit dem Licht verbunden sind. Bedenken Sie, dass das Dunkle Wege sucht, um eingelassen zu werden; es arbeitet raffiniert und ist manchmal der Wolf im Schafspelz.

Jesus: "Durch mich heilt der Vater."

Bitte seien Sie aufmerksam während und vor allem nach Seminaren, die Sie besuchen. Unangenehme Gerüche im Allgemeinen sowie Gestank nach Urin, Exkrementen, Fauligem, nach Stall oder Schwefel sowie Ekel erregender süßlicher Leichengeruch im Besonderen sind sichere Indizien dafür, dass sich in Ihrer Wohnung oder Ihrer Praxis dunkle dämonische Wesenheiten aufhalten. Plötzlich auftretende Invasionen von Spinnen und Insekten wie Fliegen, Käfern und Ameisen können weitere Anzeichen für dunkle Kräfte und / oder einen schwarzmagischen Angriff sein.

Nun aber zu den Risiken. Es folgen die Berichte von zwei Klienten, die nach dem Besuch von Seminaren in massive Schwierigkeiten gerieten (den zweiten finden Sie im nächsten Kapitel). Den Brief einer Klientin, mit der ich 2006 gearbeitet habe, zitiere ich auszugsweise:

" ... meldete ich mich bei einem Seminar in Süddeutschland an, das von einem Schamanen aus Österreich geleitet wurde ... Der Schamane erscheint vor den Teilnehmern mit verschiedenen Gegenständen, unter anderem Schlangenhaut, Jesusbild, Buch von Sai Baba, Wasserschüsseln, Klangschale, Adlerfedern und einem schwarzen Altar mit einer drachenähnlichen Tierfigur, weiteren mythischen und magischen Figuren und einer schwarzen Madonna. Er führt verschiedene Rituale und Anrufungen durch, z.B. ruft er die Kelten an, die Sterne und die geistige Welt. Er arbeitet mit Bäumen, dieses Mal mit dem Holunder, der zu den dunklen Bäumen zählt. Er rät einer Teilnehmerin, deren Tochter an Epilepsie leidet, diese solle sich zu Hause auf ein schwarzes Samttuch legen, einen

schwarzen Onyx dazu. Immer wieder taucht die Farbe schwarz auf, er erwähnt sie ständig.

Während des Seminars berührt er jede Person mit einer Feder oder den Händen am Kopf. Daraufhin fährt mir die Kundalini-Energie durch mein Scheitelchakra, dabei hatte ich eine starke Vision von Merlin. Beim Essen spürte ich den Blick des Schamanen in meinem Rücken und ein starkes Ziehen auf meinem Kopf. Als ich mich umdrehte, sah ich ihn hinter mir sitzen. Die positive Seite des Seminars war, dass ich Naturgeister sah und Engelwesen. Eines Tages an meinem Arbeitsplatz hatte ich eine rosafarbene Vision von Jesus am Kreuz und vielen Schlangen in meinem Bauch. Ich rief den Schamanen an, um ihm davon zu berichten. Als ich am Abend ins Bett ging, wurde mir ganz heiß, mein Körper begann zu glühen und pulsierte. Dann hat es mich gewürgt und etwas Grünes kam aus meinem Mund und lachte. Ich rief nochmals den Schamanen an, der mir riet, ein schwarzes Tuch in der Wohnung auszulegen. Ich fragte ihn, was das bringen soll und er antwortete: "Hast du eine Ahnung, was das bringt!" Dabei lachte er.

Es wurde nur noch schlimmer. Ständig piekste und zupfte etwas an mir herum. Ich sah Hände durch eine Scheibe, die nach mir greifen wollten. Beim Autofahren zog mich etwas zusammen wie ein Magnet, mein Gesicht war ganz verschoben und ich fühlte starke Schmerzen. Mir war, als würde ich aus meinem Körper austreten, während ich auf der Couch lag, und eine Hand griff in meinen Bauch und zog eine Schlange aus mir heraus. Ich hörte ein Geräusch, als würden der Schlange alle Knochen gebrochen. Danach bekam ich starke Blutungen. Ich glaubte, ersticken zu müssen, dann aber kam mir ein Lichtwesen zu Hilfe. Tage danach fingen die Träume an: von Kindern mit Dämonenaugen, von ihm mit Dämonenaugen. Mein Genitalbereich brannte wie Feuer. In meiner Wohnung sah ich schwarze Flecken, und eine andere Kursteilnehmerin berichtete von einer Invasion schwarzer Fliegen und einer schwarz verfärbten Madonnenmedaille bei sich zu Hause.

Im Januar 2006 beschloss ich, ein weiteres Seminar zu besuchen, in der Hoffnung, dass sich alles beruhigen würde. Ich war so naiv, habe die Vorfälle nicht mit dem Seminar in Verbindung gebracht. Nach einem Ritual mit Schlangenhaut, Dachsfell und der Anrufung indianischer Krieger und Hirsch, Bär und schwarzem Hund sollte ich noch eine Weile im Erdhaus bleiben. Von dem schwarzen Altar aus fuhr mir irgendetwas Schwarzes in meine Nase und brannte dort. Als ich zu Bett ging, sah ich lauter Insekten auf dem Boden und an der Wand, der Himmel wurde dunkler und ich schwitzte. Es war, als würde etwas sehr Schweres auf mir liegen. Am nächsten Tag war mir übel, ich übergab mich, hatte Atemnot und zitterte. Es war, als würde ich mich in ein anderes Wesen verwandeln, in eines mit Stacheln. Es tat weh. Ich nahm ekligen Gestank wahr und eine Art Schlangenstab, der sich durch meinen Hals bohrte. Ich erschrak und lief nach draußen. Da war ein Mann mit langem schwarzem Mantel, er rief "trasformare importante". Dann hörte ich lautes Hämmern.

Am nächsten Tag nach der Arbeit nahm ich ein Kruzifix von der Wand und wiederholte ständig und in großer Angst den Satz: "Gottes Liebe ist stärker als der Tod." Ich hatte Todesangst. Daraufhin brachten mich meine Eltern in die Nervenklinik. Dämonen, so weiß ich seitdem, wohnen dort und fühlen sich dort wohl. Sie docken an den Synapsen im Körper an, im Wirbelsäulenkanal, in allen Körperöffnungen. Sie haben Schlangenzungen und besetzen andere Personen, ohne dass diese es bemerken. Sie sind hinterhältig und brutal. Sie drohen dir und übergießen dich mit Säure (fühlt sich so an), betreiben Voodoo, lachen wie Kinder und können Stigmata haben, besetzen auch Tiere und blenden dich mit Licht, fügen dir Schmerzen zu und stoßen fürchterliche Drohungen gegen dich aus.

Mehr als ein Jahr lang war ich arbeitsunfähig mit der Diagnose "paranoid halluzinatorische Psychose", kein Psychopharmakum hat mir geholfen. Ich habe dann verschiedene Geistheiler aufgesucht, bin Tausende von Euro losgeworden, aber geholfen haben nur Sie mir. Ich schreibe dies alles, um anderen Mut zu machen. Es fällt mir nicht leicht. Vielleicht könnten Sie noch mehr 'psychisch'

Kranken helfen. Vielleicht sind Besetzungen viel öfter die Ursache für Psychosen als man glaubt."

Soweit das Schreiben einer Klientin. Es spricht für sich und drückt auch meinen Wunsch und meine Hoffnung aus, dass es bald gelingen möge, die Psychiatrie für dieses Thema zu sensibilisieren. Eine rasche zügige Zusammenarbeit könnte so viel Gutes bewirken für die Betroffenen, denn sind sie erst einmal über lange Zeit in psychiatrischen Einrichtungen und unter dem Einfluss von Psychopharmaka, ist echte Heilung nur schwer möglich. Unter Psychopharmaka wird die Aura noch löchriger als vorher, der Schutzschild wird völlig zerstört. Außerdem sind die ohnehin geschwächten Menschen in diesen Einrichtungen massiver Belästigung durch die dunkle Seite ausgesetzt. In diesem konkreten Fall konnte ich sehr rasch die feinstofflichen Verbindungen zu dem Magier durchtrennen und die Besetzer wegnehmen und transformieren. Die Dame teilte mir mit, dass es ihr viel besser gehe, und dass sie wieder ihren Beruf aufnehmen konnte. Dennoch ist sie in einer labilen Lage, immer noch hat sie Ängste.

Es ist leider kein Einzelfall, dass ein Kursleiter oder Meister seine Verantwortung missbraucht, Experimente anstellt und Menschen damit an den Rand des Ruins bringt. Absicht oder nicht, wir brauchen mehr Achtsamkeit in der Energiearbeit! Generell ist es sinnvoll, vorübergehend einen Meister, Guru oder Freund in Anspruch zu nehmen, bis wir unseren eigenen Weg selbstständig gehen können. Geben Sie bitte niemals Ihre Selbstbestimmung auf, für nichts und niemanden!! Sie alleine bestimmen die Richtung, in die Sie gehen möchten. Lassen Sie sich nicht verunsichern oder einschüchtern! Wer Schüler manipuliert und an sich bindet, ist fern von Licht und Liebe. Dennoch muss auch hier unterstrichen werden, dass immer eine Resonanz besteht zwischen *Täter* und *Opfer*.

STIMMENHÖRER

Ein besonderes Klientel sind die Stimmenhörer. Unter Stimmenhörer sind nicht die zahlreichen medial veranlagten Menschen gemeint, die als

Kanal (Channel) fungieren und die Botschaften aus der geistigen Welt als gesprochene Botschaft empfangen. Unter diesen Personen gibt es einige, die während einer Channelsitzung, oftmals in Trance, ganz deutlich die Stimme des von ihnen gechannelten Wesens vernehmen. Sie stellen Fragen und hören die Antwort des Wesens als Stimme in ihrem Kopf. Diese medialen Personen können sich willentlich mit geistigen Wesen verbinden und kommunizieren.

Anders dagegen die Stimmenhörer, also diejenigen Menschen, die eine Stimme in sich hören, die nur sie alleine wahrnehmen. Bei den mir bekannten Fällen bergen die betroffenen Personen einen Besetzer in sich, der mit ihnen spricht. Da die erste Anlaufstelle für Stimmenhörer generell die Psychotherapie und / oder die Psychiatrie ist, kann diesen Menschen kaum noch geholfen werden, wenn sie schon längere Zeit in psychiatrischen Einrichtungen verbracht haben. Abgesehen von den Vorlieben dunkler Kräfte, sich in psychiatrischen Einrichtungen aufzuhalten, wo reichlich Nahrung in Form von elektromagnetischen Schwingungen niederer Emotionen vorhanden ist, laufen die Patienten potenziell Gefahr, dass die verabreichten Medikamente die Aura angreifen und zerstören. Dadurch gelingt es Fremdenergien wesentlich leichter, im Energiefeld eines Menschen anzudocken. In manchen Fällen ist es sehr schwierig, in einigen wenigen sogar unmöglich, die Aura dauerhaft zu reparieren und diese Wesenheiten zu transformieren oder wegzuschicken.

Stimmenhörer sind – nach meiner Erfahrung – Menschen, die meist eine wenig schöne Kindheit hatten. Oft waren und fühlten sie sich sehr einsam, oder sie haben schwere Traumata erlebt. Aufgrund der großen und schmerzhaft erfahrenen Einsamkeit beginnen sie mit Selbstgesprächen. Sie erschaffen sich dabei einen Gesprächspartner, einen imaginären Spielgefährten oder Vertrauten, dem sie alles erzählen und beichten können, was Herz und Seele belastet. Je stärker das Leid und die Vorstellungskraft desto eher besteht das Risiko, dass sich diese durch starke Bilder und Vorstellungen erzeugte Person verselbstständigt. Dies ist gleich bedeutend mit einer beinahe pausenlos plappernden Stimme, die sich im Kopf festgesetzt hat und nun zu allem einen Kommentar abgibt. Es läuft ein Automatismus ab: Die betroffene Person denkt einen Gedanken und quasi zeitgleich vernimmt sie eine Stimme in ihrem Innern, die antwortet und kommentiert. Dies macht die Betroffenen konfus und wirr. Es erzeugt Angst, denn meist können sie es nicht einschätzen, wer da mit ihnen spricht. Ist die Stimme eine selbst erschaffene, so ist es schwierig, sie davon zu befreien. Handelt es sich hingegen um eine Wesenheit, die mittels ihrer Stimme Verbote oder Befehle erteilt, so kann das dunkle Wesen transformiert und zum Abzug veranlasst werden. Dies sind die glücklichen Fälle, in denen die Stimme gleichzeitig mit der Beseitigung der dunklen Wesenheit verstummt. In meiner Praxis habe ich es bisher selten erlebt, dass dunkle Wesenheiten sprechen. Silvia Wallimann schreibt in "Die Umpolung", dass die Stimmen vernommen werden, sobald eine Wesenheit den Astral- oder Ätherkörper eines Menschen besetzt. Meist werden dunkle Wesenheiten über ein unangenehmes Körpergefühl oder aufgrund von Zwangsgedanken identifiziert. Bei Stimmen hörenden Menschen ist es sehr schwierig, zu helfen, dennoch kann es gelingen. Meist haben sie ein Selbstsabotageprogramm, das es zu lösen gilt.

Einige dunkle Wesenheiten sind sehr flüchtig, das bedeutet, dass sie nur hin und wieder zu einer Person kommen, diese verängstigen, belästigen und verwirren. Dann verschwinden sie wieder und gehen zu anderen Personen, um irgendwann einmal wieder zurückzukommen. Solche Kräfte sind nicht zu transformieren, sie verschwinden in dem Moment, in dem die hohe Lichtfrequenz während des Clearings auf sie einströmt. Sie sind nicht an Personen gebunden, sie gehen hierhin und dorthin. Stimmenhörer sind aufgefordert, sich bewusst von der Stimme zu verabschieden. Ihr Intellekt will die Stimme loswerden, das Unterbewusste hingegen nicht, denn es ist bestrebt, die Person vor Schaden und schmerzhaften Erfahrungen zu bewahren. Ein Stimmenhörer ist niemals einsam, er hat immer Unterhaltung. Die Stimme wurde geschaffen, um die schmerzhafte Einsamkeit zu überwinden und erträglich zu machen. Jetzt aber ist es angemessen, sich diesem Schmerz zu stellen, ihn anzuschauen, ihn zu erkennen und loszulassen. Diese Menschen sind aufgerufen, ins Vertrauen zu gehen und zu erkennen, dass sie nicht einsam sind. Bei der Hinwendung an die Höchste Kraft durch Gebete, die vorzugsweise mit lauter Stimme gesprochen werden, kommt der Mensch weg vom seelischen Schmerz und kann Vertrauen entwickeln in das Göttliche, in dem wir alle gut aufgehoben sind. Generell bin ich gerne bereit, mit Stimmenhörern zu arbeiten, mache aber ausdrücklich darauf aufmerksam, dass sie möglicherweise nicht den Erfolg verspüren werden, den sie erwarten. Es ist - wie bereits weiter oben erwähnt - oftmals eine Diskrepanz zwischen dem intellektuellen Wunsch und dem unterbewussten Bedürfnis vorhanden. Das bedeutet, dass in einigen Fällen trotz der Beseitigung und Auflösung der dunklen Kräfte die Stimme weiterhin wahrgenommen wird. Einen ganz besonderen Fall aus meiner Praxis möchte ich im Folgenden vorstellen:

Es handelt sich um einen männlichen Klienten mittleren Alters, der zunächst telefonisch Kontakt mit mir aufnahm, mir ein Foto zum Austesten sowie die im Folgenden abgedruckten Briefe zusandte, die die Problematik aus Sicht des Betroffenen darstellen. Aus Gründen der Diskretion sind die Briefe gekürzt, aber im Originalwortlaut wiedergegeben.

"... Ich selbst bin seit 10 Jahren durch ein sehr aggressives Astralwesen schwer besetzt. Symptome: Seit 10 Jahren habe ich eine telepathische Stimme im Kopf, die sich zuerst freundlich gab (um mein Vertrauen zu erwecken) und sich dann einige Jahre später in eine mörderische – aggressive Stimme wandelte. Leider blieb es nicht nur bei einer Stimme im Kopf, sondern durch meine Öffnung ins Feinstoffliche (durch übertriebene Meditation) kam die Stimme dann als Besetzer in meinen Körper. Dieses aggressive Astralwesen bewegt stundenlang meinen Kopf, bricht mir fast das Genick, kommt in meine Arme und Hände. Es zerkratzt mir, sobald ich mich hinlege und entspannen will, das Gesicht.
Vor 5 Jahren, als die Stimme negativ wurde und mich aufforderte: "Bring dich um!", "Bring andere Leute um!", "Zieh dich auf der Straße nackt aus!", "Du bist der Antichrist", "Du wirst die Menschheit vernichten", ging ich aus Angst in die Psychiatrie. Ich war von 1999 bis 2002 fast durchgehend zweieinhalb Jahre in der Psychiatrie und

wurde massenweise mit Medikamenten voll gestopft. Die Medikamente hatten jedoch nicht die geringste Wirkung auf die negative Stimme. Auf diese zweieinhalb Jahre Psychiatrie folgten dann zwei Jahre schwerste Depressionen, ich lag zu Hause nur noch im Bett, tat überhaupt nichts mehr und habe mir den Kopf zugeraucht. 2001 war meine Persönlichkeit so geschrumpft, dass ich auf Befehl der Stimme einen schweren Selbstmordversuch unternahm: zweimal aus dem Fenster gesprungen, dann dem Elektroherd die Füße schwer verbrannt (Ergebnis: 70% Gehbehinderung) und habe versucht, mich mit einem Messer zu erstechen, bis das Messer auf meinem Brustkorb zerbrach.

Ich war jahrelang vollkommen ohne soziale Kontakte, habe alle Freunde verloren und mein Leben war vollkommen einsam und sinnlos. Vor anderthalb Jahren habe ich dann wieder angefangen an mir zu arbeiten: bewusstes Atmen und verdrängte Gefühle (Ängste, Aggressionen) wieder zuzulassen, Herzöffnungsmeditation, Selbstliebe, Liebe für andere, etc. Beruflich habe ich eine philosophisch-spirituelle Vortragsreihe entworfen und wieder einige Freunde gefunden. Bis vor vier Wochen (Anfang Februar 2006) dachte ich, dies wirkt alles positiv, doch einen Tag vor meinem ersten Vortrag kam mein Besetzer wieder total in meinen Körper hinein (nachdem er für längere Zeit fast weg war) und versuchte mich wieder körperlich und geistig zu vernichten. Er will unbedingt verhindern, dass ich in meine Selbstständigkeit und Selbstliebe komme. Durch schwere Aggressionen in meinem Körper versucht er meine Vorträge und meine Herzensübungen total zu verhindern ("Ich mach dich fertig!"). Ich bin jetzt energetisch und stimmungsmäßig fast am Ende. Solange ich in meiner Wohnung bin, greift er stundenlang meinen Körper an (verdreht meinen Kopf fast bis zum Genickbruch), wenn ich in der Öffentlichkeit bin, greift er mich nur gelegentlich an. Was kann ich tun? Die Entfaltung positiver Lebensvisionen, meine Herzensarbeit und Persönlichkeitsstärkung versucht er mit allen Mitteln zu verhindern. Je mehr ich in die Liebe gehe, desto aggressiver wird mein Besetzer.

Anmerkung: 1995, nach 20 Jahren schwerer Angstneurose und einiger Therapien hatte ich aus Verzweiflung und Gott-Suche einen "Channelkurs" gemacht mit dem Titel "Kontakt zu deinem Schutzengel". Der Kurs wurde von einer Dame in Berlin durchgeführt, die - wie ich damals noch nicht wusste - vollkommen naiv und unkritisch die Leute zum Channeln (ver-)führt. Sie selbst behauptet, den ägyptischen Gott Seth zu channeln. Was vollkommener Unsinn ist, dieser Seth ist, nach meiner heutigen Einschätzung, ein zweifelhaftes Astralwesen. Dieser Channelkurs vor 10 Jahren war der Auslöser für meine Besetzung. "Kontakt zu meinem Schutzengel" habe ich nie bekommen. Was kann ich also tun, um die vollkommene aggressive Sabotage meines Lebens durch meinen Besetzer zu beenden? Können Sie mir helfen? Ich war in den letzten Jahren schon bei verschiedenen Esoterikern (natürlich für viel Geld) und bei einem alten buddhistischen Lama, aber keiner konnte mir bisher helfen."

Es folgt ein weiterer Brief: *" .... Zu meinen Psychiatrie-Erfahrungen: "Stimmenhören" ist für die meisten materialistischen Psychiater eine Psychose. Das heißt, eine "Stoffwechselerkrankung" im Gehirn, die mit Medikamenten (Neuroleptika, etc.) behandelt wird. Allerdings wirken diese Neuroleptika nur bei ca. 30% aller Patienten. Man glaubt, dass ein mit Medikamenten veränderter Stoffwechselprozess im Gehirn das Stimmenhören zum Verschwinden bringt. Die letzte Ursache ist fürs Stimmenhören wohl ein "genetischer Defekt". Von Psychologie und Psychotherapie haben 90% der Psychiater überhaupt keine Ahnung. Sie glauben immer noch, dass die materialistische Forschung irgendwann eine "Wunderpille" erfindet. Das Problem ist dann aber auch, dass "Stimmenhören" nie wirklich geheilt werden kann, sondern lebenslang Tabletten eingenommen werden müssen. Die einzige (seltene) Therapieempfehlung ist eine Verhaltenstherapie. Mit der, in der Regel, der Patient wieder an die Gesellschaft angepasst und ein wenig arbeitsfähig werden soll.*
Alle psychologischen Erklärungen für "Psychose/Stimmenhören", wie z. B. traumatische Kindheit, Vergewaltigung, verbotene Pubertät,

durch Eltern verhinderte Selbstentfaltung der Kinder, werden ignoriert. Alle esoterischen, spirituellen Erklärungen und Hilfsangebote
werden abgelehnt und lächerlich gemacht. Spirituelle Erfahrungen
werden von den meisten Psychiatern als "krankhaft" psychotisch
abgestempelt. Wer nicht sowieso schon depressiv ist, wird dies spätestens bei längerem Psychiatrieaufenthalt.... Alle Medikamente (in
hohen Dosen) hatten keine Wirkung auf meine "Stimme", aber viele Nebenwirkungen: Verlust der Sexualität, Appetit- und Gewichtszunahme (20 kg!), Müdigkeit, Muskelzittern, etc... Heute nehme
ich noch eine kleine Dosis Solian und zum Schlafen Seroquel. Diese Medikamente unterdrücken noch verborgene Ängste.
Was mir selbst aus meiner jahrelangen Depression herausgeholfen
hat, ist:

1) Übungen in Selbstliebe (Herzöffnung)
2) Entfaltung positiver Lebensvisionen
3) Persönlichkeitsstärkung, trotz sabotierender Eingriffe
   meines Besetzers.

Dass sich die Ärzte/Psychiater nur vorstellen können, dass "Stimmen" "irgendwie" aus dem Gehirn einer Person produziert werden
können, zeigt sich an der häufigen Frage: "Werden da Ihre eigenen
Gedanken laut?" Die Psychologie hat immerhin noch Konzepte
von "gespaltenen Persönlichkeiten" (aufgrund seelischer Traumata)
oder die "multiple Persönlichkeit". Dass es sich bei den "Stimmen"
um echte (Astral-)Personen mit eigener Psychologie handeln könnte, ist auch den meisten Psychologen unbekannt."

Einen letzten Brief dieses Klienten möchte ich Ihnen nicht vorenthalten, könnte er doch einige Aufschlüsse geben zur Disposition, sprich
Resonanz für eine Besetzung.

"Ich möchte Ihnen nun einige Hintergrundinformationen über
meine Lebensgeschichte geben, wie es zu meiner "Resonanz" mit

der aggressiven Besetzung kam. ... haben sich meine Eltern schei-den lassen. Meine Mutter zog dann mit uns Kindern in eine an-dere Stadt. Sie hat uns Kinder (vor allem mich) oft mit einem Tep-pichklopfer auf den nackten Hintern verdroschen. Des Weiteren hat meine Mutter mir in der ganzen Kindheit und Jugend ein extrem schlechtes Gewissen gemacht. Auf dem Weg zur Prügelstrafe (we-gen irgendwelcher Kleinigkeiten) sagte sie zu mir: "Mein Herz blu-tet, wenn ich meine eigenen Kinder schlagen muss". Meine Mutter hat mich zudem oft pervers – sexuell belästigt. Meine gesamte Kind-heit und Jugend war geprägt von Strafe, blindem Gehorsamszwang und permanenten Schuldzuweisungen wie "unartig" ich doch sei. Die Folgen waren für mich, spätestens seit meinem 16. Lebensjahr, schwere Selbstzweifel, extremer Minderwertigkeitskomplex, perma-nentes körperliches Schwitzen (Angstschweiß, Unsicherheit), ver-botene Sexualität/Pubertät, Einsamkeit, schwere Essstörungen (per-manenter Wechsel von zwanghaftem Fasten und sich voll fressen). Von meinem 18. Lebensjahr an hatte ich dann 20 Jahre lang eine schwere, chronische Angstneurose (Angst und Panik vor allem Mög-lichen: AIDS, BSE, Atomkrieg, allen Krankheiten, die in den Zei-tungen standen, etc.). Schon als ich zehn Jahre alt war, bekam ich abends im Bett plötzlich Panik, dass irgendeine "fremde Macht" in mein Zimmer eindrang. Diese nächtlichen Ängste hielten jahrelang an, und ich musste permanent kontrollieren, ob irgendjemand zur Tür hereinkam. Ich ließ die ganze Nacht das Licht brennen...

Aufgrund des mir von meiner Mutter eingetrichterten schlechten Selbstbildes hatte mein Besetzer leichtes Spiel, mich in den Selbst-mord zu jagen, da ich ja angeblich so negativ sei, dass ich die Menschheit vernichten würde. Aufgrund meines schlechten Ge-wissens und meiner Panikreaktion konnte er mich, der ich beinahe willenlos war, beherrschen. In meiner Psychose (überflutet werden vom Unbewussten) im Jahre 2001, hatte ich dann eines Abends die "Eingebung" (von meinem Besetzer?) mich auf der Straße nackt auszuziehen, was ich auch tat, lief dann nackt in eine Schwulen-bar und machte dort Schwule an. Die blieben jedoch ganz cool.

*Dann lief ich nackt raus auf die Straße und zweimal über eine gro-
ße Einkaufsstraße, bis ein Polizist mich einfing und mich für einen
Tag in die Psychiatrie brachte."*

Das Clearing – Soweit die Vorgeschichte meines Klienten. Den Briefen ist nichts hinzu zu fügen, denke ich. Sie sind aussagekräftig über die
Vorgeschichte, die Kindheit, die Denkweisen, Verhaltensmuster und Programme, über einen Teil des Karmas dieses Herrn. Den Rest schildert er
eindrücklich, eine wahre Odyssee. Und so ging es weiter:

Die Fotoanalyse dieses Klienten ergab, dass eine starke Besetzung
durch so genannte dunkle Kräfte – das sind dämonische Wesenheiten –
vorlag. Mit Einverständnis des Klienten begann ich am 12. März 2006
mit dem ersten Clearing über die Ferne. Am nächsten Tag setzte ich die
Arbeit fort. Ich bemerkte nichts Außergewöhnliches, die besetzende Kraft
reduzierte sich relativ rasch. Nach diesen beiden Sitzungen, die jeweils
etwa eine Stunde dauerten und während derer sich der Klient zuhause
entspannte, meinte er, die belastende Energie sei leichter geworden, und
er fühle sich besser. Nach einigen Sitzungen spürte ich in meinen Händen, dass keine Fremdenergie mehr in seinem Körper oder seiner Aura
vorhanden war. Umso mehr war ich erstaunt, als er mir nach einigen Sitzungen mitteilte, dass "der Besetzer immer noch in gewohnter Stärke seinen Kopf verdrehe". Es gab keinen Grund, diese Aussage anzuzweifeln,
auch wenn sie nicht mit meinen Wahrnehmungen übereinstimmte.

Worin bestand die Problematik? Gab es etwas, was ich nicht berücksichtigt hatte? Ich beriet mich mit meinen Kolleginnen und kam
zu dem Schluss, dass ich den auszutestenden Parametern eine "Beeinflussung" durch dämonische Wesenheiten hinzufügen müsse. Das heißt,
es gibt Wesenheiten, die gar nicht von einem Körper oder der Aura Besitz nehmen, sondern durch energetische Impulse starke Beeinflussung
– in diesem Fall das Drehen des Kopfes – veranlassen können. Sie sind
selbst nicht daran beteiligt, sondern "senden" Impulse, die den Betroffenen dazu veranlassen, den Kopf selbst zu verdrehen. Der betroffene Mensch hat aber das Gefühl, einen Besetzer im Körper zu
beherbergen.

Testete ich abends nach einem Clearing, dass mein Klient frei war von jeglicher Art Besetzung, so war er am anderen Morgen wieder zurück. Warum? Wie wir aus den Briefen des Klienten wissen, hat diese Wesenheit ihn während eines Channelkurses besetzt. Er wurde quasi eingeladen, in den Körper zu kommen – auch wenn es eigentlich ein Schutzengel sein sollte, dem die Einladung galt. Dadurch, dass die Kursleiterin die Wesenheit Seth channelt, das heißt, dieser als Kanal dient, war Seth auch präsent und hat sich unter den Kursteilnehmern die geeigneten "Opfer" auswählen können. Hier nun greift das Resonanzgesetz, das ihn zum geeigneten Objekt machte (denken Sie an die Briefe über seine Kindheit). Aufgrund seiner Resonanz durch Gedanken und Ängste bezüglich Außerirdischer hat er sich die Wesenheit regelrecht eingeladen. Angst erzeugt genau das, was vermieden werden soll! Ich bin davon überzeugt, dass mein Klient nicht der einzig Betroffene dieses Kurses ist. Da die Wesenheit "eingeladen" wurde, muss sie auch "ausgeladen" werden, damit das Clearing dauerhaften Erfolg haben und endgültig greifen kann. Das ist das Erfolgsrezept in diesem speziellen Fall. Daraufhin besprach ich mich mit meiner medialen Kollegin, die Informationen aus der Engelwelt erhält. Da mein Klient entgegen meines Rates und meiner dringenden Bitte, alle spirituellen Praktiken eine zeitlang einzustellen, weiterhin mindestens ein bis zwei Stunden pro Tag meditierte, blieben seine Aura und die Chakren geöffnet. Das Clearing konnte auch schon dadurch nicht fruchten, da er sich immer wieder für das Eindringen von Fremdenergien öffnete. Bei vielen Klienten sind Meditationen und Bewusstsein erweiternde Praktiken und Rituale während der Phase der Clearings kontraindiziert. So gut eine Meditation generell ist, um den Geist zu beruhigen und sich im Göttlichen anzubinden, so dramatisch ist ihre Wirkung bei den Menschen, die ohnehin eine löchrige instabile Aura und stets geöffnete Chakren haben. In der Meditation ist die Aura weitestgehend ungeschützt gegen Eindringlinge. Es gilt für sehr viele Klienten, während der Zeit des Clearings und auch noch einige Wochen danach nicht wieder zu meditieren.

Ich habe mich ein wenig auf der Internetseite der Anbieterin dieser Channelkurse umgesehen. Es ist erstaunlich, wie naiv manche Menschen mit hohen geistigen Wesen umgehen, ohne deren wirkliche Absicht zu hinterfragen.

Den Wortlaut der von Seth durchgegebenen Information, der in der Homepage wiedergegeben wird, empfinde ich teilweise als bedrohlich und wenig liebevoll. Wer sich von diesem Text angesprochen und inspiriert fühlt, an einem Seth-Channelkurs teilzunehmen, für den sind auch die entsprechenden nachfolgenden Erfahrungen gedacht und wichtig zu machen.

Informationen aus der Engelsphäre zu der Problematik – Meine Kollegin, eine sehr gute Seherin, erhielt zu der oben geschilderten Problematik folgende Informationen von der Ebene der Erzengel: Der Besetzer ist sehr mächtig und sehr bösartig, es handelt sich um eine selbsternannte ägyptische Gottheit mit einem Hunde ähnlichen Aussehen (Seth), die sich von den besetzten und beeinflussten Personen ernährt. Daher ist es auch niemals erklärtes Ziel des Besetzers, seinen "Wirt" in den Tod zu treiben. Er hat lediglich ein Interesse daran, ihn in Angst und Schrecken zu versetzen, dadurch werden Schwingung und Schutz herabgesetzt, so dass er leichtes Spiel hat. Letztendlich dient der ganze Schabernack aber dazu, die Person gefügig zu machen und sich von deren Emotionen zu nähren.

Im Einklang mit den Engelempfehlungen schickte ich folgendes Schreiben (in Auszügen) an meinen Klienten: ".. Sie hat, ohne dass sie Einzelheiten wusste, den Besetzer bei Ihnen gesehen, nicht im Körper, aber um Sie herum. Er ernährt sich von Ihnen, es ist kein Rachefeldzug oder sonstiges, Sie haben ihn schlicht und einfach während des Channelkurses in Ihren Körper eingeladen. Er lässt Sie in Ruhe (vermeintlich), wenn es Ihnen schlecht geht, damit Sie wieder zu Kräften kommen. Dann zapft er Sie wieder an. Maßnahmen: Geben Sie ihm auf keinen Fall nach, halten Sie dagegen, wenn er Ihnen den Kopf verdreht. Wichtig ist es, den einst geöffneten Kanal zu verschließen, was aber nicht von heute auf morgen geht, aber Sie sollten es täglich mehrmals tun. Visualisieren Sie eine weißgoldene Tür am Hinterkopf (dort ist der Kanal) und stellen Sie sich vor, dass Sie diese mit einem Schlüssel verschließen. Den Schlüssel übergeben Sie Erzengel Michael. Bitten Sie Erzengel Zadkiel Sie zu reinigen (mehrmals täglich) und meditieren Sie bitte überhaupt nicht mehr. Zitat des Erzengels: "Die Meditation ist eine Katastrophe, er öffnet sich für niedrige Frequenzen, weil er selbst durch die Medikamente niedrig schwingt."

Das ist auch der Grund, warum das Clearing nicht endgültig greift. Schließen Sie bitte alle Kanäle, die Sie geöffnet haben. Hier ein Wortlaut: "Kraft und Macht meines freien Willens schließe ich hiermit die Kanäle, die ich seinerzeit in dem Kurs geöffnet hatte." Erzengel Michael lässt Sie auch wissen, dass Sie absolut keinen Kontakt mehr zu dem Besetzer halten sollen, also keine Gespräche, keine Antworten, keine Fragen... Ignorieren Sie ihn bitte total. Ferner ist es hilfreich, die Erzengel zu bitten, in Ihr Leben zu kommen und hüllen Sie sich so oft wie möglich in weißgoldenes Licht. Sie werden es schaffen, aber es kostet Disziplin und Ausdauer (etwa ein Jahr lang), abgesehen vom Vertrauen in das Gesagte.

Ein anderes Mal wurde ich angeschrieben von einem Herrn in der Schweiz, der in einer betreuten Wohngemeinschaft mit anderen psychisch Kranken lebt. Er hört seit Jahren eine Stimme in seinem Kopf und in seinem Körper. Diese Stimme ist unauffällig in dem Sinn, dass sie keine Befehle erteilt und ihm nicht mit blödsinniger Kommunikation auf die Nerven geht. Trotzdem ist es lästig, ständig einen inneren Mitbewohner zu haben und diesen zu hören. Die Stimme antwortete nämlich auf alle seine Fragen und seine Gedanken. Auch in seinem Fall war es extrem schwierig, überhaupt eine Besserung der Situation zu erreichen. Die Stimme hatte sich nämlich verselbstständigt. Während des Clearings trat so viel hoch frequentes Licht in die Aura und den Körper des Klienten ein, dass er sich gut fühlte. Sobald ich aber aufhörte zu arbeiten, kam die Stimme zurück. Es war weniger ein eigenständiges Wesen als ein selbst gemachter Gedanke und eine Gewohnheit. Wie kam es zu dieser Gewohnheit?

Dieser Mann war in einem früheren Leben als Schiffbrüchiger auf einer kleinen Insel gestrandet. Aufgrund fehlender Gesprächspartner begann er, sich mit sich selbst zu unterhalten. Er führte richtige Zwiegespräche mit Fragen und Antworten. Dieser imaginäre Gesprächspartner wurde sehr bald zu einer eigenständige Stimme, zu einem Wesen, das er selbst kreiert hatte, und das nun in seinem Kopf saß. Anscheinend hat ihn dieses Wesen nicht einmal nach seinem Tod verlassen, beziehungsweise die Information der Stimme ist so stark gespeichert, dass sie in diesem Leben wieder abgerufen wurde. Möglicherweise genügte dazu eine ähnliche Situation wie er sie schon einmal auf der Insel erlebt hatte. Erinnerung aus früheren Existenzen, die in uns gespeichert sind, lösen bestimmte Automatismen im Denken und im Verhalten aus, sobald eine ähnliche oder gleiche Situation auftritt. In diesem Fall konnte ich dem Mann nicht konkret helfen. Sein Umfeld war ebenfalls problematisch und nicht ideal, um in die Kraft und in eine hohe Schwingung zu kommen: Er lebte mit anderen Patienten in einer Wohngemeinschaft für "betreutes Wohnen", die an eine psychiatrische Einrichtung angeschlossen ist und stand unter dem Einfluss von Psychopharmaka.

Da ich immer mehr Anfragen von Stimmen hörenden Menschen erhielt, musste etwas geschehen. Nach einer eingehenden Beratung mit meinen geistigen Helfern erhielt ich neue Erkenntnisse, wie diesen Personen geholfen werden könne. Hier nur zwei Beispiele, in denen meine Arbeit zu sofortigem Erfolg führte:

Im ersten Fall handelt es sich um eine Dame, die seit mehr als zehn Jahren in psychiatrischer Behandlung war. Die Diagnose lautete auf "katatone Schizophrenie". Sie gab an, dass seit einem Krankenhausaufenthalt ein mannsgroßer Dämon sie besetzt halte und ihr Verbote und Befehle erteile. Zum Beispiel sollte sie nicht mehr mit anderen Menschen reden, sie durfte zeitweise nur im Flur ihrer Wohnung (betreutes Wohnen) schlafen und bestimmte Zimmer nicht mehr aufsuchen. Das Wesen drohte ihr mit Bestrafung, falls sie ungehorsam sei. Sie lebte völlig isoliert, hatte keine Freunde mehr, Verwandte distanzierten sich von ihr. Die behandelnden Ärzte schenkten dem Thema "Dämon" kein Gehör und sagten ihr, das sei ihr eigener Geist, den sie höre. Sie war heilfroh, dass sie endlich jemand ernst nahm und sie nicht für verrückt hielt. Meiner Wahrnehmung nach war sie stark besessen, völlig fremd gesteuert – und zwar schon viele Jahre lang. Sie erteilte mir die Erlaubnis für ein Fernclearing und schon nach der ersten Sitzung hatte die dunkle Wesenheit sie verlassen. Es folgte noch eine weitere Sitzung, um die Lage energetisch zu stabilisieren und zu überprüfen. Die Dame spricht nun wieder mit den Nachbarn, geht wieder selbst einkaufen, bewohnt alle Zimmer ihrer Wohnung und führt ein normales Leben. Zurzeit wird sie wieder in das Berufsleben eingegliedert.

In einem zweiten Fall lag eine Besessenheit vor, die sich in Verfolgungswahn ausdrückte. Auch jene Klientin hörte Stimmen und fühlte sich von der Nachbarschaft beobachtet und verfolgt. Sie hatte ebenfalls eine besetzende Wesenheit in der Aura, die sie in Angst hielt. In diesem Fall konnte ich die Dame nicht selbst um Einwilligung in das Clearing fragen, da sie bereits in einer psychiatrischen Einrichtung eingewiesen worden war. Ich erhielt von der geistigen Welt die Erlaubnis zu arbeiten und nach zwei Sitzungen war sie von allen Fremdenergien befreit. Sie wurde zusehends heiterer und weniger ängstlich. Nach einigen Tagen wurde sie schließlich nach Hause entlassen und lebte frei von Symptomen, wie ihr Ehemann berichtete.

*Hoffnung für alle Menschen,
die mit Psychopharmaka behandelt werden.*

Aus der geistigen Welt wurden mir Informationen zuteil, wie psychisch Kranken geholfen werden kann. Es gibt einmal die Möglichkeit mit Farbfolien zu arbeiten, mit Hilfe der unterschiedlichen Schwingung der verschiedenen Farben kann Heilung für die Psyche und die Aura einsetzen. Eine Person, die unter dem Einfluss von Psychopharmaka steht, ist normalerweise mit Energiearbeit nicht gut zu erreichen. Es ist, als habe sie einen dicken Panzer um sich herum. Sie soll ja auch von äußeren Einflüssen abgeschirmt werden. Mit Hilfe eines Farbfoliensystems, bei dem die für die Öffnung und das Herangehen an den Patienten notwendigen Farben herausgesucht werden, um dann in das Energiefeld eingebracht zu werden, können Aura und Chakren der Person weitestgehend harmonisiert werden, so dass eine Clearing- und Heilarbeit wieder Sinn macht. Bei einer Klientin aus Wien, die beinahe zwei Jahrzehnte lang Psychopharmaka eingenommen hatte, habe ich die entsprechenden Farbfolien in das Energiefeld eingebracht und hatte daraufhin einen optimalen energetischen Zugang zu ihr. Das anschließende Clearing ließ sich schnell und erfolgreich fortsetzen.

Ferner gibt es die Möglichkeit, bestimmte Programme und Abhängigkeiten sowie Schattenmuster, Geburtsmuster und Zellbesetzungen und karmische Blockaden aufzulösen. Dadurch wird die Schwingung verändert und die Energie kann freier fließen. Hierbei handelt es sich um einen Prozess, bei dem Besserung und Heilung Zeit eingeräumt werden sollte. Es kann Wochen, manchmal sogar mehrere Monate dauern, bis die guten Ergebnisse sichtbar und spürbar werden.

DÄMONEN IN WOHNUNG UND HAUS

Es kommt ziemlich häufig vor, dass sich Menschen in ihrer Not, wenn sie aufgrund ihrer Sensitivität eine Beeinflussung durch fremde Energien oder gar einen Angriff bemerken, irgendwelche Literatur besorgen und beginnen, Rituale und Anrufungen auf eigene Faust vorzunehmen. So geschehen in Wiesbaden: Aufgrund eines schwarzmagischen Angriffs starben bei einem Ehepaar drei Haustiere plötzlich und unerwartet oder ohne ersichtlichen Grund. Beide Eheleute sind hellsichtig und bemerkten nach dem Tod der Tiere dunkle Schatten in der Wohnung. Sie kamen zu dem Schluss, dass es sich um einen Angriff über schwarzmagische Praktiken handeln müsse, der von Seiten des Ex-Ehemannes der Dame herrührte. Sie besorgten sich einschlägige Literatur. Sie richteten sich einen kleinen Altar im Wohnzimmer ein, räucherten wie in dem Buch beschrieben mit Kampfer und Salbei und zündeten weiße Kerzen an. Doch die Situation verschlimmerte sich. Sie fühlten sich noch mehr bedroht. Sie ersetzten den Kampfer durch Salbei und praktizierten einige Schutzrituale. Sie riefen, gemäß der Beschreibung im Buch, die Göttinnen der Schönheit, des Lebens und des Todes an und baten diese um Schutz. Zusätzlich wandten sie sich Hilfe suchend an das Element Feuer und an eine sehr alte Zauberin mit der Bitte, sich mit ihnen zu verbinden. Die Klientin schrieb mir: "Dann ging es erst richtig los. Als wir am nächsten Tag unsere noch lebenden Schlangen fütterten, sahen wir im Fernsehgerät merkwürdige Gestalten. Der Fernseher war zu jenem Zeitpunkt ausgeschaltet. Zwischen uns auf der Couch tauchten unvermittelt zwei große braune Gestalten auf, wie Vogelscheuchen mit Kürbisköpfen, und eine große gelbe Schlange mit kurzen Beinen. Auch hinter uns bemerkten wir irgendwelche Vorgänge, konnten diese aber nicht exakt wahrnehmen. Wir konnten natürlich die ganze Nacht nicht schlafen. Am nächsten Tag bemerkten wir auf dem ausgeschalteten Monitor des Computers zwei Männer in schwarzen Kutten, mit Dolchen bewaffnet. Wir bekamen es mit der Angst und stürzten aus dem Zimmer. Ein solches Wesen stand dann auch plötzlich hinter mir. Wir hatten schreckliche Panik. Diese Gestalten blieben noch etwa eine halbe Stunde und liefen in unserem Wohnzimmer umher. In der Vitrine in einer Ecke des Raumes sah ich einen Hund mit dem Kopf nach unten hängen.

Wir fuhren mit unserem Auto zur Arbeit, als ich auf dem Beifahrersitz sitzend nass gespritzt wurde. Das Fenster war geschlossen und es regnete nicht. Ich hatte das Gefühl, es sei Weihwasser, war mir aber nicht sicher. Dann hörten wir im Autoradio, das ausgeschaltet war, einen Frauenchor singen. Dieser Gesang begleitete uns bis in unsere Wohnung hinein. Es war etwas, was uns schützen wollte. An einem Abend – wir hatten einen hellsichtigen Freund um Hilfe gebeten, der an einem Vollmondtag zu uns kam, um ein Ritual durchzuführen – sahen wir schwebende Wesen mit Schwertern. Sie waren ziemlich klein. Eines drang in mich ein, es tat weh und fühlte sich an wie starke elektrische Schläge. Später am Abend erschien ein riesiger Schatten, der bis zur Decke reichte. Unser Freund, der ihn auch sehen konnte, meinte, es sei ein Dämon. Dieses Wesen ging durch den Raum und nahm alles mit, was sich darin befand. Irgendetwas war vor den Fenstern und ragte auch ein Stück weit in den Raum hinein. Ich weiß nicht, was es war, aber wir bekamen keine Luft mehr und hatten schreckliche Kopfschmerzen. Der Kopf fühlte sich merkwürdig an. Wir hörten irgendetwas vom Fenster her brüllen und schnauben. Wir vernahmen ein Auto, es stiegen drei Leute aus, vor dem Fenster hörten wir Schritte und Stimmen, aber es war nichts und niemand zu sehen. Auch das davonfahrende Auto konnten wir hören, aber nicht sehen.

Unser Freund bemerkte im Flur vor unserem Schlafzimmer eine große gelbe Echse mit einem Schwert in einer Klaue, in der Küche hielt sich ein weiterer Geist auf, der sich Futang oder Futak nannte. Uns begegneten am nächsten Tag wiederum Geistwesen in unserer Wohnung. Wir sagten, sie brauchten keine Angst zu haben und wenn sie Hilfe benötigten, so sollten sie ein Blatt Papier auf dem Tisch bewegen. Durch Befragen erfuhren wir, dass man uns umbringen wolle. Während einer Autofahrt versuchte irgendetwas, in meinen Mann einzudringen, er konnte das Auto nicht mehr beherrschen. Wir ließen uns eine Kirche aufschließen und suchten dort Schutz und Hilfe. Erst bei einem Bekannten, der irgendwelche Engel um Hilfe rief, konnten wir einschlafen und Ruhe finden. Am nächsten Neumond ging es wieder los: Während eines schon seit Stunden unvermindert anhaltenden starken Gewitters färbte sich im Wohnzimmer eine Wand dunkel, und als wir uns zum Schlafen hinlegten, wurden meine Beine schwer, eiskalt und taub, mein Herz krampfte. Meine Arme fühlten sich an, als ob tausend heiße Nadeln hineinstechen würden. Ich schrie um Hilfe, rief den 'großen Geist' an, mich zu beschützen. Dann wurde es leichter und irgendwann schlief ich ein. Wir riefen unseren Bekannten, der ein Ritual in lateinischer Sprache durchführte. Wir hörten im Wohnzimmer ein schauerliches Fauchen und Gebrülle und ein lautes 'Nein!', dann aber war Ruhe. Unser Freund lag entkräftet auf dem Boden. Durch die Rituale, die ich durchführte, hatte sich ein Portal in eine niedere Schwingungsebene der vierten Dimension geöffnet und es waren sehr viele Dämonen eingedrungen, um uns zu vernichten. Vor allem aber wollten sie ein Kind als Menschenopfer für ihren Anführer."

Das Ehepaar bat mich dringend um sofortige Hilfe, die ich auch leisten konnte. Aufgrund des hoch schwingenden Lichts beim Clearing verzogen sich diese Gestalten sehr schnell. Es war mein Eindruck, dass sie sich teilweise sogar auflösten und in andere Energieformen transformierten. Auf alle Fälle hat es mich erschüttert, wie kritiklos und naiv mit Ritualen, der Anrufung von irgendwelchen Göttern, mit Runen und Zaubersprüchen umgegangen und hantiert wird. Durch das zweifelhafte Engelritual in Verbindung mit den Runen und der Anrufung der Göttin des Feuers hat die junge Frau ein Portal geöffnet in die niedere vierte Dimension und damit für diese Wesen, die sie als Leguane und Männer in Schwarz ohne Gesicht beschreibt, den Zugang zu ihr und ihrem Zuhause bereitet. Auch hier greift wieder das Gesetz der Resonanz: Grundursache war der Konflikt mit dem Ex-Partner, der dann die anderen Begebenheiten und Geschehnisse nach sich zog. Die nächste Aktion war das Herumexperimentieren mit Ritualen, das sich als Einladung an die Dämonen auswirkte. Bitte merken Sie sich: Der Aufmerksamkeit folgt die Energie! Immer und überall.

Wenn Sie einen Menschen oder einen Zustand absolut nicht mögen, wenn Sie etwas partout verhindern möchten, bitte, geben Sie keinen Gedanken dorthin! Mit jedem Gedanken an eine unliebsame Person und mit jedem Erwähnen der dazugehörigen Geschichte senden Sie dieser Person Energie – und zwar Ihre eigene. Das gilt ebenso für Personen, die Ihnen vielleicht einen schwarzmagischen Angriff schicken, als auch für dämonische Kräfte. Es ist viel besser, diese zu ignorieren, als mit ihnen zu sprechen. Denn damit geben Sie diesen Aufmerksamkeit und eine Wichtigkeit. Es ist mir sehr wohl bekannt, dass Dämonen ihre "Gastgeber" ansprechen, oftmals provozierend und frech. Oder sie fahren die Taktik "Zuckerbrot und Peitsche". Sie schmeicheln sich ein, um dann ganz fies zuzuschlagen. Auch ich spreche sie an, lasse mich aber auf keinen Dialog ein, ich lasse nicht mit mir feilschen. Vielmehr sende ich eine sehr hohe Strahlung, eine Frequenz, die diese Wesen nicht ertragen. Meist verlassen sie sehr schnell ihren Wirt und lassen sich sogar transformieren. Manchmal aber flüchten sie nur, um später nochmals zurückzukehren.

In diesem konkreten Fall wurde ich durch ein Medium gewarnt, den Auftrag anzunehmen. Die Widersacher seien zu stark und zu bösartig. Da diese Aussage im Widerspruch zu den Aussagen meiner geistigen Helfer stand, mit denen ich mich grundsätzlich vor Annahme eines Auftrags berate, habe ich den Auftrag angenommen und über die Ferne gearbeitet, was sehr gut und rasch ging.

Wenn es der Fall ist, dass ein besetzendes Wesen immer wieder zu seinem Wirt zurückkommt, können wir davon ausgehen, dass eine karmische Verbindung oder Verstrickung zwischen Besetzer und Besetztem besteht. Ich nenne die besessene oder besetzte Person gerne "Wirt", da sich die Dämonen von den niederen Emotionen der Person ernähren. Es handelt sich um eine Form von Vampirismus, bei dem die elektromagnetische Energie des menschlichen Bewusstseins die Nahrung dämonischer Wesen darstellt. Die dämonische Wesenheit hat ein großes existenzielles Interesse daran, die besessene Person in Angst, Ärger, Depression, Traurigkeit, Wut, Hass, Missgunst und Konflikten mit anderen Menschen zu halten. Neben dem Aspekt der Ernährung gibt es einen weitaus bedeutsameren, nämlich den der Kontrolle und der Macht. In diesen eher seltenen Fällen bestehen entweder ungute Bänder, Verstrickungen, Fesseln oder Ketten zwischen den beiden, oder Person und Dämon sind seit mehreren Leben durch Gelübde, Eide, Schwüre, Versprechungen und Verträge (mündliche wie schriftliche) aneinander gebunden. Es gibt auch Menschen, die durch beide Arten mit ihren Dämonen verstrickt sind.

In einem anderen Fall hatte eine Klientin trotz rascher Befreiungsarbeit, bei der einige dämonische Wesenheiten und eine verirrte Seele transformiert und befreit werden konnten, immer noch den Eindruck, es lege sich ein Metallreifen um ihren Kopf, sobald sie nach einem Besuch bei ihrer Mutter von dieser wegging. Sie fühlte sich unwohl und belastet, sobald sie mit ihrer Mutter zusammentraf. Die Begegnungen mit der alten Dame nahmen ihr die Luft und die Lebensfreude. Sie überkam jedes Mal eine Melancholie und tiefe Traurigkeit, für die es keinen offensichtlichen Grund gab. Auch hierbei handelte es sich um eine Verstrickung durch Bänder und Fesseln zwischen Mutter und Tochter. Ich arbeitete zwei Sitzungen lang speziell daran, diese belastenden feinstofflichen Bänder zu lösen und wegzunehmen. Nach der ersten Sitzung berichtete mir diese Klientin, dass sich während des Clearings ihr Kopf ruckartig bewegt habe und sie Schmerzen verspürte. Sie konnte präzise wahrnehmen, dass etwas von ihr genommen wurde und sich ein Gefühl der Befreiung einstellte.

Wenn sich nach spätestens zwei bis drei Sitzungen die Lage nicht grundlegend verändert hat, wenn also der Klient immer noch von Belästigungen durch seinen Besetzer spricht – meist geschieht die Belästigung in der Einschlafphase oder während der Nacht –, so handelt es sich um eine besonders starke, meist karmische Verbindung zwischen beiden. Derartige Verbindungen werden durch feinstoffliche Bänder, Fesseln und/oder Ketten geknüpft und halten eine Ewigkeit, wenn sie nicht erkannt und gelöst werden.

Weiter oben erwähnte ich Leguane, die eine Klientin in ihrer Wohnung sah. Immer mehr Menschen berichten von Reptilien und Echsen, wenn sie von ihren Besetzern sprechen. Wenn Sie weiterführende Information zu Außerirdischen auf der Erde, deren Erscheinungsformen und Absichten sowie der Aspekt "Reptilien und Reptoide" interessieren, ist folgende Literatur empfehlenswert: "Götter gaben uns die Gene" von Prof. Arthur Horn, "Die Boten des neuen Morgens" von Barbara Marciniak sowie "Das größte Geheimnis", Band I, von David Icke. Alle Bücher sind sehr aufschlussreich, informativ und revolutionär in Ansicht und Beweisführung, aber nichts für schwache Nerven. Zu dem gleichen Thema gab es bereits in den späten Achtzigern eine Fernsehserie mit dem Titel "V – die Besucher".

Im Herbst dieses Jahres wandte sich ein Ehepaar an mich, das bereits eine Leidensgeschichte hinter sich hatte. Es klingt beinahe unglaublich: Das Haus der beiden ist stark belastet durch unerlöste Seelen Verstorbener, aber noch viel stärker durch mehrere dämonische Kräfte. Diese tummeln sich auch außerhalb des Hauses, lasten aber hauptsächlich auf der Ehefrau. Diese trägt ein besonderes Karma. Sie hat immer wieder Tagträume, in denen ein ganz in Schwarz gekleideter Kapuzenmann erscheint. Das Gesicht dieses Mannes erkennt sie nicht. Obwohl er sich ihr von hinten nähert, spürt sie ihn und "sieht" ihn. Sobald er ganz nahe an sie herangetreten ist, legt er ihr von hinten eine Schlinge um den Hals und zieht diese zu. Meine Klientin wird an dieser Stelle aus dem Traum gerissen und verspürt ganz starke Atembeschwerden. Sie weiß nicht, an wen sie sich mit diesem Problem wenden soll, ohne für verrückt gehalten zu werden. Sie hat die karmische Bedeutung bereits geahnt, als sie sich an mich wandte. Einige Wochen vor unserem ersten Gespräch hatte sie tatsächlich dermaßen starke Atemprobleme, dass sie schleunigst in eine Klinik eingeliefert werden musste, wo man ihr einen Luftröhrenschnitt machte. Heute fühlt sie sich wesentlich besser, denn sie hat erkannt, dass dieses Thema jetzt bearbeitet werden darf. In früheren Existenzen hat es mindestens zwei Mal einen sexuellen Übergriff mit Missbrauch gegen sie gegeben. Bei diesen beiden Malen wurde sie körperlich so stark angegriffen, dass sie entweder stark verletzt an der Stelle des Überfalls zurückblieb oder sogar an den Verletzungen starb. Ihre Aufgabe jetzt ist es,

Vergebungssätze zu sprechen und diese Vergebung auch von Herzen zu spüren. Dabei geht es nicht nur um Vergebung gegen die Personen, die sie attackiert haben, sondern hauptsächlich gegen sich selbst. Vor allen Dingen Frauen neigen dazu, Unrecht und Übergriffe gegen sich selbst zu entschuldigen und den "Täter" zu verteidigen. Sie suchen die Schuld für das Geschehene bei sich selbst. Wenn sich eine Person nicht selbst vergibt, sondern mit sich hadert oder von dem sich im Unterbewussten abspielenden Mechanismus gar nichts weiß, erschwert sie sich selbst ihr Leben. Sie wird möglicherweise bestimmte Verhaltensmuster haben, die sie nicht erklären kann, sie kann zu Depressionen und tiefer Traurigkeit neigen, sich als Versager fühlen oder immer die Schuld für andere auf sich nehmen. Im Fall dieser Klientin arbeiteten wir beide (sie und ich) mit den Engeln des Karmas, die sie selbst auch anrufen und um Lösung des Karmas bitten durfte. Die Transformationsarbeit verläuft umso besser, je mehr der Betroffene mithilft und sich seiner Verantwortung bewusst ist. Nach einigen Sitzungen sprach sie gar nicht mehr von der schwarzen Kapuzengestalt. Diese hatte sich wohl mit dem Erkennen des Karmas und des Hintergrunds für die Tagträume verabschiedet. Diese Gestalt haben wir in Dankbarkeit für das Gezeigte verabschiedet. Auch die dämonischen Kräfte, die sich zahlreich im Haus versammelt hatten, sind gegangen. Allerdings war es dazu notwendig, die Taktik der Arbeit zu verändern. Ich stellte mir den Wecker auf zwei Uhr nachts und begann zu dem Zeitpunkt mit dem Clearing, als die Dämonen am aktivsten waren. Somit konnte es mir besser gelingen, sie in flagranti zu erwischen und mit der Schwingung des Lichts zu konfrontieren. Dabei wurde mir bewusst, dass zwischen der Dame und dem Dämon ein Gelübde besteht, das es zu lösen und zu transformieren gilt. Ich konnte mit Hilfe der Engel des Karmas einiges davon lösen, aber den Hauptteil an diesem Part der Arbeit hatte meine Klientin selbst. Da sie es war, die das Gelübde freiwillig ausgesprochen hatte und damit in der Schuld der Wesenheit stand, so konnte auch nur sie kraft ihres freien Willens ausdrücken, dass sie sich jetzt nicht mehr an das Versprechen gebunden fühlt. Es bedurfte einiger Tage Arbeit, bis das hartnäckige Versprechen gelöst werden konnte. Dann aber bestand keine karmische Verbindung mehr zwischen den beiden und die nächtlichen Belästigungen hörten auf. Manchmal bedarf es ein wenig detektivischer Arbeit und vor allem großer Ausdauer und Zuversicht. Zum Schluss blieb noch eine hartnäckige unerlöste Seele, die den Herrn des Hauses partout nicht verlassen wollte. Da diese Seele eine Anhaftung dunkler Energien hatte, war die Arbeit etwas langwieriger. Es bedurfte einiger Überzeugungskunst, den Dämon zum Gehen zu veranlassen und die verirrte Seele zu erlösen. Sie konnte sich erst in dem Moment vollständig von der Erde lösen, als sie befreit war. Bei dieser Seele bewirkte das Clearing eine zweifache Erlösung: die von dem Besetzer und die von der Erdgebundenheit. Am Ende siegt das Licht!

INCUBI UND SEXUELLE BELÄSTIGUNG

Erlauben Sie mir bitte nochmals den Hinweis darauf, dass die in diesem Buch beschriebenen Fälle aus meiner Praxis stammen und alle Ratschläge dazu auf meiner persönlichen Erfahrung und auf meinen eigenen Ansichten basieren. Andere Therapeuten, die ebenfalls Clearings durchführen, haben vielleicht ganz andere Erfahrungen gemacht und arbeiten mit anderen Methoden. Wenden wir uns nun einem Spezialgebiet zu: der sexuellen Belästigung durch Fremdenergien. Für mich ist es deshalb speziell, weil die betroffenen Klienten außer einer zeitweiligen Erleichterung und Abschwächung der Belästigung keine komplette Heilung erfahren haben. Auffallend ist in allen Fällen, dass die Klienten, egal ob weiblich oder männlich, vor der Besetzung schon lange kein Sexualleben mehr hatten.

In einem Fall handelt es sich um einen Herrn mittleren Alters, der seit mehreren Jahrzehnten verheiratet ist. Seit vielen Jahren aber haben er und seine Frau keinen intimen Kontakt mehr. Seit etwa einem Jahr leidet er unter sexuellen Belästigungen durch eine Wesenheit. Diese weibliche Wesenheit scheint manchmal in seinen Körper einzudringen - so beschreibt er die Besetzung -, sie kommt vorwiegend am Abend und schleicht sich durch seine Fußsohlen in den Körper ein. Er spürt, wie diese unangenehme Energie sich durch seine Beine nach oben schlängelt, um ihn dann an seinen Geschlechtsteilen zu kitzeln. Mittlerweile erlaubt sich diese Wesenheit, ihn zu allen Tageszeiten zu belästigen und ihn sexuell zu erregen. Es ist ihm peinlich und unangenehm, abgesehen von der Tatsache, dass sein freier Wille nicht mehr respektiert wird. Er ist zum Spielball dieses Wesens geworden.

Während der Arbeit habe ich Folgendes festgestellt: Die Aura dieses Herrn ist extrem instabil, weist Löcher auf und hat keinen ausreichenden Schutz. Da er sich als Technikfreak gerne und ausgiebig mit Computern und anderem technischen Gerät umgibt, das einen starken Elektrosmog in seinem Arbeitszimmer erzeugt, und da er viele Stunden dort verbringt, ist er dieser Strahlung extrem stark ausgesetzt. Obwohl er das weiß, möchte er nicht auf sein Hobby verzichten und nimmt die Strahlenbelastung in Kauf. Immerhin hat er sich Schwerspate zugelegt und diese Steine am Computer, dem Funkgerät und am Boden um seine Füße herum ausgelegt.

Zunächst bestand meine Arbeit darin, ihn von allen Fremdenergien zu befreien, die sich außerdem noch angelagert hatten. Da waren noch zwei unerlöste Seelen, die sich von seiner Energie ernährten und ihn zusätzlich schwächten, sowie ein alter klebriger Fluch, der leicht zu transformieren war.

Auch die besetzende Wesenheit verabschiedete sich zügig. Jedes Mal, wenn sich während des Clearings die hohe Lichtenergie dem Klienten näherte, verschwand diese Entität. Für einige Stunden, auch einmal einen ganzen Tag lang, konnte mein Klient sich selbst leben und war ohne sexuelle Belästigungen. Dann aber kam dieses Wesen zurück und setzte seine Störung fort, zwar nicht mehr so stark, aber dennoch kontinuierlich. Es war sowohl mir, als auch dem Herrn klar, dass er auf der Seelenebene dieses Wesen anzieht und sogar ruft. Denn ehrlicherweise gab er zu, dass ihm die sexuelle Stimulation nicht unangenehm sei, lediglich tagsüber, beim Arbeiten, beim Einkaufen oder während er Freunde traf, wollte er gerne in Ruhe gelassen werden. Das aber gewährte ihm die Wesenheit nicht. Sie ernährt sich gut von seiner Emotion der Ungeduld und des Ärgers darüber und hat daher nicht das geringste Interesse daran, ihm einen Gefallen zu tun.

Man kann derartige Wesenheiten, die Menschen besetzen, auch als Vampire oder Geister bezeichnen. Franz Hartmann: "Unter Geist verstehen meine Lehrer und ich die Einheit von Wille und Vorstellung; mit anderen Worten, eine durch den Gedanken belebte und selbstbewusst gewordene Willenskraft." Diese Geister oder geistigen Wesenheiten, von denen ein Mensch besessen ist, zehren an der Lebenskraft der besetzten oder besessenen Person, schwächen deren Nerven und erschöpfen sie total. Franz Hartmann schreibt weiter in "Seelenbräute und Vampirismus": "Aus dem Gefühl und der Begierde entspringt der Gedanke und aus diesen beiden die Kraft, welche in der Seele des Menschen Formen, Vorstellungen, Bilder und 'fixe Ideen' schafft; ob bewusst oder unabsichtlich, das Resultat bleibt gleich." Hartmann behauptet, dass die Phantasie, die Kraft der Vorstellung und der Gedanken im menschlichen Geist substantielle Erscheinungen hervorrufen kann. "Je kräftiger die Einbildungskraft, umso kräftiger treten die in dem Spiegel der Seele eingebildeten Vorstellungen objektiv vor der inneren Wahrnehmung auf, sei es durch das innerliche Gesicht oder das innerliche Gefühl; und unter gewissen Umständen, die jedem Metaphysiker bekannt sind, können die so gebildeten Gestalten nicht nur für den, der sie geschaffen hat, sondern sogar für alle Anwesenden äußerlich objektiv sichtbar und fühlbar werden." Den gleichen Vorgang kennt man von der schwarzen Magie, wenn böse niederträchtige Gedanken sich zu dunklen Wesen, zu Elementalen materialisieren. Die Kraft der Gedanken darf nicht unterschätzt werden!

Die Geister und Wesenheiten, die aus sexuellem Verlangen (Hartmann nennt dies: "verkehrter Geschlechtstrieb") ins Leben gerufen werden, werden auch als "Incubi" und "Succubi" bezeichnet. Ein Incubus (incubo bezeichnet im Italienischen einen Albtraum) ist die weibliche Form einer Wesenheit, ein Succubus ist das männliche Pendant, beide entstanden allein aus der Kraft der Gedanken und der Vorstellung. Daher ist es auch immens wichtig, dass Sie sich Ihre Ziele und Wünsche als Bilder vorstellen. Man nennt dies auch visualisieren. Paracelsus nannte derartige Wesenheiten und Geister "Phantasmen, Drachen, Monster", die Inder bezeichnen diese als "Mohinis" und "Pisachas". Hartmann schreibt, dass ein Incubus oder Succubus auch eine körperliche, sichtbare und greifbare

Gestalt annehmen kann. Leidenschaften, Instinkte und Begierden gehen nach dem Tod eines Menschen nicht verloren. Sie bleiben erhalten und stellen auf der Astralebene eine Energieform dar, die von ähnlichen Energien angezogen wird. Gleiches zieht Gleiches an. Hartmann beschreibt diese Energieform als Elementale, die ohne Vernunft, Verstand und Urteilskraft seien. Besetzen diese Elementale aber einen Menschen, so nehmen sie an seinem Bewusstsein teil und werden zu einem Teil seines Bewusstseins. Er sagt, dass derjenige, der sich Phantasien und Schwärmereien hingibt, außer sich lebt. "Er verliert sich im Mondschein seiner Phantasie und zerstreut im Raum die Kraft, die ihm zu seinem Wachstum gegeben ist."

So weit, so gut. Damit ist natürlich einem Betroffenen nicht wirklich geholfen. Mein Klient hatte diese Einsicht, dass er die Wesenheit, die ihn sexuell stimuliert und belästigt, selbst gerufen hat. Er hatte sich belesen und mich auf die Schriften des Franz Hartmann aufmerksam gemacht. Wir kamen überein, dass die einzige effiziente Hilfe nur von ihm selbst kommen kann. Er müsste bereit sein, den Incubus wegzuschicken und ihm mitzuteilen, dass er keinen Wert auf dessen Anwesenheit legt. Außerdem müsste er seine Aura aufbauen und stabilisieren mit Meditation und Gebet. Das wollte er nicht so gerne tun, sagte er mir, er sei zu bequem. Auch die täglichen Schutzübungen für die Aura und die Reinigungsrituale, die mehrmals täglich durchzuführen gewesen wären, das alles war ihm zu viel der Arbeit. Wenigstens war er mir gegenüber ehrlich.

Ähnlich liegt der Fall des Klienten, der einen Besetzer beherbergt, der sich Seth nennt. Sie erinnern sich an diesen Fall? Auch dieser Herr wird sexuell stimuliert, und der Incubus lässt sich nicht einfach wegnehmen. Wenn auf der Seelenebene ein Wunsch geäußert wird von einer Person, wie könnte dann von einem Außenstehenden das Gegenteil bewirkt werden?

Zwei Klientinnen, die ebenfalls über sexuelle Belästigungen durch Wesenheiten (Succubi) klagten, verzichteten sogleich auf meine Mitarbeit, als ich sie über die Besonderheit dieser Besetzung aufklärte und ihnen sagte, dass ihre eigene Mitarbeit vonnöten und absolut wichtig sei. Viele Menschen ziehen es vor, in ihrem Dilemma zu verharren. Auch eine solche Entscheidung ist zu respektieren. Jeder ist selbst verantwortlich für sein Leben. Es sind wirklich existierende Wesen, von dem betreffenden Menschen selbst erzeugt und durch geistige Einflüsse genährt. Sie beeinflussen den Gemütszustand der befallenen Person, zerrütten das Nervenkostüm und schwächen die physischen Kräfte.

"Dass der nichts wissende und nichts wissen wollende
Gelehrtendünkel nur mit dem Ausruf 'Aberglauben'
antworten wird und damit alles erklärt zu haben meint, tut nichts
zur Sache. Es ist die bequemste Art, sich unter Unwissenden ein
Ansehen zu geben und Fragen über Dinge, von denen man nichts
versteht, zu beseitigen. Der Vampirismus ist eine leidige Tatsache,
die man durch Ableugnen nicht abschaffen kann."

(Franz Hartmann, "Seelenbräute und Vampirismus")

SATANISCHE BESETZUNGEN UND BESESSENHEIT

Von satanischer Besessenheit spricht man dann, wenn sich ein Mensch von einem Moment auf den nächsten verändert. Die Veränderung kann so vor sich gehen, dass die besessene Person, die einen Dämon oder den Teufel höchstpersönlich in sich trägt, unermesslich große Kräfte entwickelt, in nie erlernten Fremdsprachen spricht und alles Religiöse sowie die Namen von Heiligen und Jesus nicht erträgt und auch absolut keine Gebete erduldet.

Dr. Simone Morabito hat in seinem Buch "Psichiatra dell'Inferno" zahlreiche Fallbeispiele über seine besessenen Patienten angeführt und beschrieben. Besessene sind demnach Personen, die intelligente, gewalttätige, von Hass erfüllte Präsenzen in sich und um sich herum haben. Für seine Patienten, durchweg Akademiker und gebildete Menschen, beginnt nach der "Gefangennahme" durch die dunkle Seite ein enormer körperlicher Leidensweg. Die Menschen werden durch den Abzug der eigenen Energie stark geschwächt; ihre Organe arbeiten oft nicht mehr richtig, sie haben teilweise schwere und seltsame Krankheiten. Die Psyche wird angegriffen und zeigt Depressionen, schlechte Laune und Traurigkeit.

Diese Menschen haben abgrundtiefe Ängste und Befürchtungen; viele würden den Freitod wählen, würden sie allein gelassen. Beinahe jeder gibt an, seine Persönlichkeit eingebüßt zu haben. Auch wenn sie es wollten, so können sie keine Kirche mehr betreten. Sie sind nicht mehr in der Lage, sich den Sakramenten zu nähern oder ein Gebet zu sprechen. Tatsächlich ist eines der markantesten Zeichen für eine Besessenheit der Hass gegenüber allem, was heilig und geweiht ist. Einer jungen besessenen Studentin gelang es nicht mehr, den auf Papier geschriebenen Namen Jesu zu lesen. Auch als sie gezwungen wurde, diesen zu lesen, begann sie in der Mitte des Wortes und las die einzelnen Buchstaben derart abgehackt und unterbrochen, dass der Name Jesu nicht zu erkennen war. Nachdem sie einen einzigen Abend lang Kontakt hatte zu einem jungen Mann, der seine Seele an den Teufel verkauft hatte, wurde sie mental unterworfen und verlor ihre Persönlichkeit. Sie fühlte sich leer und ausgesaugt wie ein Baumstamm, dem man das Leben entzogen hat. Dämonische Kräfte ernähren sich von der Energie und den elektromagnetischen Wellen bestimmter menschlicher Emotionen.

Seine schrecklichsten Erfahrungen mit Besessenen machte Dr. Morabito jedoch mit einer Dame aus La Spezia, die so lautstark röchelte und schnaufte, dass ihm beinahe das Blut in den Adern gefror. Schon weit vor der Wallfahrtskirche, in der man den Exorzismus abhielt, bekam sie einen Wildkatzen-ähnlichen Augenausdruck voller Hass, der auch während des Exorzismus so blieb und teilweise zu dem kalten unberechenbaren Blick einer Schlange wechselte. Tatsächlich zeigte sie auch das Gebaren einer Schlange: Sie warf sich auf den Boden und wand sich dort hin und her, um dem Ritual des Exorzismus nicht folgen zu müssen und ihm zu entgehen.

Viele Besessene verändern ihr Wesen hin zum Gewalttätigen und Unberechenbaren. Sie sprechen in der Art und Weise des Besetzers, sie verändern ihre Stimme und den Tonfall. Häufig verändert sich ihr Gesicht zu schrecklichen Grimassen, wenn von ihnen Besitz ergriffen wird. Sie sind nicht mehr sie selbst, ihr Körper wird als Hülle und Maske für und von einem fremden Wesen missbraucht und oftmals völlig entartet und entstellt. Morabito schreibt, dass die Besessenheit ausgelöst wird durch

Teilnahme an spiritistischen Sitzungen, diversen okkulten "Spielen", wenn jemand seine Seele an einen Dämon verkauft oder Opfer eines Magiers oder einer Hexe geworden ist. Das häufigste Symptom einer Besessenheit ist die unerklärlich große Todessehnsucht und der grundlose Wunsch nach einem Suizid. Oft wird großer übertriebener Stolz und Streitlust empfunden, mit dem sie sich auf den Nächstbesten stürzen, um zu widersprechen und zu streiten. Generell sind Besessene sehr intolerant und unberechenbar. Sie haben unnatürliche Kräfte und meist mediale Fähigkeiten wie die Wahrsagerei. Der Besessene selbst ist sich seines Zustands nicht bewusst, nur die Angehörigen, Freunde und Kollegen bemerken eine Veränderung. Er ist in einem Zustand der psychischen Impotenz und versteht überhaupt nichts von dem gravierenden Problem, in dem er steckt. Außerdem sind die Besessenen in gewisser Weise "blind" gegen Hilfe von anderen Menschen. Sie tun alles, um sich nicht helfen zu lassen. Besessene sind immun gegen Beruhigungsmittel, kein Medikament wirkt bei ihnen. Sie tragen meist keinen Kratzer und keine Blessur davon bei Aktionen, die andere Menschen die Gesundheit oder gar das Leben kosten würden. Es gab zum Beispiel einen Patienten, der etwa fünfzig Mal mit ungeheurer Wucht seinen Kopf gegen eine Mauer schlug und sich dabei nicht einmal eine äußere Blessur noch eine Gehirnverletzung zuzog. Besessene tun unnütze und sinnlose Dinge, die sie eigentlich gar nicht tun möchten. Sie vergeuden ihre Kräfte für blödsinnige Dinge und Aktionen, um vom Wesentlichen abzulenken (sie werden abgelenkt). Sie leben in totaler Konfusion und Zerstreutheit, ohne etwas zu begreifen; sie sind ruhelos und ziehen nächtelang umher.

Von der Evangelischen Zentralstelle für Weltanschauungsfragen wird ein Text von Anette Kick und Hansjörg Hemminger veröffentlicht, in dem zu lesen steht:

"Was Satan angeht, gibt es zwischen Altem und Neuem Testament einen Unterschied. Während er im Alten Testament kaum vorkommt, gehen die neutestamentarischen Schriften einhellig davon aus, dass mit Satan ein Wesen existiert, das über Dämonen gebietet und dem Willen Gottes zuwider arbeitet. Satan ist aus der Sicht des Neuen

Testaments der Fürst dieser Welt, die von der Sünde beherrscht wird. Mit der ständig fortwirkenden Stimme der Versuchung zur Angst, zur Lüge, zur Gier, zur Gewalt übt er Macht aus über die Menschen. Aber gleichzeitig ist diese Welt der Sünde eine vergangene, eine entmachtete Welt. Seit Jesus Christus gekommen ist, ist der Weg aus dem Machtbereich Satans heraus offen. In Wirklichkeit hat Satan im Neuen Testament nur die Macht, die wir ihm gewähren. Satan ist kein Gegengott, er kann nichts tun in Gottes Schöpfung, außer wir tun es für ihn. Er kann Satanisten nicht zu Mord und Selbstmord bringen, außer diese nähren den Hass und den Stolz und schließlich die Verzweiflung so lange, bis sie zu Gewalt und Tod bereit sind. Dass aber mit Satan ein Wesen existiert, das gegen den Willen Gottes arbeitet, wird im Neuen Testament vorausgesetzt. Die Texte sprechen von einer Gewalt, die über das Menschenmögliche hinausgeht. Satan tritt als Feind gegen Gott auf. Er will sich quer zum guten Weg Jesu stellen, indem er die Echtheit seines Gottvertrauens prüft. Sonst ist Satan im Neuen Testament die widergöttliche Stimme im Hintergrund der Welt, die ihren vergeblichen Widerspruch gegen das Kommen des Gottesreichs anmeldet. Seine Diener müssen weichen, wo Jesus auftritt. Kranke werden gesund und Besessene erhalten ihre Menschlichkeit zurück."

Kürzlich fand ich während meiner Recherche zu diesem Buch ein Interview mit Pater Pedro Barrajón im Archiv der Zeitung "Die Welt". Es ist überschrieben mit "Die Hölle ist ein Zustand" (2. Dezember 2005). Pater Barrajón wird von dem Journalisten Paul Badde gefragt, wie man sich böse Geister und Dämonen nach Ansicht der katholischen Kirche vorzustellen hat. Er antwortet zunächst einmal, dass das Böse notwendigerweise an das Geschenk der Freiheit des Willens geknüpft sei. Ohne die Wahl zum Guten oder zum Bösen, sagt er, gäbe es keine Freiheit. "Geister haben Willen. Sie haben Intelligenz. Aber sie haben keine Sinne. Sie haben keinen Körper. Körper sind allein Attribute des Menschen und der Tiere ... Gott kann zulassen, dass Engel wie Dämonen physische Erscheinungsweisen annehmen. So können Engel den Menschen erscheinen, und so können Dämonen physische Qualitäten annehmen und den

Menschen erscheinen. Sie können diese Formen annehmen. Sie haben sie aber nicht."

Er führt weiter aus über die Hölle: "Die Engel wurden geschaffen, folglich auch gefallene Engel, folglich auch die Hölle. Die Hölle ist auch kein Platz, es ist ein Zustand. Es ist der Zustand, in dem Dämonen zu sich selbst finden in ihrem Hass gegen Gott. Es ist der Zustand der Negation der Liebe. Gott ist die Liebe. Hölle ist das Gegenteil von Liebe – es ist der Hass. Hölle ist eine Vorstellung vom Zustand dieses Geistes, der Zustand des ewigen Nichtliebens. Es ist auch das ewige Nichtannehmen der Liebe Gottes." Hierin geht dieser Pater mit den meisten Lichtarbeitern oder Energiearbeitern konform: Liebe ist die stärkste Kraft. Alles ist Liebe und mit Liebe umzuwandeln, das ist die "Waffe" gegen das Dunkle.

DER KLASSISCHE EXORZISMUS DER KIRCHE

Der Begriff Exorzismus leitet sich vom griechischen *exorkismos* (εξορκισμόζ) ab, was so viel bedeutet wie "hinausbeschwören", "bannen". In den Religionen bezeichnet es die Praxis des Austreibens von Dämonen oder des Teufels aus Menschen, Tieren, Orten oder Dingen. Laut "Der Teufel" von Alfonso di Nola ist "der Exorzismus ein schützender oder abwehrender Ritus weitgehend magischer Natur, der bewirkt, dass Personen und Dinge von negativen Erscheinungen befreit werden, die sie hindern, ihr Leben in seiner ganzen Fülle zu leben. Im Unterschied zur Segnung, die bei der Person oder Sache, auf die sie sich bezieht, keinen negativen Zustand voraussetzt, und im Unterschied zur Verwünschung, die zum Ziel hat, bei einem Menschen oder einer Sache einen negativen Zustand zu bewirken, geht der Exorzismus immer vom Bösen und von existentiellen Einschränkungen aus, die als real und akut empfunden werden." Der Exorzismus (das Clearing) richtet sich auf tatsächlich vorhandene Zustände beim Menschen (Krankheit, Impotenz, Unglück, Todesgefahr, Verlust des Vermögens), bei Tieren (Seuchen, mangelnder Ertrag der tierischen Produkte, Krankheit, dämonisches Verhalten) und Dingen, wie zum Beispiel der Verseuchung von Trinkwasser, der Luft und der Erde. Im Mittelalter wurden zahllose Exorzismen und Segenssprüche auf klimatische und atmosphärische Phänomene gerichtet. Regen, Sturm und Unwetter galten oft als von Dämonen verursacht.

Immer wieder werde ich gefragt, ob ein Clearing denn so ablaufe wie der kirchliche Exorzismus, ob das wirklich so dramatisch sei, wie in den Kinofilmen dargestellt. Daher gehe ich hier ausführlich darauf ein und beschreibe zwei persönlich miterlebte Exorzismen.

Im März 2007 hatte mich der in Rom ansässige bekannte Exorzist, Autor und Talkshow-Gast Don Gabriele Amorth für meine Buchrecherche eingeladen, an einem Exorzismus teilzunehmen. Zwei Mal wöchentlich findet der Exorzismus mit ihm und anderen Priestern und Exorzisten in einer kleinen Kirche in der Via Emanuele Filiberto in Rom statt. Er sagte mir ausdrücklich, ich solle so tun, als käme ich zum Beten. Als ich sah, dass ein Teil der Anwesenden in einen Nebenraum der Kirche hinüberging, folgte ich ihnen. Don Amorth stand vor einem langen Tisch und segnete dort die von den Anwesenden mitgebrachten Gegenstände: Quellwasser, Münzen, Babykleidung, Geschenke und anderes.

Anschließend verschwand er mit einigen der Anwesenden in einem Hinterzimmer, dessen Glastür mit einem Vorhang verhängt war. Natürlich fragte man mich nach dem Grund meiner Anwesenheit. Ich erklärte der Küsterin, dass ich einen Termin bei Don Amorth hätte. Sie fragte bei ihm nach, woraufhin er persönlich mit der Namensliste der Teilnehmenden zu mir kam. Nun gab es keinen Zweifel mehr an meiner Legitimation für diesen Exorzismus-Vormittag. Die anwesenden Damen, durchweg alle mit Rosenkränzen in den Händen und angestrengten Mienen, beäugten mich indessen argwöhnisch. Dass ich für ein Buch recherchierte, das in Deutschland erscheinen sollte, beruhigte sie nur wenig.

Als ich in jenes kleine Hinterzimmer eintrete, das einen vernachlässigten Eindruck macht und lediglich mit einer alten Liege, einem alten Sessel, einem Bücherschrank, einem winzigen Tischchen und einigen einfachen Stühlen eher spartanisch eingerichtet ist, sitzt bereits ein Mann mittleren Alters auf einem Sessel gegenüber der Tür und direkt vor ihm auf einem Stuhl eine Frau, ihre Knie an seine anstoßend. Hinter ihm steht seine Frau. Von mir aus gesehen rechts von ihm sitzen Don Amorth und ein junger Priester. Don Amorth hat seine Schärpe um die Schultern des Mannes gelegt, seine Hand ruht auf dessen Stirn. Auf der altersschwachen Liege links an der Wand sitzen die erwachsenen Kinder des Mannes und ein weiterer Priester in ziviler Kleidung, der sich lediglich eine violette Schärpe um die Schultern gelegt hat.

Die Priester rezitieren alle zusammen die für den Exorzismus vorgesehenen Gebete in italienischer Sprache. Es ist so wie ich es in meinem Buch "Befreiung von Dunkelmächten" bereits beschrieben habe: eine lange Litanei von Gebeten und Anrufungen, die ohne Emotionen und ohne besondere Aufmerksamkeit für den Betroffenen rezitiert und hintereinander heruntergebetet werden. Zu bestimmten Passagen des "Rituale Romanum" wird der Besetzte oder Besessene an der Stirn gesalbt. Der Mann versucht während der Salbungen den Kopf wegzudrehen. Don Amorth drückt die ganze Zeit über seine Hand auf die Stirn des Besetzten. Es ist deutlich zu sehen, dass dies dem Mann sehr unangenehm ist. Er versucht den Kopf unter der Hand zur Seite wegzudrehen und die Hand abzuschütteln, was ihm aber nicht gelingt. Er stöhnt laut, ansonsten verhält er sich ruhig und still. Am Ende der Exorzismus-Prozedur, nach etwa 20 Minuten, fragt Don Amorth nach dem Namen des Dämons: "Come è il tuo nome? Dimmelo!" – "Wie lautet dein Name? Sag ihn mir! Sag ihn mir!" Tatsächlich lässt der Mann aus seinem tranceähnlichen Zustand deutlich "Satana" verlauten. Damit ist der Exorzismus beendet. Der Mann erhebt sich mit verschwitztem und gerötetem Gesicht; er scheint angestrengt, ansonsten aber völlig unauffällig.

Im Vorraum, in dem die Segnungen stattfanden, bitte ich ihn um ein paar Angaben für mein neues Buch. Er sagt mir bereitwillig, dass er schon seit sechs Jahren besetzt sei. Die ersten drei Monate nach Beginn der Besetzung habe er überhaupt nicht schlafen können, nicht eine Minute. Es sei die reinste Folter gewesen. Nachdem er sich den Exorzismen des Don Amorth unterzogen habe, habe er wenigstens schlafen können. Ich habe gesehen, wie er einen neuen Termin für die übernächste Woche vereinbart hat. Dieser Mann unterzieht sich seit nunmehr sechs Jahren regelmäßig zwei Mal pro Monat dieser Tortur, und immer noch ist keine Heilung geschehen.

Mittlerweile hat die zweite Exorzismus-Sitzung in dem kleinen Nebenraum begonnen. Auf der mitten in den Raum platzierten Liege liegt eine junge übergewichtige Frau. Am Kopfende links von ihr sitzt Don Amorth, der Chef-Exorzist, neben ihm auch dieses Mal der junge, schwarz gekleidete Priester. Auf der anderen Seite des Kopfes der Patientin stellt sich ein inzwischen neu angekommener älterer Priester in schwarzem Ornat auf, zwei weitere Priester in Zivil stehen neben der Liege beziehungsweise knien darauf. Insgesamt sind also fünf Priester anwesend. Der Exorzismus hat bereits begonnen, als ich eintrete. Die junge Frau schreit und windet sich mit schier unmenschlichen Kräften. Alle anwesenden Männer halten sie mit ihren Händen fest und knien sich auf ihre Beine, damit sie sich nicht wegbewegen kann. Sie gehen nicht zimperlich um mit ihr, scheinen bereits zu wissen, zu welchen enormen Kraftakten sie durch ihren Besetzer fähig ist. Ein Priester salbt sie ab und zu an den Fesseln, einer Stelle, die unbekleidet ist, und die er trotz ihrer heftigen Gegenwehr "erwischen" kann. Während alle fünf Priester und einige der Anwesenden die Exorzismusgebete rezitieren, windet sich die junge Frau unter den Händen und Knien der Männer. Es ist offensichtlich, dass sie sich erheben und weglaufen will. Sie beißt und kratzt die Hände, die sie niederdrücken und festhalten.

Sie grunzt wie ein Tier und brüllt mit einer total veränderten, sehr dunklen gruseligen Stimme, dass es mir kalt über den Rücken läuft. Werden während des Gebets Gott, Jesus und die Heiligen angerufen, so beschimpft sie die anwesenden Priester als "stronzi" und "vai fan culo", Schimpfwörter der untersten Schublade. Das Szenario ist filmreif. Es spielt sich tatsächlich so ab, wie in dem Kinofilm "Der Exorzist". Ich bin erstaunt, dass das Ritual unverändert und exakt gleich lautend eingehalten wird. Im Ablauf gibt es nicht den geringsten Unterschied, egal ob die betreffende Person ruhig dasitzt oder tobt. Ich nehme eine Eiseskälte in dem Raum wahr, die von der Liege zu mir herüberströmt. Ich nehme die mehr als eiskalte Energie derjenigen Wesenheit wahr, die als die am höchsten entwickelte dunkle Kraft gilt. (Kleiner Exkurs: Wie Sie wissen, folgt die Energie dem Gedanken und der Aufmerksamkeit. Daher gilt es, den Namen dessen möglichst wenig zu erwähnen, um ihm nicht zusätzlich Energie zu liefern. Schauen wir einmal, was auf den meisten Offset-Antennen der Satellitenanlagen zum Empfang von Fernsehsendern steht! SAT-AN. Nett, nicht wahr, wie uns diese dunkle Präsenz im Alltag und dem täglichen Gebrauch untergeschoben wird. Und wer darauf aufmerksam macht, gilt als paranoid.)

Darüber hinaus spüre ich eine starke Angstenergie und eine Frequenz des Misstrauens bei den umstehenden Personen, vor allem bei zwei älteren Damen zu meiner Rechten, die mich zweifelnd anschauen. Nach einer Weile drückt mir eine Dame einen Rosenkranz in die Hand, nachdem sie gesehen hat, dass ich mich von meinem Stuhl erhoben habe und meine Hände in Richtung der Liege und der jungen Frau öffne. Den Rosenkranz lasse ich in meiner rechten Hand baumeln. Ich bin in meine eigenen Gebete vertieft und versuche, die Situation zu entschärfen. Kurz darauf, gegen Ende des Rituals kann es eine der Frauen nicht lassen, mich zu maßregeln. "So betet man nicht, so macht man das nicht", zischt sie zu mir herüber und meint meine Art zu beten. Sie sieht, dass ich meine Lippen bewege, also offensichtlich ein Gebet spreche oder eine Beschwörung. Jedenfalls ist ihr das nicht geheuer. Dass sie mit ihrem Geplapper die Gebete stört, interessiert sie nicht in ihrem Besserwissen und Maßregeln. Immerhin veranlasst sie mich dazu, ihr klipp und klar zu entgegnen, dass ich mir die Freiheit nähme, auf meine eigene Art zu beten, ob ihr das nun passe oder nicht.

Der Exorzismus geht zu Ende, wieder fragt Don Amorth in strengem Ton und mit lauter, bestimmender Stimme: "Wer bist du? Sag mir deinen Namen! Sag ihn mir!" Er wiederholt es mehrere Male. Aber die junge Frau, nunmehr mit hochrotem Kopf, völlig verschwitzt und immer noch aggressiv, antwortet nicht. Lediglich ein übles Grunzen entrinnt ihrem Mund. Das Ritual ist zu Ende, weil die Gebete zu Ende sind. Der Ausgang der Sitzung scheint zweitrangig oder gar uninteressant, niemand bleibt stehen und erörtert das Geschehene. Niemand fragt die Patientin, wie sie sich fühlt. Sie erhebt sich mit Hilfe ihres Bruders und der Schwägerin von der Liege und verlässt nach Vereinbarung eines weiteren Termins (!) den Folterraum.

Auch in diesem Fall versuche ich, Informationen über den Anfang der Besetzung zu erfahren, die Frau des Bruders blockt aber ab und alle zusammen verschwinden in einem weiteren Nebenraum, wohl eine Art Garderobe und Badezimmer. Mir ist immer noch eiskalt, ich spüre eine

Kälte bis ins Mark und entschließe mich, keiner weiteren Sitzung mehr beizuwohnen, sondern mich in der Piazza Vittorio Emanuele von der Sonne aufwärmen zu lassen. Ich bin ergriffen, erstaunt und empört und möchte das Erlebte erst einmal in Ruhe sortieren und verarbeiten.

So wie der Exorzismus der offiziellen Kirche verstanden und praktiziert wird, kann er unmöglich den Besetzten und Besessenen helfen. Es kann so nicht gehen! Denn das kosmische Gesetz der Resonanz gilt wie überall so auch hier. Wo man mit Aggression, und dieses Ritual und das Verhalten der Priester ist nichts anderes als aggressiv, glaubt, etwas Positives zu erreichen, wird der Teufel mit dem Beelzebub ausgetrieben. Don Amorth berichtet ja immer wieder in den Medien von seiner Arbeit und auch von den Angriffen der Dämonen gegen ihn, die er bisher alle abgewehrt und überstanden hat. Ich erlaube mir, zu behaupten, dass der satanische Besetzer durch den Exorzismus gestärkt wird und neue Nahrung gewinnt. Erhebt sich da nicht sofort und zwangsläufig die Frage: Ist es denn vielleicht genau so beabsichtigt? Soll den Betroffenen seitens der Kirche möglicherweise gar nicht geholfen werden? Woher kam ursprünglich die Inspiration zum Ritual des Exorzismus? Warum muss er ausgerechnet in der Art und Weise ablaufen? Sind die exorzierenden Priester unwissend, naiv, oder stärken sie bewusst eine Macht, von der sie behaupten, dass sie diese doch stets und vehement bekämpfen?
Als ich drei Monate nach dem Exorzismus einer medialen Freundin vom Ablauf des Exorzismus erzählte, empfing sie spontan folgendes Bild: Sie sieht die Besessene auf der Liege und die schwarzen Priester im Halbkreis um ihren Kopf herum. Plötzlich erhebt sich aus der Liegenden eine dunkle Energie, die sich zur Gestalt Satans formt und mich, die ich am Fußende ihr genau gegenüber stehe, erblickt. Er zieht sich sofort in den Körper der Frau zurück. Das Medium sieht, wie er die Priester zu ihren Zwecken missbraucht. Jede Form der Aggression und die Emotion der Angst sind elektromagnetische Energien des Bewusstseins, von denen er sich ernährt. Diese Rituale scheinen ihn zu stärken. Sie sagt, dass er alle anwesenden Personen veranlasst hat, böse magische Gedanken gegen mich zu richten. Wenn dem tatsächlich so ist, dann wären die Priester nichts

weiter als Handlanger und Lakaien der satanischen Kraft. Wissentlich oder unbeabsichtigt?

Unter Papst Benedikt XVI wird die Diskussion um die Existenz des Teufels stark wiederbelebt. Er war schon immer Thema in der offiziellen Kirche, aber zurzeit bemerken wir eine Bewegung. Worin liegt die Absicht, alle Welt mit der dunklen Welt zu konfrontieren und diese ins Gespräch zu bringen? Gehen wir davon aus, dass die intellektuellen und magisch gebildeten Manager des Vatikan(staates) Kenntnis besitzen von den kosmischen Gesetzen wie dem der Resonanz und dem der Energiefolge, so müsste ihnen bewusst sein, dass ihrer Aufmerksamkeit, die sie auf das Dunkel lenken, auch die entsprechende Menge Energie folgt. Damit nähren und fördern sie das Böse. Sie kreieren damit sogar dunkle Wesenheiten so wie es Schwarzmagier zu tun verstehen. Starker Tobak, meinen Sie? Da haben Sie völlig Recht. Es ist höchste Zeit, dass wir alle unsere rosarote Brille der Naivität abnehmen.

Dieses Reden, Publizieren und Diskutieren über satanische Kräfte, deren Existenz oder Nichtexistenz, deren Formen und Auftreten dient nur einem einzigen: eben jenem, den zu bekämpfen sie vorgeben. Demnach ließe sich vermuten, dass der Vatikan einen Vorteil daraus ziehen kann, wenn er das Dunkel stärkt. Gewagte Gedanken? Logische Gedanken, wie ich meine. Denn solange es das Dunkel gibt, gibt es Angst unter den Menschen. Die Angst kann wunderbar einfach auf diesen mächtigen Feind projiziert werden. Man kann ihn zum Sündenbock (im wahrsten Sinne des Wortes) stempeln. Und Menschen, die Angst haben, die sich vor dem Gehörnten fürchten und davor, dass sie ihm nach dem Tod in der Hölle ausgeliefert sein könnten, sind ein gefundenes Fressen für diejenigen, die Macht ausüben wollen. Für diejenigen, die noch Macht über andere besitzen wollen, um sich gut zu fühlen. Dass dies eine erbärmliche Denk- und Handlungsweise ist, lernt bereits jeder, der sich als Anfänger auf den spirituellen Weg zu mehr Bewusstwerdung aufmacht. Würde es einer echten wahren seelsorgerischen Kirche nicht anstehen, Seelen auf deren Weg behilflich zu sein und diese zu unterstützen? Derjenige ist ein wahrer Lehrer, der viele Meister hervorbringt.

Es ist uns nicht möglich,
in nur einem Bereich unseres Lebens
richtig zu handeln, während wir uns
gleichzeitig in allen anderen falsch verhalten.
Das Leben ist ein unteilbares Ganzes.

(Gandhi)

Fakt ist und bleibt jedenfalls, dass der Exorzismus in dieser Art den besetzten Menschen überhaupt keinen Nutzen bringt, trotz einiger Voraussetzungen, die erfüllt sein müssen. Selbstredend sind Frauen und Laien vom Exorzismus ausgeschlossen. Denn laut Kirchenmeinung sind sie nicht fähig, dies zu tun, obwohl die Bibel keinerlei Einschränkung auf einen bestimmten Personenkreis vorgibt: *"Die Zeichen aber, die da folgen werden denen, die da glauben, sind die: In meinem Namen werden sie Teufel austreiben, mit neuen Zungen reden, Schlangen vertreiben; und so sie etwas Tödliches trinken, wird´s ihnen nicht schaden; auf die Kranken werden sie die Hände legen, so wird´s besser mit diesen werden."* *(Mk 16,17/18)*

Ein Exorzist muss zum einen die Ausbildung zum Exorzisten absolviert haben. Vor ein paar Jahren wurde die Fakultät "Exorzismus" an der vatikanischen Universität Regina Apostolorum eingerichtet. Darüber hinaus muss er einen untadeligen Lebenswandel führen. Im Juni 2007 wurde erneut ein fünftägiger Kursus über Exorzismus in Rom im "Istituto Sacerdos del Pontificio Ateneo Regina Apostolorum" veranstaltet. Unter den fünfzehn Referenten sind sowohl hochrangige Priester als auch weltliche Professoren, Ärzte und eine Anwältin. Das Programm sieht unter anderem folgende Punkte vor: soziale und phänomenologische Aspekte, biblische, historische und theologische Aspekte, pastorale und geistliche Aspekte, liturgische Aspekte, psychologische Aspekte, kanonische, juristische und kriminologische Aspekte und das Amt des Exorzisten. Ich gebe zu, dass mich das Thema des kirchlichen Exorzismus, der sich selbst ad absurdum führt und disqualifiziert, so sehr beschäftigt hat (und mich immer dann besonders beschäftigt, wenn ich in Rom bin), dass ich im April 2007 einen persönlichen Brief an Joseph Ratzinger alias Papst

Benedikt XVI geschrieben habe. Meine Bitte war, darüber mit einer kompetenten Person innerhalb des Vatikans reden zu können. Der Heilige Vater sei so sehr mit allgemeinkirchlichen Aufgaben betraut, dass er keine Zeit habe zu einem Gespräch, lautete dann die Antwort, die ich ein paar Wochen später erhielt.

Dafür hatte ich unliebsame Begegnungen und schwere Träume, in denen sich mir meine Widersacher deutlich zeigten, die mein Buch verhindern wollen. Die Wahrheit aber muss gesagt werden und sie wird am Ende auch siegen. Egal, wie sehr man sie jetzt verbiegen mag! Es hatte noch nie Gültigkeit und wird auch in Zukunft niemals gelten, was ein bekannter deutscher Vatikan-Journalist in seinem Buch schreibt: "Die Priester als Nachfolger Jesus Christi ... Wir alle sind Nachfolger Jesus Christi! Er hat die Heilung durch Handauflegen und das Austreiben von Dämonen praktiziert und klipp und klar davon gesprochen, dass es derjenige kann, der im Glauben ist. Die Kirche hat sich seiner nur bedient, nimmt für sich das Christus-Monopol und damit das Monopol auf Heilung, Wunder und Teufelsaustreibungen in Anspruch. Nur er konnte mit den Händen heilen, behauptet sie, und natürlich einige Heilige. Alle anderen sind Scharlatane und von Satan gesandt." Unglaublich, dass die Massen durch diese Meinung indoktriniert werden konnten und es immer noch werden. Sind denn alle immer noch so unkritisch und hörig? Die Amtskirche erzeugt Angst und erzieht die Gläubigen zu unkritischer Unterwürfigkeit.

Wenn man einerseits den klassischen Exorzismus der Kirche betrachtet und dessen unbefriedigendes Ergebnis für die Patienten erörtert, so besteht andererseits natürlich die Pflicht, den betroffenen und nach Hilfe suchenden Menschen eine wirklich sinnvolle und effiziente Methode vorzustellen. Über die echte Befreiungsarbeit bei Besetzung und Besessenheit lesen Sie in Kapitel IV.

4.

EXTRATERRESTRISCHE
BEEINFLUSSUNG

IMPLANTATE VON AUSSERIRDISCHEN

Eines Tages vor einigen Jahren wurde ich mit dem Thema Implantate von Außerirdischen konfrontiert. Eine mir bislang unbekannte Klientin berichtete sehr aufgeregt am Telefon von ihrem Ehemann, der von Außerirdischen entführt worden sei. Man habe ihm mehrere Implantate eingesetzt und ihn wieder nach Hause zurückgebracht. Seitdem sei er völlig verwirrt und in seinem Wesen verändert; er benehme sich einfach unmöglich. Außerdem sei seine Gesundheit stark angegriffen, vor allem das Herz gerate immer wieder aus dem Rhythmus. Der Ehemann kam in eine große Uniklinik zur Untersuchung. Leider meldeten sich diese Klienten nicht mehr bei mir. Somit weiß ich nicht, wie es weiterging und ob irgendjemand helfen konnte. Seit jenem Tag aber habe ich meine Fotoanalyse um den Punkt "Implantate" erweitert. Implantate werden immer zu manipulativen Zwecken und ohne Erlaubnis durch Außerirdische im menschlichen Energiesystem eingesetzt. Die Beeinflussung erfolgt durch energetische Impulse, es handelt sich in diesen Fällen nicht um klassische Besetzungen. *Laut Erzengel Michael (Durchsage vom 18.03.2005) sind Implantate von Außerirdischen impliziert und immer negativ, da sie gegen den freien Willen eingepflanzt wurden.* Laut Prof. Horns Aussagen in "Götter gaben uns die Gene" handelt es sich bei Implantaten um kleine, bei entführten Personen meist in Gehirnnähe eingesetzte Geräte, die den Grauen zur Überwachung jener Personen dienen. Horn spricht von amerikanischen Regierungsdokumenten, denen zu Folge bereits Millionen von Menschen entführt wurden und solch ein Gerät erhalten hätten.

Über Implantate gibt es wenig Literatur in Deutschland, diese stammt meist aus den USA. Im Internet fand ich eine Materialsammlung zu "Alien-Implantate" (http://www.greyhunter.blog.de), die ich gekürzt wiedergeben möchte. Ob es tatsächlich so ist, wie beschrieben, kann ich nicht beurteilen. Wir alle sollten Augen und Ohren offen halten, die Wahrheit wird sich offenbaren. Auf oben genannter Seite kann man lesen, dass im Zusammenhang mit UFOs immer wieder auch von Implantaten berichtet wird. In den USA forschen Derrel Sims und Dr. Roger Leir auf diesem Gebiet. Dr. Leir operierte von UFOs entführte Menschen, um Implantate entnehmen zu können. Die Forschungsgruppe NIDS (National Institute for Discovery Science) finanziert diese Unternehmungen. Es heißt, dass der wohl bekannteste Entführte (Abductee) der Autor Whitley Strieber sei. Dieser habe versucht, sich den Fremdkörper aus seinem linken Ohr entfernen zu lassen. Es habe sich um eine kleine weiße Scheibe gehandelt. Die Operation gestaltete sich sehr schwierig, da das Objekt bei Ansetzen des Skalpells verrutschte und eine gewisse Eigendynamik zu haben schien. Schließlich war es möglich, wenigstens ein paar wenige Bruchstücke davon zu entfernen, die aus Kalziumkarbonat bestanden und "Tentakeln ähnliche Auswüchse" aufwiesen. Sims erklärte, dass bisher bei allen Entführten die Implantate in der linken Körperhälfte eingesetzt waren. Alle geborgenen Implantatteile hatten ein metallisches graues Aussehen. Sie waren von einer Membran überzogen, die nicht mit dem Skalpell beschnitten werden konnte. Mit Hilfe eines Gauss-Meters wurde ein sehr starkes elektromagnetisches Feld festgestellt. Das gleiche Phänomen trat auch auf, als das Implantat sich noch im Körper des Entführten befand. Dr. Leir fand heraus, dass die Lederhaut oberhalb des Implantats einer höheren UV-Strahlung ausgesetzt war, als die übrige Haut. Ungewöhnlich sei es auch, dass die implantierten Stellen sich nicht entzündeten. Normalerweise reagiert der menschliche Körper auf Fremdkörper mit Entzündung.

Seit etwa zwei Jahren häufen sich bei mir Anfragen von Personen, bei deren näherer Betrachtung Implantate feinstofflicher Art diagnostiziert werden können. Es handelt sich um Menschen, die mir gegenüber keine Andeutungen bezüglich Entführung, Untersuchung oder Manipulation durch Außerirdische machten, sie erwähnten auch keinen direkten Kontakt mit Außerirdischen. Oftmals haben sie eine Ahnung davon, dass sie fremdgesteuert sind, dass es Stellen im Körper gibt, die drückenden oder stechenden Schmerz verursachen und sich merkwürdig und "anders" anfühlen als der übrige Körper oder die gleiche Stelle auf der gegenüberliegenden Körperhälfte.

Bei einer Klientin stellte ich drei Implantate fest: im Bereich der Galle, der rechten Schläfe und des Herzens. In dem Buch eines amerikanischen Forschers las ich zu Implantaten, dass sie immer im Gehirn eingesetzt würden, zum Beispiel durch das Ohr hindurch. Auch in der Nase und im Vaginalbereich einer Betroffenen wurde schon eines entdeckt. In einer anderen Quelle las ich davon, dass Implantate immer nur auf der gleichen Körperhälfte eingesetzt würden. Auch dies kann ich nicht bestätigen. Implantate dieser Art sind feinstofflich und nicht mit der uns heute zur Verfügung stehenden Technologie festzustellen. Sie können auch über die Ferne ohne direkten Kontakt eingesetzt werden. In einigen Büchern wird davon geschrieben, dass den betroffenen Menschen die Implantate auf Raumschiffen impliziert würden. Es müsse dem stets eine Entführung vorausgehen, anschließend würde das Gedächtnis der Personen gelöscht, so dass sie keine Erinnerung mehr an die Entführung und die durchgeführten Untersuchungen hätten. Aus meiner Erfahrung mit betroffenen Personen kann ich sagen, dass es nicht notwendig ist, eine Person auf ein Raumschiff zu entführen, um ihr ein Implantat einzupflanzen. Dies kann, genauso wie bei schwarzer Magie und Voodoo, über die Ferne geschehen.

Kurz vor Abschluss dieses Buches kontaktiert mich eine Dame aus dem Schwarzwald. Sie berichtet mir, dass sie seit ein paar Monaten Töne höre. Es handele sich um einen sehr metallischen Hauptton, der beinahe immer vorhanden sei, sowie um mehrere andere Töne, die dazukämen. Tagsüber blieben die Töne aus, aber abends und vor allem in der Nacht würden sie sich verstärken. Zunächst dachte ich an ein technisches Problem oder an ELF-Wellen. Als sie dann aber sagte, dass die Belästigung durch die Töne ansteige, sobald sie versuche, mit den Verursachern zu reden, war mir sofort klar, dass es sich um Intelligenzen handeln muss. Es ist ein geradezu klassisches Verhalten von Wesenheiten, dass sie sich entweder zurückziehen, sobald eine Person mit mir in Kontakt geht, und den Anschein erwecken wollen, sie seien verschwunden, oder aber sie drehen richtig bedrohlich auf, so dass die Situation für den Betroffenen unerträglich wird. Als ich sie auf Träume oder Erinnerungen an Entführungen, Raumschiffe oder Außerirdische ansprach, teilte sie mir mit, dass sie die Töne aufgrund ihres fremdartigen Klangs mit Außerirdischen in Verbindung bringe. Außerdem sei ein schwarzmagischer (sie nennt es so) Angriff gegen sie gelaufen, infolgedessen sie die Erinnerung an bestimmte Ereignisse und Zeitspannen in ihrem Leben verloren habe. Sie sagt, man habe ihr die Erinnerung gelöscht, und spricht von Blackouts. Obwohl ich noch nicht zu arbeiten begonnen habe, denke ich schon aufgrund der Fotoanalyse, dass die Töne mit dem im Kopf sitzenden Implantat zu tun haben. Ich habe bei dieser Dame insgesamt drei von Außerirdischen gesetzte Implantate festgestellt: eins im Kopf, eins in der Herzgegend und ein weiteres in der Gebärmutter. Die Beschreibung der Umstände wie metallische Töne, Blackout, Verlust der Erinnerung – das passt in das Bild "Außerirdische".

In keinem Fall von Implantaten wurde bisher von tastbaren Teilen gesprochen. Wie dem auch sei, ob sie tastbar sind oder nicht, sie scheinen sich jedenfalls auf keinem Röntgenbild darzustellen. Mir scheinen diese Implantate feinstofflich und mittels starker Gedankenkraft oder durch eine uns unbekannte Technologie oder unter Hypnose eingesetzt worden zu sein. Derartige Implantate, die von Außerirdischen zu dem Zweck eingepflanzt worden sind, den jeweiligen Menschen zu kontrollieren und in seinem Denken und Handeln zu überwachen und zu manipulieren, lassen sich relativ einfach deaktivieren. Da sie nicht materiell, sondern feinstofflich sind, und durch Gedankenkraft implantiert wurden, lösen sie sich bei Bestrahlung mit Hochfrequenz-Energie (Licht) auf. Sie transformieren wie beinahe jede andere Fremdenergie auch.

Bei einem männlichen jungen Klienten hatte ich zwei Implantate festgestellt. Sie lagen im Bereich des rechten Ohrs und des oberen Hinterkopfes. Er klagte über Beschwerden im Kopfbereich, bemerkte eine starke Blockade dort und fühlte sich fremdbestimmt. Die meisten Implantate, die ich bisher feststellen konnte, lagen im Bereich des Kopfes, meist hinter den Ohren, oberhalb des Nackens und am seitlichen Kopf. Ein beliebtes Einsatzgebiet für Implantate ist der Bereich der Thymusdrüse und der Nieren. An den Gliedmaßen hingegen habe ich bisher noch keine vorgefunden. Sie dienen der Kontrolle und Beobachtung der menschlichen Biologie, der Psyche, der Emotionen. Auch findet eine gewisse Beeinflussung der Denkprozesse über die Implantate statt. Sie sind sowohl Sender, als auch Empfänger, und bringen den Träger in die komplette Abhängigkeit.

Meines Erachtens werden derartige feinstoffliche Implantate von Außerirdischen eingesetzt, die sich unter uns Menschen hier auf der Erde aufhalten, vielleicht sogar hier leben. Diesem bisher als völlig abwegig geltenden Gedankengut sollten wir uns jetzt vermehrt stellen. Es häufen sich die Aussagen derer, die nicht humanoide Gestalten auf unserem Planeten gesehen haben wollen. Namhafte Wissenschaftler, Journalisten und mediale Menschen berichten immer öfter davon. Mittlerweile können Sie im Internet und in den Buchhandlungen gut recherchiertes Material dazu finden.

Vielleicht löst das Thema "Außerirdische" bei Ihnen Angst oder Nervosität aus. Seien Sie versichert, dass es nicht meine Absicht ist, Angst zu verbreiten. Dennoch nützt es nichts, dieses Thema totzuschweigen. Wir sind auf der ganzen Welt damit konfrontiert, und wie man so genannten Sternenbotschaften, die von geistigen Helfern und Führern anderer Planeten über mediale Menschen auf die Erde gelangen, entnehmen kann, sind wir auf unserem Planeten sowohl von uns gut gesinnten Bewohnern anderer Planeten und Galaxien, als auch von bösartigen Außerirdischen umgeben. Literaturhinweise dazu finden sich im Anhang. Meines Erachtens kann ein Implantat aus der Ferne ohne direkten Körperkontakt und ohne operatives Einpflanzen eingebracht werden. Es wird genauso einfach möglich sein, wie jemand aus der Ferne und über Distanz eine andere Person durch schwarzmagische Praktiken beeinflussen kann.

Einige wenige Menschen berichteten mir von direktem Körperkontakt durch Außerirdische, der hauptsächlich in der Nacht während des Schlafs oder in der Einschlafphase erfolgt. Dabei handelt es sich sowohl um weibliche wie auch männliche Personen, die von sexueller Belästigung und intimen Akten berichteten. Sie sprechen von Geschlechtsverkehr mit Außerirdischen, der sich gegen den Willen der Betroffenen, die meist wie gelähmt und völlig hilflos in ihren Betten liegen, abspielt. Es gäbe weder Zärtlichkeit noch Leidenschaft seitens der Wesen, es handele sich um einen absolut "kalten" und unpersönlichen Akt, als solle er irgendwelchen Tests und Experimenten über Fortpflanzung und emotionales Verhalten beim Akt dienen. In einem weiteren Fall von festgestellten Implantaten, die gegen den freien Willen im Körper eingesetzt wurden, handelte es sich um eine Therapeutin, die davon berichtete, dass sie eines Nachts aufwachte in dem Bewusstsein, dass man sie vergewaltigte. Sie berichtete von einem Wachtraum, aus dem sie aufschreckte, als sie fühlte, dass sich ein männliches Glied in sie hineinschob. Sie beschrieb die Situation als unangenehm und ekelig. Sie sei absolut starr und wie gelähmt gewesen, konnte sich nicht rühren und fühlte sich wie eine leere Hülle. Sie sagte mir, sie habe sich komplett ausgeleert und ausgesaugt gefühlt, kraftlos und ohne Energie. Nach einiger Zeit habe sich die Situation wieder normalisiert, nur dass bei ihr die Erinnerung daran immer wieder ekelige kalte Schauer hervorruft. Ich hatte bei dieser Klientin mehrere Implantate festgestellt: am Oberkopf, zwischen Ohr und Schulter, im Bereich der Nieren und im Unterbauch. Sie bestätigte mir, dass sie an all diesen Stellen gesundheitliche Probleme habe: stechende Kopfschmerzen, Schmerzen und Ziehen im Ohr- und Schulterbereich, schmerzende Nieren. Medizinische Untersuchungen brachten kein Ergebnis und keinerlei Hinweise auf die möglichen Ursachen der Symptome.

Nachdem ich von Recherchen für dieses Buch aus Rom zurückkam, erhielt ich einen Anruf von einer besorgten Dame, deren komplette Familie, Ehemann und zwei erwachsene Töchter, unter dem Einfluss von schwarzer Magie, Belagerung durch unerlöste Seelen und Besessenheit stand. Interessant für mich war das Ergebnis der Fotoanalyse insofern, als sich bei der Klientin selbst eine starke Manipulation durch Außerirdische feststellen ließ. Und zwar mittels im Körper eingesetzter Implantate. Es handelte sich um drei Implantate, die sie bereits vor einigen Jahren erhalten hatte. Sie erinnerte sich daran, dass sie Alpträume hatte, und dass es bei ihr in dem von mir festgestellten Zeitraum zu dermaßen starken Blutungen kam, dass sie sogar eine neue Matratze kaufen musste. Sie hatte den Eindruck einer Fehlgeburt, war sich aber sicher, nicht schwanger gewesen zu sein. Dies ist ein typischer Fall, wie er häufig beschrieben wird. Außerirdische entführen Menschenfrauen, um sich mit diesen zu paaren. Eventuell findet eine künstliche Besamung oder eine In-vitro-Befruchtung mit anschließender Implantation des Eis in die Gebärmutter statt. Die Frauen erinnern sich nachher an nichts oder an Fragmente, die völlig abstrus erscheinen, so dass sie darüber auch lieber schweigen. Nach einigen Wochen werden die Embryonen – wieder ohne bewusste Kenntnis der Frauen – von der Erde abgeholt.

Die erste Generation der Aliens konnte nur eine In-vitro-Befruchtung der Menschenfrauen durchführen. Die nächste Generation wird laut Prof. Jacobs als Hybrid I bezeichnet und ist schon wesentlich menschenähnlicher als die Grauen. Dennoch können auch sie sich noch nicht direkt mit den Menschen paaren. Bei den nachfolgenden höher entwickelten Hybridgenerationen geht das allerdings reibungslos. Sie sind dermaßen "menschlich", dass sie kaum noch von richtigen Menschen zu unterscheiden sind. Es ist ihnen zum Beispiel wichtig, genauso auszusehen. Daher kleiden sie sich auch ganz unauffällig in Jeans und Shirts, wenn sie sich unter die Menschen mischen. Hybriden sollen für das Leben unter den Menschen so unauffällig wie möglich sein. Daher sollen Menschen ihnen beibringen, wie man sich sozial korrekt in der menschlichen Gesellschaft verhält. Den Hybriden fehlt bislang noch die gefühlsmäßige Komponente. Sie haben keine Gefühle und verstehen daher nicht die menschlichen Reaktionen auf gewisse Ereignisse. Nach der Auffassung der Entführungsopfer (der Abduzierten) sind die Hybriden kalt und herzlos.

Prof. Arthur David Horn schreibt in "Götter gaben uns die Gene": "... gaben die Außerirdischen auf Vorhalten alle Vertragsverletzungen zu. Zu den biologischen Sekreten und Blutplasma erklärten sie, dass sich ihre

Biologie dermaßen verschlechtert habe, dass sie fortpflanzungsunfähig geworden seien, und dass sie ohne Verbesserung ihrer genetischen Struktur zum Aussterben verurteilt wären." Und weiter: "... die Grauen gaben zu, die Menschheit tatsächlich seit jeher manipuliert zu haben. Sie hätten uns mittels Religion, Hexerei, Magie, Teufelskulten, Geheimwissenschaften und Hologrammen manipuliert. Sie erklärten, dass sie Zeitreisen beherrschten." Laut Prof. Horn, der einen Wissenschaftler namens Hopkins zitiert, sei das Hauptziel extraterrestrischer Entführungen die Erschaffung irdischer Hybridwesen. Es soll demnach eine Mischlingsrasse aus Außerirdischen und Menschen geschaffen werden. Frauen würden oft unerwartet und unvermutet schwanger werden und die Föten auf unerklärliche Weise nach etwa drei Monaten verlieren, wie im Fall meiner Klientin. Auch die Entnahme der Föten hinterlässt keinerlei Spuren, so dass es nicht nachgewiesen werden kann, dass eine Schwangerschaft bestand. Den Frauen fehlt die bewusste Erinnerung, Gewebe des Fötus lässt sich nicht nachweisen. Die betroffenen Frauen fühlen oder träumen davon, dass sie ein Kind verloren haben.

Von einem Medium erfuhr ich kürzlich, dass aus der Erzengelebene zu vernehmen war, dass Menschen mit Implantaten sich durchaus auf unbewusster Ebene dazu bereit erklärt hätten, möglicherweise bereits in einer vorangegangenen Existenz. Es ist mir bekannt, dass einige Erdenmenschen mit den unter uns lebenden extraterrestrischen Wesen kooperieren. Ob allerdings in jedem der Fälle ein Einverständnis zur Implantation vorliegt, kann ich nicht mit Sicherheit sagen. Bei meiner dem Clearing vorangehenden Fragestellung betone ich explizit die "gegen den freien Willen zu Kontrollzwecken eingebrachten Implantate". Denn es ist mir bewusst, dass wir auch kristalline Implantate besitzen, die jetzt aktiviert werden, wo die Erde in eine andere Dimension geht. Dabei handelt es sich aber um ein freiwilliges Geschehen, das mit jedem Einzelnen in Abhängigkeit mit dessen Aufgabe abgestimmt wurde. Fakt ist, dass die betroffenen Menschen unerklärliche Schmerzen durch die Implantate erfahren, dass sie Ängste und Panikattacken haben, die sie aus heiterem Himmel überfallen, dass sie sich wie Marionetten fühlen, fremdbestimmt und manipuliert, dass sie Emotionen haben, die ihnen vorher unbekannt waren, dass sie sexuelle Gelüste und Phantasien haben, von denen sie niemals zuvor etwas ahnten. Durch die Implantate werden den Menschen unbewusst Ereignisse suggeriert, um dann das emotionale Verhalten zu beobachten und zu erforschen. Man will untersuchen, wie der Mensch in gewissen Situationen reagiert. Es kommt auch vor, dass Frauen, die unerwartet schwanger werden und sich das nicht erklären können, an eine Abtreibung denken. In diesen Fällen gibt es Beobachtungen, dass sie innerhalb weniger Tage nach dem Gedanken an eine Abtreibung den Embryo verlieren. Aber nicht auf die übliche Art und Weise, sondern unbemerkt in der Nacht. Sie erwachen am nächsten Tag und wissen, dass alles vorbei ist, dass sie nicht mehr schwanger sind. Erinnerungen an die Vorkommnisse in der Nacht haben sie jedoch keine. Diese sind aber durch Hypnosesitzungen abrufbar.

Da dieses Thema der Implantate in Deutschland noch sehr zaghaft behandelt wird, möchte ich einen Hinweis geben auf das von Prof. David M. Jacobs verfasste Buch "Bedrohung". Er scheint sehr gut recherchiert zu haben und gibt Inhalte von Hypnosepatienten an, die glaubhaft von Entführungen zu Raumschiffen, der Löschung des Gedächtnisses, von gynäkologischen und anderen Untersuchungen, von Übergriffen, Vergewaltigungen, Zuchtprogrammen und der Aufzucht von Hybriden berichteten. Er schreibt auch von Implantaten, die direkt am Sehnerv, der Hirnanhangdrüse, dem Innenohr und in der Stirnhöhle eingepflanzt werden und unter Umständen zu Nasenbluten, Stirnhöhlen- und Ohrproblemen wie Tinnitus und Ohrbluten führen können. Angeblich hätten Ärzte bei Betroffenen Narbengewebe und Punktierungen entdeckt. Unter Hypnose sagte eine Frau Folgendes aus: "Er hat ein Instrument in der Hand. Es sieht aus wie eine Nadel, wie eine Spritze. Das ist es jedoch nicht, aber es ist lang. Er steckt die Spitze in mein Ohr, ganz tief rein. Es geht bis in mein Gehirn, er macht irgendetwas mit meinem Kopf. Er sagt, es sei wichtig, sie müssen wissen, wie ich die Welt sehe, die Dinge interpretiere, was ich fühle, wenn sie geschehen. So überwachen sie mich, sie wissen immer, wo ich bin und was ich mache."

Im Werk des Prof. David M. Jacobs wird generell die Freiwilligkeit ausgeschlossen, auch wenn Channelmedien teilweise die Informationen erhalten, dass es auch Außerirdische auf der Erde gibt, die den Erdenbewohnern hilfreich zur Seite stehen. Prof. Jacobs glaubt dies nicht und unterstellt den außerirdischen Grauen sowie den gezüchteten Hybriden böswillige Irreführung der Menschheit mit dem Ziel der Übernahme des Planeten Erde.

Es mag bestimmt Bewohner anderer Planeten und Galaxien unter uns geben, die sich mittels ihrer Technologien und Fähigkeiten wie dem Verwandeln, dem Lesen von Gedanken oder der Stimulierung von Gefühlen durch Gehirnscans Menschen gefügig machen und sie steuern. Laut Prof. Jacobs kontrollieren die Aliens die Menschen durch die Manipulation des menschlichen Gehirns. Dies geschieht dadurch, dass sich die Aliens ganz nah zu dem Menschen hinunterbeugen und ihm in die Augen starren. Die Menschen werden dadurch emotional und körperlich beeinflusst. Zur Begünstigung der Entnahme von Ei oder Sperma, so schreibt er, kann allein durch das Hineinstarren in die Augäpfel der Mensch (er spricht von Abduktionsopfern) zum Orgasmus gebracht werden. Sie können über den Sehnerv in die neurologische Struktur des Gehirns eingreifen. Die Aliens (kleine Graue oder große dünne Insektoide) können auf diese Weise alle Nervenbahnen beeinflussen und das gesamte Gehirn infiltrieren. Diese Gehirnstimulation ruft einige Reaktionen hervor. So wird etwa das Erinnerungsvermögen des Opfers an eine mögliche Entführung oder andere Eingriffe gelöscht. Es ist aber auch möglich, Bilder in das Sehzentrum des Opfers zu projizieren, wobei die Netzhaut umgangen wird. Dem Menschen werden falsche Bilder gezeigt, die er in seine Erinnerung integriert. Wie schon beschrieben kann der Gehirnscan zu verstärktem Hormonausstoß führen und starke Gefühle hervorrufen wie Angst, Zorn oder Zuneigung, aber auch sexuelle Lust. Diese Praktik hat natürlich nichts mehr mit dem freien Willen des Menschen zu tun. Hier wird er manipuliert, kontrolliert und zu irgendwelchen dubiosen Zwecken missbraucht.

Viele Abduktionsopfer, so berichtet Prof. Jacobs weiter, meinen sich körperlich verändert zu haben und über paranormale Fähigkeiten zu verfügen. Sie wissen, was andere Menschen denken. Diese Fähigkeiten sind unmittelbar nach einem Entführungsfall besonders stark ausgeprägt. Die Betroffenen stellen signifikante Unterschiede zu ihren Geschwistern oder Eltern fest und zweifeln oftmals an der Abstammung aus ihren Familien.

Nicht nur einzelne Individuen werden manipuliert, sondern unser gesamter Planet. Laut Botschaften der uns wohl gesinnten (hoffentlich stimmt es!) Bewohner der Plejaden wird die Erde in einer bestimmten Schwingung gehalten, die die Kontrolle der Menschen zulässt. Offensichtlich besitzen die Grauen ein technisches Gerät, das die Schwingungsfrequenz verändern kann – auch von uns Menschen. Dadurch sind sie in der Lage, Menschen aus ihren Häusern und Betten weg in ihre Flugkörper (UFO) zu transportieren.

Eine besorgte Mutter schickte mir das Foto ihres Sohnes, der ein ganz normaler, unauffälliger kleiner Junge war. Als Jugendlicher veränderte er sich sehr stark. Er konsumierte Drogen, machte Erfahrungen mit allen möglichen natürlichen und synthetischen Rauschmitteln, mit Alkohol und schließlich einer psychiatrischen Einrichtung, in der er auf die gängige und übliche Art und Weise behandelt wurde. Seitdem, und das ist mehr als zehn Jahre her, ist er nicht mehr er selbst. Er hat seine Persönlichkeit verloren, seine typischen Merkmale und Charakterzüge. Er hat merkwürdige Freundschaften, lernte Menschen kennen, die in pseudoreligiösen Gemeinschaften lebten, ihn in ihren Regeln unterwiesen und ihm "Dämonen austrieben". Da ich feststelle, dass ihm vor sechs Jahren Implantate eingesetzt wurden, frage ich die Mutter, ob er Träume oder Erinnerungen an Außerirdische oder merkwürdige Ereignisse habe. Sie bestätigte meine Vermutung und erzählte unbefangen davon, dass er sich vor einigen Jahren äußerst intensiv mit dem Thema extraterrestrisches Leben, bewohnte Galaxien, Anwesenheit Außerirdischer auf der Erde, UFO-Sichtungen und Entführungen beschäftigt hat. Man kann darüber spekulieren, was nun zuerst vorhanden war: das Interesse an den Außerirdischen oder die ihm eingesetzten Implantate. Bewirkte und begünstigte seine Leidenschaft für außerirdisches Leben den Kontakt zu jenen Wesen oder verlieh ihm der Kontakt mit jenen ihm die Implantate setzenden Außerirdischen den Impuls zur Konfrontation mit diesem Thema? Auf alle Fälle ist er in keinem sehr guten vitalen Zustand. Er ist nicht in der Lage, sein Leben in den Griff zu bekommen. Stets braucht er Leitfiguren, die ihm sagen, was er zu tun hat.

Einer meiner Klienten schrieb mir folgenden Brief, den ich auszugsweise wiedergebe: *"In Körper und Kopf sitzt ein Besetzer, Implantat oder eine festgesetzte Drohne. Das aggressive Verhalten des Besetzers ist immens. Die 'Greys' (außerirdische Graue) verfügen über Arbeitsdrohnen, also ferngesteuerte Astralroboter. Die haben sicherlich keine Aura und sind deshalb auch nicht zu fühlen. Falls meine Besetzer 'Greys' sind, haben sie eine hoch entwickelte Technik. Greys sind kleine und große Graue, eine humanoide Art, die ihren eigenen Interessen nachgeht und einige Planeten der Galaxis bewohnt. Falls es sich um Reptiloide handelt, so haben diese eine sehr hohe Computer-Intellektualität, sind aber völlig gefühlskalt und ohne Herz."*

Es heißt, dass es bestimmte Menschen gibt, die diesen Fremden zuarbeiten und diese in ihren Absichten unterstützen, die Macht an sich zu reißen und die Menschen zu versklaven. Dazu gibt es mittlerweile sehr gut recherchierte Literatur, die sich mehr oder weniger mit der weltweiten Verschwörung und der neuen Weltordnung befasst. Angesichts der immer stärkeren und umfassenderen Kontrollen und des Verlusts der Privatsphäre darf man fragen: "Wem nützt dies alles?" Auf alle Fälle nützt es dem einzelnen Menschen nichts, in die Angst zu gehen. Die Angst führt den Menschen in die Abhängigkeit und Kopflosigkeit. Andererseits klingen viele gechannelte Botschaften sehr zuversichtlich. Sie sprechen von Gruppen außergalaktischer Bewohner, die sich zur Aufgabe gemacht haben, unseren schönen Planeten zu retten, und die mit Lichtarbeitern auf der ganzen Welt zusammenarbeiten, um die Schwingung der Erde zu erhöhen. Am besten, man hört auf seine Intuition, wenn man solchen Informationen begegnet. Letzten Endes weiß niemand ganz genau, was wirklich wahr ist, und wie sich alles entwickeln wird, ob wir global an der Nase herumgeführt oder mithilfe von Außerirdischen gerettet werden. Meines Erachtens ist es einfach nur wichtig und sinnvoll, das eigene Leben in Harmonie mit sich selbst und der Höchsten Kraft zu gestalten und zu leben.

Eine Botschaft, von der Prof. Horn schreibt, kommt von den Plejaden und unseren Helfern. Es wird darin gesagt, dass spirituelle Energie nicht mit Religion gleichzusetzen sei. Spirituelle Energie vergrößert sich durch Mitgefühl und liebevolle Hinwendung zum Mitmenschen und Mitgeschöpf. Sie wird angehoben durch die Hinwendung an die Göttlichen Kräfte. Damit sei nicht das "Nachplappern entsprechender Schlagworte oder Namen gemeint. Dies ist keine Spiritualität." Indem wir unsere seelischen Kräfte entfalten und zu mehr und höherem Bewusstsein gelangen, sind wir geschützt vor Entführungen, Mind-Control-Programmen und Implantaten. Die Grauen seien von den seelischen Gaben des Menschen fasziniert, hätten aber auch Furcht davor. Sie vermeiden es, Hand anzulegen an seelisch und geistig weiterentwickelte Menschen. Prof. Horn mutmaßt sogar, dass es möglicherweise dem Plan des Höchsten entspreche, dass die Außerirdischen hier wären – um unsere Hinwendung zum Licht, weg von der Dunkelheit, zu beschleunigen.

Sogar unser Feind ist uns nütze, denn um Mitgefühl empfinden zu können, müssen wir uns in Toleranz, Vergebung und Geduld üben – und das lässt die Wut verfliegen.
Dalai Lama

WIRKSAME DEAKTIVIERUNG VON IMPLANTATEN

Die Wirkung von Implantaten kann wirkungsvoll und rasch zerstört werden, wenn eine sehr hohe Licht-Schwingung auf sie gerichtet wird. Dies geschieht zum Beispiel während des Clearings. Die Voraussetzung für ein gutes Gelingen der Deaktivierung ist die eigene hohe Schwingung der das Clearing ausführenden Person. Sie sollte mehrere Millionen Bovis hoch sein und hat damit zu tun, wie hoch die Anzahl der Biophotonen ist. Je höher diese Anzahl ist, desto größer ist die Qualität der Lebensenergie. Eine wirksame, einfache und sehr effiziente Methode, sich selbst in eine höhere Frequenz zu versetzen, ist die Anwendung von Reiki als Methode der Energieübertragung, aber viel mehr noch von Reiki als Einweihung und Einstimmung in Symbole und Mantras. Generell sagt man, dass ab den Großmeistergraden des Reiki-Systems das Neutralisieren der Wirkung von Implantaten möglich ist. Meines Erachtens erhöht auch die eigene Einstellung, Denk- und Verhaltensweise die Schwingung. Meistergrade alleine reichen nicht aus, man sollte auch danach leben. Gut, dass wir auch stets auf die Unterstützung der Erzengelebene rechnen können. Diejenige clearende Person, die es versteht, sich mit ihnen zu verbinden, kann höchst wirksam und schnell helfen. Mir ist bisher noch nicht zu Ohren gekommen, dass durch Clearing unwirksam gewordene Implantate von Außerirdischen reaktiviert wurden. Ich hoffe, diese Implantate bleiben ein für alle Mal außer Betrieb. Bisher war die Arbeit mit Implantaten relativ einfach und schnell durchzuführen. Ich bin ein wenig kritisch ob dieses raschen Erfolgs der lichtvollen Seite, denn der Hochtechnologie der Aliens haben wir nichts entgegenzusetzen. Ich möchte aber sehr gerne glauben, dass das Licht stärker ist als alle Technik.

Offensichtlich scheint es mehrere unterschiedliche Arten von Implantaten zu geben. Wie beschrieben lassen sich die materiellen tastbaren Implantate wohl nicht komplett entfernen. Die Implantate, von denen ich spreche, sind nicht tastbar, sie wurden noch niemals bei einer medizinischen Untersuchung entdeckt. Nur die Auswirkungen sind für den Menschen spürbar. Derartige Implantate lassen sich deaktivieren und auflösen. Schon nach der ersten Clearingsitzung sind meist alle Implantate beseitigt, zumindest aber hat sich deren Anzahl verringert. Ich teste auf Vorhandensein und auf Aktivität, das heißt, es wird kontrolliert, ob noch Implantate vorhanden sind, und falls ja, ob sie noch aktiv sind. Somit kann ich sicher sein, dass das Problem in dem Moment gelöst ist, in dem ich weder das eine noch das andere feststelle. Da es aber laut Prof. Jacobs meist zu wiederholten Entführungen (Abduktionen) oder zumindest zu erneuten Treffen und Kontakten zu Aliens (den Grauen) kommt – was sich meiner bisherigen Kenntnis entzieht –, kann natürlich bei einer derartigen Gelegenheit ein neues Implantat gesetzt werden. Der beste Schutz ist die Vorbeugung! Menschen mit starkem Glauben und hoher Schwingung sind offensichtlich tabu für die außerirdischen Besucher oder

Mitbewohner der Erde. Technologisch und intellektuell sind wir den Grauen sicherlich unterlegen, aber nicht so mit unseren spirituellen Fähigkeiten. Es gilt also, diese zu entwickeln und zu praktizieren, auch wenn viele "offizielle und wissenschaftliche" Kreise versuchen, dies als unseriös abzutun und ins Lächerliche zu ziehen. Richten wir nicht allzu viel Aufmerksamkeit auf die Fremden und ihre Absichten! Wir möchten sie ja nicht unbedingt in unser Leben ziehen, oder?!

TEIL III

VORBEUGUNG
UND SELBSTHILFE

1.

ANHEBUNG DER EIGENEN FREQUENZ

Wer meine Bücher gelesen hat oder mich persönlich kennt, weiß, dass ich stets von der Erhöhung der Frequenz spreche. Darauf möchte ich an dieser Stelle genauer eingehen. Alles und jeder ist Energie. Energie bedeutet, in Schwingung zu sein. Wir unterscheiden uns voneinander unter anderem durch die Frequenz, in der wir schwingen. Menschen, die krank sind oder in depressiver Stimmung, haben eine niedrige Frequenz. Menschen, die fröhlich und gut gelaunt und gesund sind, schwingen hoch. Eine hohe Schwingung zu haben, bedeutet gleichzeitig, eine hohe Energiequalität zu haben.

Warum ist es so wichtig, eine hohe Frequenz zu haben? Sie alle kennen den Unterschied, Sie haben es alle schon einmal gespürt: Eine alte Kirche, Plätze vor alten Schlössern und Klöstern, ein keltischer Kraftplatz, ein freier Platz zwischen hohen alten Bäumen, die Schwingung nach einem inbrünstigen Gebet oder einem guten Gespräch, das alles hat eine feine Energiequalität. Ein Tag in einer Großstadt mit vielen Menschen, starker Elektromagnetismus, ein Streitgespräch, Lamentieren und Schimpfen, Wirtshausbesuche, ein Besuch im Krankenhaus, eine Beerdigung, die Begegnung mit missmutigen Menschen, lange Telefonate und langes Arbeiten am Computer – das alles kostet Energie und laugt aus. Die Qualität der Energie wird in Bovis-Einheiten gemessen! Diese Bezeichnung geht auf den französischen Radiästhesisten Antoine Bovis (1871–1947) zurück. Nach dem bekannten Feng-Shui-Berater Günter Sator gilt:

"Grundsätzlich wird der Wert von 6500 Bovis-Einheiten (BE) als neutral angesehen. Orte, Gebäude, Wässer und Lebensmittel, die weniger Lebensenergie enthalten, entziehen dem Menschen Energie und machen auf Dauer krank. Solche, die mehr Energie enthalten, spenden dagegen Energie. Destilliertem Wasser wird etwa ein Wert von 3000 BE zugeschrieben, Himalaya-Salz hat einen Wert von 18.000 BE und die Grabkammer der Cheops-Pyramide 170.000 BE, manche Kraftorte kommen sogar auf Werte bis zu 750.000 BE."

Um gesund zu bleiben, braucht der Mensch eine Umgebung mit mindestens 8000 Bovis. Räume mit weniger als 3000 Bovis weisen darauf hin, dass sie über Wasseradern oder Erdverwerfungen liegen. Auf die Dauer machen der Aufenthalt und das Wohnen in solchen Räumen krank und anfällig, da die Lebensenergie ungenügend und in der Qualität minderwertig ist. Je höher die Bovis-Einheiten eines Menschen, desto gesünder und vitaler ist er.

Die Anzahl der Bovis-Einheiten gibt an, wie "sauber" und hoch schwingend das Energiefeld eines Menschen ist. Menschen, die sich mit Energiearbeit beschäftigen, die beten und mit den Engeln in Verbindung stehen, erreichen ein Vielfaches an Bovis-Einheiten.

Engel sind Wesen hoher Frequenz.
Wer sie wahrnehmen will, muss die eigene Frequenz erhöhen.
Die Schwingung lässt sich am besten anheben durch
die Erhöhung des Bewusstseins.

(Angelo Bona)

Je bewusster ein Mensch lebt, desto höher ist seine Schwingung. Zum Bewusstsein gehören Erkenntnisse und verändertes Denken sowie das anschließende Umsetzen dieser Erkenntnisse im Verhalten gegenüber uns selbst, den Mitmenschen, allen Mitgeschöpfen, der Umwelt und dem Planeten Erde. Der Mensch ist materialisierter Geist. Je höher die (Bovis-) Schwingung, desto reiner ist der Mensch als Kanal sowie als Empfänger und Sender von Informationen aus dem Kosmos, desto besser erreicht er seine Helferwesen im Universum. Damit ist auch erklärt, warum einige Channelmedien wirklich gut angebunden sind, d.h. aus der Ebene der Erzengel oder der aufgestiegenen Meister channeln können, andere hingegen nur die unteren, nicht hilfreichen Ebenen der vierten Dimension erreichen. Dies sollte vor allem diejenigen Personen interessieren, die als Channelmedium arbeiten oder es tun wollen.

Zurzeit erleben wir einen Boom derjenigen Personen, die channeln können, das heißt, die als Kanal fungieren für Botschaften aus dem Universum. Richtig ist, dass aufgrund der Schwingungserhöhung der Erde viel mehr Personen in der Lage sind, als Kanal für Botschaften zu dienen. Falsch ist es hingegen zu glauben, dass alle Botschaften aus lichtvollen Quellen stammen. Auch dieser Bereich wird seit ein paar Jahren vom Dunkel unterwandert. Es geraten Fehlinformationen auf die Erde, Menschen werden irregeführt, verängstigt und betrogen. Viele dieser medial begabten Menschen merken nicht einmal, dass sie nicht Informationen aus den Engelebenen erhalten, sondern aus niedrigeren Schwingungsebenen. Ein guter Kanal braucht nicht von seinem Informanten besetzt zu werden, er muss weder spezielle Kleidung anziehen, sich in Weiß gewanden oder gar in Trance fallen noch wird er mit einer fremden Stimme sprechen. Wer reinen Herzens und mit holder Absicht "oben" angebunden ist, ist nahezu immer online. Die Erzengel antworten durch Gedanken oder Bilder, niemals geben sie Befehle. Sie sprechen liebevoll, aber bestimmt, und sie lassen uns stets unseren freien Willen, etwas zu entscheiden. Sie sagen "wir würden dir raten", "du könntest", "es ist für dich vorgesehen", niemals aber "du musst", "du darfst nicht" oder "du sollst".

Die Information soll allen Menschen nützen. Die Gottesenergie, die gechannelt wird, ist immer erhebend und inspirierend. Niemals macht sie Angst; sie lässt dem Menschen auch immer den freien Willen. Der freie Wille ist das Kernstück unserer Erd-Erfahrung. Die gechannelte Botschaft darf niemals die Integrität des Menschen verletzen, es gibt keine Tricks und kein Überreden. Eine Botschaft vermittelt immer ein Wohlgefühl und rührt das Herz. Göttliche Botschaften können über mehrere Kanäle zu uns gelangen, ein Kanal darf sich niemals als einzige Informationsquelle ausgeben. Informationen sollten neu sein, hüten Sie sich vor Kanälen, die altbekannte Botschaften vermitteln. Botschaften aus dem

Göttlichen enthalten stets Lösungen für unsere Herausforderungen in diesem Leben. Fehlt die liebevolle warme Art bei einer Information oder spüren Sie gar Kälte und ein Frösteln während der Durchsage, so sind Sie falsch verbunden. Viele Besetzungen entstehen durch falsches Channeln, durch Kartenlegen, Pendeln, Gläser- und Tischerücken oder andere okkulte Praktiken, wenn die Anbindung nicht korrekt ist.

2.

ERHÖHUNG DER LEBENSENERGIE
DURCH REIKI

Ein gutes Mittel der Frequenzsteigerung ist nach wie vor die aus Tibet stammende und über Japan, Hawaii und die USA nach Europa eingewanderte Heilmethode des Reiki. Es gibt mittlerweile eine Flut von Büchern und Tausende von Internetseiten mit den unterschiedlichsten Erklärungen zu dieser einfachen und wirksamen Heilmethode und Millionen von Menschen, die Reiki anwenden. Reiki bezeichnet sowohl die Heilmethode, als auch die Energie, die zum Fließen kommt. Reiki, übersetzt mit "universale Lebensenergie", ist eine gute und einfache Methode, sich mit der lichtvollen geistigen Welt zu verbinden. Kürzlich konnte ich lesen, dass Menschen, die in die Großmeistergrade des Reiki eingeweiht sind, einen Schutz gegen dunkle Kräfte haben. Ich kann nicht mit letzter Sicherheit sagen, ob das so korrekt dargestellt ist. Auf alle Fälle dienen die Großmeistergrade Dai Cho Wa und Dai Fa Shu dem besseren und effizienteren Beseitigen von Fremdenergien und Besetzungen. Natürlich ist eine Person umso besser geschützt vor Anlagerung und Besetzung durch dunkle Kräfte, je höher ihre eigene Schwingung ist.

Der fünfte Großmeistergrad des Reiki bedeutet "Große Harmonie" und harmonisiert die spirituellen Ebenen. Er stellt eine Verbindung zum höheren Selbst, dem göttlichen Selbst, dem mittleren Selbst und dem inneren Kind her. Der sechste Großmeistergrad heißt auch "die große Teilung" und ermöglicht es, auf spiritueller Ebene mit allem und jedem zu kommunizieren. Veränderungen können herbeigeführt werden. Er vereinigt weibliche und männliche Kraft und schafft eine Basis zum Empfangen und Senden von göttlichen Botschaften und hohen Lichtenergien. Mit Hilfe der Großmeistergrade kann natürlich viel effizienter gearbeitet werden, da das Spektrum der Botschaften und Informationen aus dem Kosmos immens groß ist. Die Symbole und Mantras des fünften und sechsten Grades bedeuten eine sehr tiefe Beziehung zur geistigen Welt. Sie enthalten den Auftrag, sich als Lichtarbeiter vollkommen zur Verfügung zu stellen. Außerdem erhöht die Einweihung in diese Grade das Schwingungsfeld und damit gleichzeitig auch den Schutz vor Fremdenergien. Das bedeutet nicht, dass sich keine Fremdenergien mehr nähern, sondern dass diese die Aura und den Körper nicht mehr besetzen können. Die hohe Lichtfrequenz lässt eine Besetzung nicht mehr zu, wohl aber werden dunkle Wesenheiten und übles Gedankengut von Mitmenschen sofort wahrgenommen. Durch Visualisieren eines Lichtschutzmantels und durch reinigende Gedanken werden sie daran gehindert, sich anzulagern.

Auch bei der Reiki-Ausbildung gilt die Regel: Es gibt kein "du musst" oder "das darfst du nicht". Reiki kann weder überdosiert noch falsch appliziert werden. Es ist kinderleicht zu erlernen und anzuwenden. Auch ein Ausbilder hat Ihren freien Willen zu respektieren und darf nur Vorschläge machen oder Empfehlungen aussprechen. Es gilt ja sowieso: Für alles, was Sie denken und tun, tragen Sie auch die Verantwortung und erhalten alles, positiv wie negativ, vom Universum zurück. Ich höre hin und wieder von Klienten, denen von Heilern gesagt wurde, Reiki sei nichts für sie. Angeblich wurden die Einweihungen "weggenommen". Es ist nicht möglich, eine Einweihung rückgängig zu machen. Was in den einzelnen Fällen durch derartige dubiose Heiler vorgenommen wurde, war ein Verschließen des Kronenchakras und der Kanäle, so dass die Menschen keinen guten Zugang mehr zur göttlichen Energie hatten. Einen Menschen gegen seinen Willen oder ungefragt gegen die kosmische Lebensenergie abzuschirmen, ist ganz klar ein schwarzmagischer Akt.

Als ich die einzelnen Stufen meiner Reiki-Ausbildung durchlief, wurde mir mit jeder meiner eigenen Einweihungen klar, dass ich wie ein Radioempfänger fungiere und mit jedem höheren Grad (vom ersten bis zu den Großmeistergraden) einen zusätzlichen und noch weiter entfernten Sender empfangen kann. Meine Reichweite hat sich mit jeder Einweihung oder Initiation vergrößert. Im Klartext heißt das, jede Reiki-Einweihung erhöht die Frequenz ganz enorm. Frequenz ist Schwingung, hohe Schwingung ist Licht und Licht ist gleichbedeutend mit Wissen. Wie viel Wissen durfte in den vergangenen Jahren auf die Erde gesendet und transportiert werden? Das ist auch ein Verdienst all derjenigen Menschen, die an sich arbeiten, die leichter werden wollen und lichter, die ihren emotionalen Ballast abschütteln und ihr Karma lösen. Es ist ein Verdienst all derjenigen, die hart an sich arbeiten. Wir sind aufgerufen, erst einmal an uns selbst zu arbeiten, unsere eigene Frequenz zu steigern und damit das Licht auf der Erde zu stabilisieren.

Dass dies harte Arbeit ist, bei der viele Herausforderungen und dabei auch Täuschungen überwunden werden müssen, das weiß jeder Lichtarbeiter aus eigener Erfahrung. Jede Form der Energiearbeit dient erst einmal der eigenen Erkenntnis und Bewusstwerdung sowie der persönlichen Entwicklung. Erst dann können wir anderen Menschen eine echte Hilfe sein. Und noch eines: Spiritueller Ehrgeiz ist völlig überflüssig. Jeder zur heutigen Zeit auf der Erde inkarnierte Mensch hat sein eigenes karmisches Päckchen mitgebracht und ist aufgefordert, an sich selbst zu arbeiten, um Erkenntnisse zu erlangen, die sein Bewusstsein, sein Denkverhalten und seine Verhaltensmuster verändern, und um letztendlich in das göttliche Vertrauen zu kommen und sich von allen Ängsten zu befreien. Denn Angst ist das Gegenteil von Gottvertrauen. Man könnte sie als die einzige wirkliche Sünde bezeichnen.

Aber nicht nur die Menschen erhöhen ihre Schwingung, sondern die Erde als Planet tut es auch. Diese Schwingungserhöhung kommt von außen aus dem Kosmos und bewirkt in den Wachstumsschüben vermehrte Konfusion bei den Erdbewohnern. Es kommt zu Angst, Panik, Aggression, und viele Menschen entschließen sich, die Erde zu verlassen (zu sterben), um in einer anderen Dreidimensionalität wiedergeboren zu werden. Es erscheint also logisch, dass bestimmte Kräfte absolut kein Interesse daran haben, dass wir unsere Frequenz erhöhen und uns von der Angst befreien. Sie wissen ja, dass Angst, Ärger, Trauer, Traurigkeit, Hass und Missgunst als niedere Emotionen die Nahrung für alle dunklen Energien und Wesenheiten darstellen. Es wäre sinnvoll, die hohe Frequenz der bedingungslosen Liebe zu erhalten und diese zu leben. Seien Sie bitte kritisch bei der Wahl Ihres Fernsehprogramms und Ihrer Zeitung. Die Wahrheit können Sie ohnehin nicht mehr erwarten, da alle Medien von wenigen Familien kontrolliert werden. Es funktioniert nach dem einfachen Rezept: Schaffe ein Problem (Bedrohung durch Terrorismus zum Beispiel oder die Vogelgrippe), suggeriere dem Volk, dass es hilflos und in der Opferrolle ist und nach einer Lösung schreit, und dann präsentiere die Lösung (militärischer Einsatz, totale Überwachung oder Massenimpfung). Und schon haben die Institutionen der Macht erreicht, was sie wirklich wollen. Bewusstsein nährt Bewusstsein! Und alles dient nur der Beibehaltung einer niedrigen Frequenz, denn Menschen in Angst und Panik sind kontrollierbar.

Nur wenn wir den Inhalt unseres eigenen Herzens fürchten müssen, müssen wir uns auch um unseren Planeten Sorgen machen. Glückliche, starke Menschen mit einer wahren und starken unerschütterlichen Anbindung an das Göttliche (aus eigener Kraft mit tiefem Glauben, nicht über den Umweg Kirche als ein Instrument der Macht) sind frei und unterliegen einzig und allein dem Resonanzgesetz (was ich säe, das ernte ich).

Reiki ist eine wunderbare und einfache Methode, sich immer wieder an die Quelle anzubinden, Kanal für die wunderbare göttliche Energie zu sein, diese Kraft durch sich hindurch laufen zu lassen und an andere Menschen weiterzugeben. Alleine durch Ihre Schwingung, und die wird mit jeder Reiki-Einweihung höher, helfen Sie, Ihr Umfeld und die Erde zu verändern. Sie sind ein Lichtträger, und Licht verändert. Reiki trägt dazu bei, dass mehr Licht auf die Erde kommt, Reiki entwickelt die Persönlichkeit, ist sicher und unkompliziert, fördert Intuition, Kreativität und Erkenntnis, hilft auf allen Ebenen, mental, emotional, physikalisch, stellt die Balance zwischen der rechten und linken Gehirnhälfte her, ist in jedem Alter erlernbar, fördert Gesundheit und Wohlbefinden, stimuliert Körper und Geist und harmonisiert die Energien.

3.

ENERGIEARBEIT UND GEBET

Jede Form der Beschäftigung mit der eigenen Energie dient deren Anhebung. Sie können täglich eine Meditation machen, wobei ich Ihnen gerne die ganz einfache Form ans Herz legen möchte, bei der keine Wesenheit, kein Guru und keine fremde Gottheit angerufen werden. Werden Sie einfach nur still und ruhig. Bitten Sie, wenn Sie mögen, um Gottes Führung und Schutz und um inneren Frieden. Das alleine genügt schon, um die Frequenz zu steigern, denn in der Stille sind Sie fern von allen Ängsten. Es ist wichtig, dass wir so oft wie möglich die linke Gehirnhälfte (Hemisphäre) beruhigen, damit sie die Aktivität verlangsamt. Denn richtigerweise sollten wir die rechte Gehirnhälfte aktivieren. Sie ist verantwortlich für die intuitive Anbindung an die Höchste Kraft und an unser Ich-Selbst. Dieser Aktivierung der rechten Hemisphäre dienen unter anderem klassische oder andere sanfte Musik, die Kunst, das Malen, der Tanz und die Poesie. Alles, was Sie kreativ sein lässt, unterstützt die rechte Gehirnhälfte, und es unterstützt Sie selbst in Heiterkeit und Gelassenheit. Die Kreativität der rechten Hemisphäre schafft Harmonie, Ausgeglichenheit, Entspanntheit und Gleichgewicht. Und dies alles favorisiert wiederum den Frieden, den Frieden der Seele und den Frieden im Herzen. Es hilft, das Ego zu überwinden, um das Bewusstsein des Einen zu erlangen. Kreativität und Ausdruck bringen uns näher zu dem Einen, zu Allem – Was – Ist. Angelo Bona in "Il Palpito dell' Uno": "Ihr braucht keine Akademien, Formeln, Meister, Theorien, Erleuchtete. All das zu verlassen, ist der Weg zu dem

Einen. Es existiert kein anderer Meister außer dem eigenen Herzen! Macht kein Licht außerhalb von Euch an, wenn Ihr die Sonne in Eurer Seele habt. Licht von außen erzeugt Schatten."

Mag sein, dass Ihnen dazu dieses eine meiner bevorzugten Gebete gefällt, das mich in meinen stürmischsten, unruhigsten und unsichersten Zeiten rasch in die Ruhe brachte und mir Zuversicht und Trost spendete.

> *Gott existiert und Seine heilende Gegenwart durchströmt mich jetzt.*
> *Sie heilt, vitalisiert und energetisiert mein ganzes Sein.*
> *Gott manifestiert sich jetzt in meinem Leben als perfekte Lösung,*
> *rechtes Handeln und göttliche Freiheit.*

Ein tiefes Gebet ist immer sinnvoll, vor allem, wenn Sie aufgeregt und unruhig sind. Beten Sie das Vaterunser und wenn es Ihnen gefällt, beten Sie es in der Form, die wir von Mechior Melchizedek erhalten haben. Es spricht stets von der Gegenwart, während das herkömmliche Vaterunser entweder das Futur oder gar das Konditional (Möglichkeitsform) enthält. Was Sie im Gebet wünschen und aussprechen, ist also immer nur Zukunftsmusik oder eine Möglichkeit, aber niemals real und gegenwärtig. Aber Gott ist real und gegenwärtig, und wir leben bereits jetzt im Reich Gottes. Unsere Karma-Schuld ist uns bereits vergeben, falls wir unseren Mitmenschen alles vergeben. Wir sollen in Frieden und Liebe zusammenleben, sagt er. Wenn wir uns dessen bewusst sind, dass wir immer mit Gott verbunden sind, dann kann uns nichts und niemand Schaden zufügen! Er sagt ferner, dass wir uns durch den in uns manifestierten Gott aus dem Wirkungskreis des Bösen lösen. Gott ist immer mit uns.

> *Mutter, Vater, Schöpfer Gott,*
> *der sich in mir in seiner höchsten Form*
> *vollendet manifestiert,*
> *der ICH BIN, war und sein werde.*
> *Geheiligt ist Dein Name,*
> *in Deinem Reich lebe ich,*

Dein Wille geschieht und manifestiert sich
in mir durch mich.
Mein tägliches Brot erhalte ich immer und überall,
meine Schuld ist mir vergeben,
so wie ich meinen Schuldigern vergebe.
Du führst mich aus der Versuchung
und löst mich von dem Bösen,
denn Dein sind das Reich und die Kraft und die Herrlichkeit
in Ewigkeit. AMEN.

Ein stabilisierendes Gebet, das zu einem Zustand der vollkommenen Entspannung und Loslösung verhilft, ist das Ave Maria. Durch das Beten des Rosenkranzes erreichen Sie eine Anhebung Ihrer Frequenz. Die zehnmaligen Wiederholungen der Gesätze (kommt von Satz) bewirken eine komplette Entspannung und Loslösung vom Alltag. Der betende Mensch gerät in eine Art kontrollierte Trance. Man hat in einigen Studien, auch in Doppelblindversuchen, die Wirkungsweise und die Effekte von Gebeten untersucht und dabei festgestellt, dass sich während des Gebets beim Betenden die Gehirnwellen verändern. Er kommt in den Alpha-Zustand. Aber auch bei den Personen, die in ein Gebet eingeschlossen werden, verändern sich diese Gehirnwellen. Erstaunlicherweise ist eine Gruppe von Krankenhauspatienten, die eine Herzoperation hatten, und für die gebetet wurde, viel schneller genesen als eine Vergleichsgruppe, für die nicht gebetet wurde. Selbst Menschen, die nichts davon wissen, dass man für sie betet, werden schneller gesund als andere. Es gibt verschiedene Formen des Rosenkranzgebets für beinahe jeden Anlass. Mir gefällt besonders die neue Form nach Claire Prophet, die ich selbst aber nochmals ein wenig abgeändert habe:

Gegrüßt seiest Du Maria,
voll der Gnade,
der Herr ist mit Dir.
Du bist gesegnet unter den Frauen und
gesegnet ist die Frucht Deines Leibes, Jesus.

Heilige Maria, Mutter Gottes,
bitte für uns Söhne und Töchter Gottes
jetzt und in der Stunde unseres Sieges
über Krankheit, Sünde und Tod.

Einige sehr schöne Anrufungen des Göttlichen habe ich in dem Buch "Der Lichtkörper-Prozess" von Tashira Tachi-ren gefunden. Diese Invokation (Anrufung) dient der Stabilisierung und der Verbundenheit mit dem lichtvollen Universum:

Invokation des göttlichen Flusses
ICH BIN das Universum, ich schaffe mich selbst neu.
ICH BIN das Universum, das zu sich selbst,
durch sich selbst und von sich selbst fließt
und alles erschafft, was ich sehe.

ICH BIN der göttliche Fluss von Allem – Was – Ist.
Meine Bewegung ist Überfluss.
ICH BIN das Universum, ich schaffe mich selbst neu,
um in Fülle zu fließen.

Eine weitere Anrufung aus "Der Lichtkörper-Prozess", die der Findung von Ruhe und Gelassenheit dient. Nur, wenn wir in der Lage sind, den Verstand zu beruhigen, uns selbst wahrzunehmen und zu spüren, sind wir in Einheit mit der Quelle. Nehmen Sie einen bequemen Meditationssitz ein, schließen Sie die Augen, atmen Sie tief und ruhig.

Invokation der Ruhe
Ich gehe nach innen
und öffne die Blätter des kristallnen Lotos.
Ich gehe nach innen,
und wie der Lotos erblüht,
beruhigen sich mein Verstand,
mein Körper und meine Emotionen.

Wie mein Bewusstsein in das Zentrum des Lotos tritt,
erfahre ich Ruhe mit meinem ICH BIN.
Ich fließe in der Ruhe des Geistes.

Wie ich in dem Lotos sitze,
weiß ich, dass der Buddha
ICH BIN.

Ich möchte an dieser Stelle noch eine weitere Form von Energiearbeit vorstellen, die sowohl sehr einfach in der Anwendung, als auch effizient in der Wirkung ist. Sie wissen ja bereits aus meinem Buch "Befreiung von Dunkelmächten", dass ich das Einfache liebe. Es ist meine persönliche Erfahrung und eigene Meinung, dass alle sinnvollen Maßnahmen einfach durchzuführen sind und keinen großen Aufwand erfordern. Die Technik, die ich Ihnen nahe bringen möchte, ist als japanisches Heilströmen oder Jin Shin Jyutsu bekannt. Dabei geht es darum, mit den Fingern bestimmte Punkte am Körper zu drücken und damit einen Energiestrom auszulösen. Jin Shin Jyuitsu basiert auf der Erkenntnis, dass jedes Organ über einen oder mehrere Punkte auf der Haut erreicht werden kann. Es ist ähnlich der Akupunktur, nur viel einfacher. Wenn Sie in Unruhe und Nervosität sind, wenn Sie Angst spüren oder Zorn, wenn Ihr Herz hüpft oder Sie schlecht atmen, nehmen Sie sich ein paar Minuten Zeit für sich und wenden Sie folgende Erste - Hilfe - Griffe an.

Sie können mit allen Fingern einer Hand einen einzelnen Finger der anderen Hand umfassen und drücken, man sagt dazu "strömen". Möchten Sie die Organe erreichen, also die Körperebene, so drücken Sie mit den Fingern der linken Hand den entsprechenden Finger der rechten Hand. Beabsichtigen Sie hingegen, Ihre Seelenebene zu erreichen, so machen Sie es umgekehrt: Die rechte Hand umfasst einen Finger der linken Hand. Bei großer innerer Unruhe, wenn Sie keinen klaren Gedanken fassen können, pressen Sie den rechten Daumen fest in die linke Handfläche. Machen Sie das für einige Minuten, solange jedenfalls, bis Sie sich besser und in Harmonie fühlen. Schmerz sollte dabei nicht entstehen, aber einen festen Druck dürfen Sie schon ausüben.

Hier eine Übersicht der Entsprechung der Finger:

- Der Daumen wirkt auf Milz und Magen und gegen Sorgen und Grübeln.
- Der Zeigefinger wirkt auf Niere und Blase und gegen Angst und Kritiksucht.
- Der Mittelfinger wirkt auf Leber und Galle und gegen Wut und für mehr Konzentration.
- Der Ringfinger wirkt auf Lunge und Dickdarm und gegen Trauer und Depression.
- Der kleine Finger wirkt auf Herz und Dünndarm und gegen Nervosität, Verstellung und Bemühungen.

Abschließend noch ein längeres Gebet, das ich von einer Freundin erhalten habe, die es jeden Morgen auf dem Weg zur Arbeit in einem Seniorenheim betet und sich dadurch für ihre Aufgaben stärkt:

Ich bin immer ausgeglichen, ruhig und heiter.
Gottes Friede durchströmt meinen Geist und meine Seele,
mein ganzes Wesen.
Ich bin guten Willens und wünsche allen Menschen Frieden,
ich weiß, dass die Liebe zum Guten meine Seele erfüllt und
alle Furcht zerstreut.
Ich lebe jetzt in der freudigen Erwartung des Guten.
Mein Geist ist frei von Zweifel und Sorgen.
Da mir diese Worte aus der Seele kommen, löschen sie
jeden negativen Gedanken und jedes negative Gefühl in mir aus.
Groll in meinem Herzen ist mir fremd, egal gegen wen,
ich öffne mein Herz für Gott, der allgegenwärtig ist.
Mein ganzes Sein ist von innen heraus erleuchtet.
Den Verdrießlichkeiten des Lebens begegne ich stets mit Liebe.
Treten Zweifel, Angst und Sorgen an mich heran,
so verwehrt ihnen mein Glaube den Zutritt - mein tiefer Glaube
an das Wahre, Gute und Schöne, mein Glaube an Gott.

4.

AFFIRMATIONEN UND LÖSUNG
VON EMOTIONEN

Zurück zur Anhebung der Schwingung: Gebete und Psalmen sowie das Rosenkranzgebet sind sehr gute Mittel, die eigene Frequenz zu steigern. Wenn wir aber verstrickt sind in unseren Denkmustern und Verhaltensweisen, geraten wir immer wieder in Mechanismen, die uns in Emotionen führen: sei es der Ärger über Gesagtes oder Getanes, seien es unbefriedigte Erwartungen, seien es unsere Ängste vor Verlust oder Versagen, sei es unser Groll gegenüber anderen Menschen, unsere Missgunst, unser Neid, unsere Sorgen, unsere Krankheiten, die sich aufgrund von falschem Denken manifestieren konnten. Unsere Emotionen dürfen wir dankbar annehmen, sie sind ein wichtiger Indikator dafür, dass es noch Denkfehler in uns gibt. Emotionen sind nicht gleichzusetzen mit Gefühlen. Liebe ist ein Gefühl, Emotionen sind zum Beispiel Enthusiasmus, Freude, Ärger, Wut, Enttäuschung, Traurigkeit, Neid, Hass und Angst. Emotionen, gleich welcher Art, weisen auf ein Ungleichgewicht hin. Sie basieren auf unserer eigenen Art zu denken, und sie sind variabel und abhängig von dem, was uns von außen her begegnet. Gefühle hingegen sind konstant und haben ihren Ursprung in unserem Innern. Gefühle lassen sich nicht von Ereignissen und Personen beeinflussen.

Wir sind, was wir denken! Wir sind aufgerufen, diesen Ballast abzuwerfen, uns zu befreien, gelassener zu reagieren und nicht mehr zu bewerten. Dann erfahren wir echte Freiheit sowie Leichtigkeit und Heiterkeit.

Die Schwingung hebt sich von alleine. Aber davor hat das Karma die Arbeit gesetzt. Jeder zurzeit auf der Erde lebende Mensch ist hauptsächlich mit der Aufarbeitung seiner eigenen Denkweisen und Verhaltensmuster beschäftigt. Wir sind aufgerufen, Blockaden und Selbstsabotage zu erkennen und zu lösen.

Vor Energieverlust bewahrt auch, im Jetzt zu leben und nicht zu sehr an das Morgen zu denken. Geben Sie Energie und Aufmerksamkeit nur auf den heutigen Tag. Langfristige Planungen sind überflüssig und Energieschlucker. Natürlich ist es wichtig, ein Ziel vor Augen zu haben. Fokussieren Sie Ihr Ziel, Ihren Wunsch, lassen Sie ihn nicht aus dem Sinn, nur den Weg dorthin, den geben Sie bitte frei. Ihr Unterbewusstsein kümmert sich um die Realisierung des Bildes, das Sie ihm senden. Ich durfte dies selbst erfahren und berichte aus meiner eigenen Erfahrung. Im Sommer 2002 erfuhr ich von Erzengel Zadkiel, dass ich eines Tages in Rom leben und arbeiten würde. Zu jener Zeit sprach ich noch nicht einmal Italienisch, geschweige denn hatte ich eine Ahnung, wie ich mich dort etablieren sollte. Dennoch gefiel mir der Gedanke sehr gut und ich hegte und pflegte das Bild, das ich von Rom und meinem Aufenthalt dort hatte, über Jahre hinweg. Ich habe es niemals aufgegeben. Anfangs hatte ich noch versucht, alles zu forcieren und selbst einen Weg zu finden, dorthin zu kommen. Es war definitiv zu früh, ich war noch gar nicht bereit für Rom. Eines Tages dann dachte ich wirklich, die Aussage von damals sei falsch gewesen, und gab es auf, unbedingt nach Rom gehen zu wollen. Und siehe da, als ich losgelassen hatte und nicht mehr zwanghaft dorthin wollte, kam es ins Laufen. Ich hatte die Kraft zum Arbeiten erhalten, meine Bücher waren auf dem Markt, ich hatte gut zu tun in Deutschland und konnte nun die Gelegenheit, die sich in Rom bot, beim Schopfe packen. Natürlich fügte sich alles wie in einem Puzzle. Ich lernte hilfreiche Menschen kennen und die Sterne standen günstig für mein Projekt. Ich bin wieder ein wenig abgeschweift, aber es geht stets um unsere Emotionen und darum, dass je mehr wir diese lösen und überwinden, unsere Frequenz desto höher steigt.

Viele Menschen sind in der gleichen Situation: Sie sind erweckt, auf dem spirituellen Weg, sie haben viele Ausbildungen, Kurse, Seminare absolviert, hart und diszipliniert gearbeitet und Prüfungen abgelegt, sie haben kleine Praxen angemietet, Geld für Werbung investiert und möchten nunmehr therapeutisch arbeiten. Die anfängliche Motivation und die Begeisterung für die Sache flachen ganz rasch ab, wenn die Investitionen sich nicht rechnen, wenn keine Klienten kommen oder die Zahlungsmoral der Klienten eher dürftig ist. Dies alles habe auch ich durchlebt. Man braucht teilweise einen langen Atem, Durchhaltevermögen und eine tiefe Überzeugung von der eigenen Sache. Außer dem Lösen von Blockaden, Denkmustern und feinstofflichen Belastungen ist es hilfreich, Affirmationen zu rezitieren, zu denken und aufzuschreiben und immer wieder den gewünschten Endzustand zu visualisieren.

Für rasche Frequenzerhöhung:

Ich lebe im Licht.
Ich liebe im Licht.
Ich lache im Licht.

Ich werde getragen und genährt
von Licht.
Ich diene voller Freude dem Licht.

Ich BIN Licht.
Ich BIN Licht.
Ich BIN. Ich BIN. Ich BIN.

(Tashira Tachi-ren)

Rezitieren Sie bestimmte Begriffe, die sofort Ihre Schwingung anheben werden. Hilfreich als Sofortmaßnahme sind: Kyrie Eleison (Herr erbarme Dich), Jesus Christus, Gott Vater, Friede sei mit Dir, Om, Heilige Mutter Maria, Silberner Strahl der Gnade, Erzengel Metatron, Erzengel Michael, Erzengel Gabriel, Erzengel Rafael, Erzengel Uriel, Erzengel Zadkiel, Ich bin Ich, Mahakala.

Nachfolgend eine Auswahl an empfehlenswerten Affirmationen und Gebeten. Die meisten stammen aus Joseph Murphys "Das Erfolgsbuch" und Catherine Ponders "Die dynamischen Gesetze des Reichtums":
Gegen Ängste, Zweifel und Einsamkeit, wenn es nicht weiterzugehen scheint:

- Gott wohnt in mir, spricht zu mir und begleitet mich auf allen Wegen.
- Gott führt mich auch jetzt.
- Dank der göttlichen Kraft in mir ist mir alles möglich.
- Wenn Gott für mich ist, wer kann dann gegen mich sein?
- Es gibt keine Macht, die Gott etwas anhaben kann.
- Gott wacht Tag und Nacht über mich.
- Ich weiß, dass es für jedes Problem eine göttliche Lösung gibt.
- Ich stelle mich mutig allen Herausforderungen.
- Gott enthüllt mir zur rechten Zeit alles, was ich wissen muss.
- Gott liebt mich und sorgt für mich.
- Alle Macht ist mir gegeben für höchstes Gedeihen in Geist, Körper und Angelegenheiten. Das beanspruche und erfahre ich jetzt!
- Ich lerne aus jeder Erfahrung.
- Alles, wozu ich geleitet werde, ist erfolgreich.
- Ich schreite von Erfolg zu Erfolg und von Ruhm zu Ruhm.
- Es gibt viele Menschen (Kunden) für meine Dienste.
- Ich bin bereit für Veränderungen.
- Gott, führe mich meiner Berufung zu.
- Gott, zeige mir, wie ich der Menschheit besser dienen kann!
- Alles, was ist, ist gut. Sei einverstanden mit allem, was ist und du wirst eins mit allem, was ist. Das ist der Weg der Liebe. (aus Thorwald Detlefsen/Rüdiger Dahlke: "Krankheit als Weg")

- Ich entscheide mich heute für Glück, Erfolg, Frieden, Gesundheit und Wohlstand – jetzt!
- Meine wahre Natur ist göttlich.
- Ich bin auf dem Weg der Selbstmeisterung und jeder Augenblick ist eine neue Chance.
- Ich lasse los und gehe weiter und versuche es immer wieder und immer wieder, bis mein Licht im Lichte des Einen dauerhaft brennt.
- Der göttliche Geist ist meine sofortige und nie versagende Versorgungsquelle. Er nimmt die Gestalt von Nahrung, Kleidung, Geld, Freunden und allem an, was ich hier und jetzt brauche. Ich erkläre dies und ich weiß, dass sich die Manifestation jetzt vollzieht, denn Gott ist das ewige Jetzt.

Affirmation, die am Spiegel im Bad und an Stellen angebracht werden sollte, die Sie immer im Blick haben:

- Ich bin absolut herausragend.
- ich bin ein enormer Erfolg.
- ich bin von Glaube und Zuversicht erfüllt und immens reich.
- Ich bin liebevoll, harmonisch und inspiriert.
- Ich bin eins mit Gott und stehe daher niemals alleine.

"ICH BIN" sind Schöpfungsworte. Alle Sätze, die mit "ich bin" beginnen, realisieren sich, daher ist es enorm wichtig, dass Sie achtsam sind mit der Formulierung. Nur positiv und bejahend formulieren. Es ist fatal, Negatives von sich zu sagen. Ich vermeide hier jetzt bewusst Beispiele dazu. Aber ich sage Ihnen Positives, das automatisch sofort Ihre Schwingung erhöhen wird:

- Ich bin klug.
- Ich bin reich.

- Ich bin erfolgreich.
- Ich bin jung.
- Ich bin und bleibe gesund.
- Ich bin unter Gottes Führung und Leitung.
- Ich bin Ich.

Vergebungssatz:
Ich vergebe allen lebenden und toten Mitgeschöpfen (Personen, Tiere, Pflanzen), die mir jemals Schmerz oder Unrecht zugefügt haben. Ich bitte alle lebenden und toten Mitgeschöpfe, denen ich jemals Schmerz oder Unrecht zugefügt habe, um deren Vergebung. Ich vergebe mir selbst!

Auflösung von Gelübden:
Hiermit erkläre ich alle Armutsgelübde, die ich jemals in irgendeinem meiner Leben abgelegt habe, für nichtig. Ich sage mich jetzt von diesen Armutsgelübden los. Sie existieren nicht mehr. (nach Doreen Virtue)

Alle Gelübde, Eide, Schwüre, Versprechungen und Verträge aller Art, die mich an Personen, Dinge und Orte binden und die heute überflüssig und hinderlich sind, lösen sich auf. Wenn es erlaubt ist.

Generell können Sie sich jederzeit an die Engel des Karmas wenden mit der Bitte, dass jetzt alles hinderliche und blockierende Karma gelöst werden darf, wenn es erlaubt ist. Seien Sie höflich und bedanken Sie sich stets bei den helfenden Engeln und Meistern. Unterwürfigkeit ist nicht erforderlich und unnötig. Sie dürfen und sollen sogar Ihre Wünsche und Bitten eindeutig und klar formulieren, so dass die geistigen Helfer genau verstehen können, was Sie meinen. Schreiben Sie sich, bevor Sie mit dieser Arbeit beginnen, alles auf, was gelöst werden soll. Schreiben Sie sich komplette Sätze nieder und lesen Sie diese ruhig ab. Wiederholen Sie Ihre Bitte täglich, sieben bis zehn Tage hintereinander. Bedanken Sie sich jedes Mal und bitten Sie um Gottes Führung und Leitung. Nach spätestens zehn Tagen legen Sie den Gedanken ad acta. Falls Sie das Gefühl haben, dass das Problem nach Wochen noch weiter besteht, wiederholen Sie den Vorgang. Alles hat seine Zeit, und wenn die Zeit und Sie reif sind, wird es geschehen.

Für Ausdauer und erfolgreiche Arbeit (dies war meine Standardaffirmation für mehrere Jahre):

- Ich bin beharrlich und gehe vorwärts.
- Ich gehe den Weg nach oben!
- Ich weigere mich aufzugeben; fest, standhaft und beharrlich mache ich weiter, bis mein Erfolg in Erscheinung tritt.
- Ich bin stark im Herrn und in der Kraft seiner Allmacht.
- Unaufhörlich offenbare ich die in mir verborgene Herrlichkeit.
- Ich vermag alles durch den, der mich mächtig macht. Ich bin stark im Herrn und in der Kraft seiner Allmacht. Das vollkommene Ergebnis wird jetzt sichtbar.

Herr, segne meine Werke,
mein Denken und mein Tun.
Lass einen Deiner Blicke auf
Meinen Händen ruh´n,
dass sie Dir treu ergeben
ihr Tagwerk redlich tun,
und abends fröhlich in Deinem Frieden ruh´n.

Am Ende dieses Kapitels sei noch eine kleine Warnung angebracht. Da sich alle Bilder, die wir an das Unterbewusste senden, realisieren, bedenken Sie bitte Ihr Risiko, wenn Sie zum Beispiel sagen oder denken: "Ich würde alles dafür geben, wenn nur dies oder jenes eintreffen würde" oder "Ich gäbe meinen rechten Arm dafür, wenn mein Kind gesund werden würde". So geschehen vor einigen Jahren, als bei einem Autounfall ein Vater seinen rechten Arm verlor. Das mit im Auto sitzende Kind konnte ein paar Monate später den Rollstuhl verlassen.

5.

SCHUTZ UND REINIGUNG
DER AURA

Menschen, die von fremden feinstofflichen Energien belästigt werden und unter deren Einfluss stehen, haben alle eines gemeinsam: Sie sind ungenügend geschützt. Fremdenergien können sich nur anlagern und beeinflussen, wenn der Mensch es ihnen leicht macht. Damit ist gemeint, dass ein intaktes und stabiles Energiefeld keine Lücke bietet, durch die eine Wesenheit hindurchschlüpfen könnte. Viele meiner Klienten sind selbst Energiearbeiter, Heilpraktiker, Physiotherapeuten und Lebensberater. Offenbar gilt die Annahme, dass dann, wenn man sich mit lichtvollen Energien beschäftigt und ein spiritueller Mensch ist, das Dunkle keinen Platz hat. Dem ist leider nicht so. Denn gerade die auf dem Weg befindlichen Lichtarbeiter sind eine Herausforderung für die dunklen Kräfte. Die angehenden Lichtarbeiter werden gerne auf die Probe gestellt und attackiert. Es ist wichtig, sich gut zu schützen, und zwar jeden Tag, am besten mehrmals täglich. Die Chakren sollten gut arbeiten, die Aura sollte sinnvollerweise verschlossen werden, bevor man sich in nahen Kontakt mit anderen Menschen begibt, wie dies bei jeder Form von Behandlung und Therapie der Fall ist. Besonders wichtig ist die Reinigung der Aura von schädlichen Fremdenergien. Sie kann mehrmals täglich, vor allem vor dem Zubettgehen, ausgeführt werden. Es gibt verschiedene Methoden für Schutz, Stabilisierung und Reinigung, die ich Ihnen hier vorstellen möchte:

Reißverschluss und Lichtschutz: Eine einfache, aber höchst wirksame Methode, um die eigene Aura zu schützen und zu stabilisieren, ist das Zuziehen der Chakren. Das heißt, morgens, am besten noch auf der Bettkante sitzend, legt man beide Hände aufeinander. Die Handinnenfläche der einen Hand liegt auf dem Handrücken der anderen. Dann stellt man sich einen Reißverschluss vor, der vom zwischen den Beinen liegenden Wurzelchakra nach oben, vorbei an allen Chakren bis über den Kopf nach hinten in den Nacken reicht. Diesen Reißverschluss ziehen Sie jetzt mit den aufeinander liegenden Händen zu. Jedes Mal, wenn Sie im Nacken angekommen sind und die Hände öffnen müssen, führen Sie sie wieder nach vorne zusammen und beginnen nochmals von vorne. Wiederholen Sie diese Technik dreimal oder neunmal. Sie können auch Affirmationen dabei sprechen oder denken. Diese könnten lauten: Friede, Freude, Harmonie, Gesundheit, Schutz, usw. Solch ein Auraschutz hält nur begrenzt lange. Es ist ratsam, ihn nach ein paar Stunden zu erneuern. Nutzen Sie Ihre Pausen und WC-Gänge, um den Schutz zu erneuern. Ist Ihnen der Chakra-Reißverschluss nicht sympathisch, so gefällt es Ihnen vielleicht eher, sich ein weißgoldenes Rohr überzustülpen. Stellen Sie es sich bitte nach oben und unten offen vor. Darin sind Sie sicher vor Energievampirismus und Angriffen. Sie können sich das Rohr mit zwei Öffnungen für Ihre Hände vorstellen. Diese Visualisierung ist ideal für Therapeuten.

Die geistige Welt bittet uns immer wieder, mit Licht zu arbeiten und uns in Licht einzuhüllen. Wie macht man das? Stehen Sie bitte aufrecht mit gespreizten Beinen, suchen Sie bewusst den Kontakt zum Boden. Wenn Sie stabil stehen, lassen Sie Ihre Arme locker hängen und drehen Sie die Handflächen nach vorne oder zur Seite. Lassen Sie nun vor Ihren geschlossenen Augen das Bild entstehen, dass Sie unter einer Dusche stehen, aus der weißgoldenes Licht herausfließt. Das Licht strömt über Ihren Kopf und an Ihrem ganzen Körper entlang, um dann im Boden zu versickern. Lassen Sie sich auch innerlich von dem Licht reinigen. Bitten Sie darum, dass das Licht Sie innerlich und äußerlich von allen negativen, krank machenden und fremden Energien reinigt. Sie werden spüren, wie Sie "geputzt" werden, und dass etwas an Ihnen abfließt. Nach der Reinigung, der so genannten Lichtdusche, hüllen Sie sich in einen Mantel aus weißem, goldenem oder violettem Licht ein. Bilden Sie ein Lichtei, ein großes Oval um sich herum, in dem Sie gut geschützt sind vor Angriffen. Auch dieser Schutz hält leider nicht beliebig lange und sollte mehrmals täglich erneuert werden. Sie können dazu affirmieren: "Gottes Licht und Liebe umhüllen mich. Ich bin geschützt."

Salzbad: Wer viel Zeit in die Reinigung investieren kann und möchte, dem sei ein Salzbad empfohlen. Am besten eignet sich dazu Himalaya-Steinsalz oder Salz aus dem Toten Meer. Dazu nehme man ein halbes Kilo Salz für ein Vollbad. Bleiben Sie etwa eine halbe Stunde in der Wanne und genießen Sie das warme Wasser. Stellen Sie sich vor, wie sich alle Giftstoffe und alle feinstofflichen Störenergien von Ihnen ablösen. Visualisieren Sie, wie das im Wasser gelöste Salz diese unerwünschten Energien absorbiert und festhält. Nehmen Sie nach dem Bad unbedingt eine kurze Dusche, um alle Salzreste abzuspülen. Sie werden sich wie neu geboren fühlen. Wenn es schnell gehen soll, genügt auch eine Salzdusche. Dass man Salz in die Ecken eines Raumes aufhäuft, um Fremdenergien darin festzuhalten, ist Ihnen aus "Befreiung von Dunkelmächten" bekannt.

Erdung: Gutes Erden ist genauso wichtig wie ein guter Schutz. Die meisten Menschen, die stark angegriffen werden oder unter dämonischer Besetzung stehen, haben eine instabile Aura und eine unzureichende Verbindung zu Mutter Erde. Erwachte Menschen, die sich für ihre spirituelle Weiterentwicklung interessieren und einsetzen, vergessen häufig, dass erst die Verbindung mit dem Boden, die Erdung, ein gutes zügiges und gesundes Wachstum garantiert. Mit guter stabiler Erdung sind wir wie große kräftige Bäume, die sich stark und sicher im Erdreich verwurzeln und dann eine weit reichende gesunde Krone ausbilden. Ohne Wurzeln kein Wachstum! Stellen Sie sich auf den Boden, stampfen Sie ein wenig, damit Sie auch wirklich einen guten Stand haben. Dann stellen Sie sich unseren Planeten vor wie einen Globus. Sie stehen außen auf der Erde und sehen, wie aus Ihren Fußsohlen Wurzeln wachsen, die immer länger werden und sich in die Erde hineinbohren. Sie wachsen immer weiter, sie dehnen sich aus; es ist ganz einfach, denn der Boden ist weich. Es gibt keinen Widerstand. Die Wurzeln wachsen und wachsen. Sie erreichen jetzt das Erdinnere. An diesem Punkt stoppen Sie das Wachstum. Ziehen Sie jetzt Energie hoch in Ihre Füße und weiter hinauf in Ihre Waden bis zu den Knien. Im Idealfall spüren Sie eine große Schwere in den Füßen und eine schöne Wärme, die gerne bis in die Oberschenkel aufsteigen darf. Wenn Sie solche Wahrnehmungen haben, dann ist Ihre Verbindung mit der Erde und ihren Energien perfekt. Falls nicht, dann üben Sie täglich. Es ist wichtig, dass Wurzel- und Sakral-Chakra gut mit Energie aus der Erde versorgt sind. Sie sind verantwortlich für Ihre Existenz, Ihre Vitalität, die Fruchtbarkeit, die Kreativität und den Selbstwert.

Zum besseren Erden können Sie auch Erzengel Uriel um Unterstützung bitten. Er hilft Ihnen bei der guten Verbindung zur Erde. Mutter Erde, auch Gaia genannt, sollten Sie bitte nicht überstrapazieren. Sie ist arg gebeutelt und hat viel Mühe mit unserem Müll und der Verschmutzung sowie den Verletzungen, die man ihr zufügt, ohne sich dessen bewusst zu sein, dass auch sie ein lebendiger Organismus ist. Wenn Sie sich geerdet haben, so dürfen Sie sich gerne bei ihr bedanken und ihr gute Gedanken oder Energie schicken. Sie braucht unser aller Hilfe.

Wenn Sie sich häufig in der Natur aufhalten, lange Spaziergänge im Wald oder Feld machen, an einem See entlangschlendern oder die Berge besteigen, sind Sie gut geerdet. Nirgendwo tanken Sie so viel gute geklärte Energie wie in der Natur. Sie heilt uns mit ihren Farben, ihrer Luft, ihrer Atmosphäre, ihrer Ruhe und Gelassenheit. Wenn Sie mögen, setzen Sie sich ins Gras oder auf den Waldboden. Einen direkteren Kontakt zu Mutter Erde gibt es nicht, höchstens noch beim Schwimmen in natürlichen Gewässern. Spüren Sie, wie die Energie der Erde in Ihr Wurzel-Chakra einströmt und sich nach oben ausbreitet. Lassen Sie die Erdenergie in die Beine fließen und ihren Platz einnehmen. Sie werden sich gestärkt und heiter fühlen. Menschen, die sich regelmäßig und häufig in der Natur aufhalten, sind wesentlich besser geschützt vor Fremdenergien und Angriffen als Büro- und Stadtmenschen. Die natürliche Umgebung repariert die entstandenen Defekte und Löcher in der Aura.

Steine: Wer viele Stunden täglich vor dem Computer sitzt, künstlichem Licht, erhöhtem Elektromagnetismus und Luftverschmutzung ausgesetzt ist, kann davon ausgehen, dass seine Aura stark belastet und löchrig ist. Ich weise nochmals auf den Baryt (Schwerspat) als den idealen Stein hin, der Sie vor aller technisch erzeugter Strahlung schützt. Er hat sich als wahrer Strahlenschlucker und Transformator erwiesen. Sie können ihn auf jedes elektrische Gerät legen, vor allem aber rund um das Notebook, bei dem die elektronische Steuerung im Bereich Ihres Pulses liegt, ebenso auf den PC und an den Monitor und neben die Station des schnurlosen Telefons. Telefonieren Sie mit einem kleinen Baryt in der Hand, so werden die schädlichen Strahlen des Telefons absorbiert. Der Baryt ist kein Schmuckstein, er sieht aus wie ein ganz gewöhnlicher Feldstein.

Haben Sie Wasseradern oder Erdverwerfungen unter Ihrem Haus, so legen Sie bitte große unbearbeitete und ungeschliffene Rosenquarzstücke aus. Am besten dort, wo Sie sich viele Stunden aufhalten. Also generell am Arbeitsplatz und unter dem Bett. Platzieren Sie an die vier Ecken Ihres Bettes jeweils einen Stein, und alle Strahlung aus der Erde wird geschluckt. Der Rosenquarz ist dagegen für die Strahlung technischer Geräte zu schwach und ungeeignet. Er sollte einmal pro Woche unter fließendem kaltem Wasser gereinigt werden. Aufladen können Sie ihn ab und zu an der Sonne.

Wer sich vor Fremdenergien feinstofflicher Art schützen möchte, der besorge sich bitte einen schwarzen Turmalin, auch Schörl genannt. Ideal ist es, einen Schörl über dem Herzen zu tragen. Es gibt ihn in verschiedenen Formen, geschliffen oder roh. Wählen Sie aus, was Ihnen am besten gefällt. Am Bett sollte er auch liegen, dort ist allerdings ein größeres ungeschliffenes Exemplar ideal. Mehr zu Schutzsteinen in "Befreiung von Dunkelmächten".

Homöopathie: Wenn Sie denken, eine Besetzung zu haben oder schwarzmagisch beeinflusst oder angegriffen zu werden, so können Sie das Mittel Carbo vegetabilis (Holzkohle) zur Unterstützung einnehmen. Alleine reicht es zwar nicht aus, es wirkt aber reinigend. Die Potenzierung könnte im Einzelnen über den Muskeltest oder das Pendel erfragt werden. Fragen

Sie auch nach spagyrischen Mitteln. Sie sind sehr wirksam und basieren auf dem Wissen und der Philosophie von Paracelsus. Spagyrik ist der arzneiliche Teil der Alchemie. Auch in ihr sind die drei Prinzipien Körper, Seele und Geist enthalten. Es gibt gute Mischungen, beispielsweise für den Auraschutz oder zur Bewusstwerdung.

Kraft der Gedanken: Über die Macht und die Kraft der Gedanken wird viel gesprochen. Beinahe jeder Mensch ist darüber aufgeklärt. Wir wissen, dass kein Gedanke verloren geht. Einmal gedacht, verselbstständigt er sich. Er landet im weltweiten Gedankennetzwerk, sammelt seinesgleichen und kehrt zum Absender zurück. Hier eine differenzierte Sichtweise von einem Adepten, niedergeschrieben von Franz Hartmann: "Jeder ausgehende Gedanke eines Menschen tritt in eine andere Welt (Gedankenwelt) ein und erlangt dort ein individuelles Dasein, indem er sozusagen mit einem Elemental, das heißt mit einer der halbintellektuellen Kräfte, welche dort existieren, sich verbindet. Ein solcher Gedanke (Geist) lebt fort als eine tatsächliche Denkkraft, ein Geschöpf, welches das Gemüt erzeugt hat, und die Dauer seines Daseins hängt ab von der ihm innewohnenden Energie. Ein guter Gedanke lebt fort als eine wohltätige Kraft, ein böswilliger Gedanke als eine teuflische Kraft. Und der Mensch bevölkert auf diese Art beständig seine eigene geistige Sphäre mit den Erzeugnissen seiner Begierden, Instinkte und Phantasien, welche ihrerseits wieder auf andere Gemüter einwirken, je nach dem Grad ihrer Empfänglichkeit."

> *Der Mensch ist verkörperte geistige Kraft.*
> *Du bist, wie und was du denkst.*

Angst und Sorge erzeugen Stress. Bei Angst und Anspannung werden bestimmte Hormone ausgeschüttet, die den Körper auf Flucht- oder Kampfverhalten vorbereiten. Dies geschieht auf Kosten des Wachstums. Bruce H. Lipton, ein amerikanischer Biologe, hat bei Laborversuchen mit Einzellern festgestellt, dass sich diese Einzeller bei Kontakt mit Giften zurückziehen und bei Kontakt mit Nährlösungen ausdehnen. Genauso verhalten sich die menschlichen Zellen. Es laufen zwei Reaktionssysteme im Körper, die sich aber gegenseitig ausschließen. Im Fall von Flucht oder Kampf, also Angst und Stress geht die gesamte Energie in die Arme und Beine und den Muskelapparat. Der Mensch befindet sich in der gleichen Lage wie ein Hundertmeterläufer vor dem Start, wenn es heißt "auf die Plätze – fertig – ...". Nur, dass der Sportler sich im Unterschied zum gestressten Menschen seiner Fluchthormone entledigen kann, wenn es heißt "los!". Wer aber unter Dauerstress oder Angst leidet, ist in einer permanenten "fertig"-Situation. Der Körper produziert Adrenalin und andere Hormone, die das Denken und das Wachstum lahm legen. Das Immunsystem, die Abwehr von Krankheitserregern wird blockiert. Dauergestresste Menschen sind häufiger krank. Der Stress- oder Angstzustand geht zu Lasten der Intelligenz, denn klares Denken ist nicht mehr möglich.

Sicher kennen auch Sie eine derartige Situation, in der Sie keinen klaren Gedanken mehr fassen konnten, in der Sie völlig konfus und kopflos waren. Ängstliche und depressive Menschen grübeln ständig und durchdenken alle möglichen und unmöglichen Eventualitäten. Sie blockieren sich damit in ihrem geistigen und körperlichen Wachstum, sie behindern den Körper in der Selbstheilung, sie trennen sich ab von Vertrauen und Lebensfreude. Ganz richtig schreibt Bruce Lipton, dass sich ein Volk, das in Dauerangst lebt, nicht weiterentwickeln kann. Ängste behindern das freie heitere Leben. Könnte vielleicht ein System, eine Absicht dahinter stecken, ein Volk in Angst und Schrecken zu versetzen und darin festzuhalten? Schauen Sie sich um, werfen Sie einen Blick in die Zeitung, schauen Sie die Nachrichten im Fernsehen (oder besser nicht!) und hören Sie, was man auf der Straße erzählt und was die Menschen derzeit bewegt! Die Angst geht um, geschürt von unseren Politikern und den Medien. Seitens der Verantwortlichen vernehmen wir nicht ein einziges zuversichtliches Wort. Es wird permanent von Bedrohung, Kampf und Armut geredet. Man terrorisiert uns bewusst mit beängstigenden Bildern, schürt Antipathien, Zukunftsängste, Existenzangst, Angst um die Gesundheit und die Renten. Ein Volk in Dauer-Angst-Stress ist leicht zu lenken, denn es kann nicht mehr klar denken. Angst ist unnötig! Lassen Sie Ihre Ängste zu, betrachten Sie sie liebevoll und dann lassen Sie sie los. Betrachten Sie

Zeitungs-, Internet- und Nachrichtenmeldungen mit Distanz, oder schauen Sie einfach nicht mehr hin. Mittlerweile sind mir schon zahlreiche Menschen begegnet, die keine Zeitung mehr lesen und auch nicht mehr fernsehen. So lebt es sich friedlich und im Einklang mit sich selbst.

Bruce H. Lipton in "Intelligente Zellen": "Die Energie des Geistes (der Gedanke) hat einen direkten Einfluss auf die Steuerung der Körperphysiologie durch das Gehirn. Durch konstruktive oder destruktive Interferenz kann die Gedankenenergie die Proteinproduktion der Zelle mit allen daraus abzuleitenden Funktionen direkt aktivieren oder hemmen." Sie sehen, wie wichtig ist, wofür Sie Ihre gedankliche Energie einsetzen. Seien Sie bitte mit der gedanklichen Energie genauso umsichtig wie mit der körperlichen. Der Geist, die eigenen Gedanken also, sind dafür verantwortlich, wie es um unser Wohlbefinden und unsere Gesundheit steht, wie sehr wir wachsen und uns entwickeln oder aber, wie sehr wir stagnieren und leiden. Leid ist Krankheit, aber Leid wird erzeugt durch Fehler im Denken. Und unsere Emotionen sind die wunderbaren Indikatoren dafür, wann wir uns wieder einmal geirrt haben im Denken. Wenn Sie Ihren Emotionen Beachtung schenken und sie nicht ignorieren, dann haben Sie die Gelegenheit, Ihren Geist zu erforschen und zu heilsamen Erkenntnissen zu gelangen. Denn die Kraft des Geistes kann effizienter sein, als die Medikamente, die wir angeblich brauchen. In einigen Studien wurde bewiesen, dass Materie wesentlich stärker durch Energie als durch Chemikalien beeinflusst wird.

Es gibt sehr viele Beispiele von Menschen, die ernste Krankheiten allein mit Autosuggestion und der Hilfe ihrer Geisteskraft überwunden, d.h. geheilt haben, und dies auch, nachdem viele von der klassischen Medizin aufgegeben worden waren. Ich selbst habe die große Freude und Ehre, einen solchen wunderbaren Menschen zu meinen Freunden zählen zu dürfen. Es sind Menschen, die unerschütterlich an die Heilkraft der Gedanken und des Gebetes glauben. Es gehört großer Mut dazu, sich über die Meinung, die Ratschläge und den häufig ausgeübten psychischen Druck der klassischen Schulmedizin hinwegzusetzen in absolutem Bewusstsein, vollstem Vertrauen und dem Glauben an die göttliche Kraft, die jedem Menschen innewohnt.

Unsere Gedankenkraft ist wahre Schöpferkraft, in jeder Hinsicht. Wie wir denken, so leben wir. Wer erkennt, dass jeder und alles miteinander verbunden ist, wer tolerant sein kann gegen andere, wer erkennt, dass seine Meinung eben nur die seine ist, der denkt gut und leicht. Konzentrieren Sie sich beim Denken auf sich selbst. Was möchten Sie für Ihr Leben erreichen? Visualisieren Sie sich ein Ziel, malen Sie in Gedanken ein Bild von dem, wie Sie sein möchten. Sehen Sie sich schlank, gesund, wohlhabend, erfolgreich, in einem anderen Land, mit einem passenden Partner? Dann malen Sie diese Bilder vor Ihrem inneren Auge und halten Sie dieses Bild oder mehrere davon fest. Glauben Sie an Ihren Erfolg und an die Realisierung Ihrer Wünsche und denken Sie zuversichtlich. Durch die Wirkung der Gedanken besitzt jeder Mensch Schöpferkräfte. Er verlässt die Opferrolle und wird zum Schöpfer seines Lebens. Streben Sie danach, ein guter Mensch zu sein, sich zu vervollkommnen – und seien Sie gut zu sich selbst. An meinem Badezimmerspiegel hängt der Satz: *Sei gut zu dem Bild im Spiegel – immer!*

Rechtes Denken löst rechtes Handeln aus. Wie Sie denken, das hat sogar Auswirkungen auf Ihren Körper, Ihr Erscheinungsbild. Denken Sie daran, was Sie erreichen wollen – konzentrieren Sie sich dabei aber nur auf sich selbst! Denken Sie daran, dass andere Menschen das gleiche Recht haben wie Sie. Denken Sie, dass andere das Gleiche verdient haben wie Sie und genauso wertvoll sind wie Sie selbst! Dies ist die Voraussetzung für Ihr eigenes Wohlergehen, denn was Sie Ihren Mitmenschen zugestehen, das kommt zu Ihnen zurück. Vermeiden Sie zu beurteilen und zu vergleichen. Die Betrachtung der eigenen Person hat nichts mit Egoismus zu tun, sondern hilft der Konzentration von Energie auf die eigenen Belange, Ihre Kraft wird gebündelt und verzettelt sich nicht in den Gedanken an andere Menschen. Gönnen Sie anderen Menschen das Beste, und das Beste wird zu Ihnen kommen.

Karmalösung: Um eine reine Aura zu haben, lichter zu werden und gut geschützt zu sein, sollte der Mensch bestrebt sein, sein Karma zu lösen. Die Gnaden-Elohim des silbernen Strahls und die Engel des Karmas dürfen wir anrufen und um Hilfe bei der Lösung unseres Karmas bitten.

Gehen Sie dazu in die Ruhe, suchen Sie sich einen ruhigen Platz und werden Sie innerlich still, Ihr Verstand beruhigt sich, Sie sind ruhig und gelassen.

Invokation des silbernen Strahls

Ich rufe die Elohim des silbernen Strahls,
damit sich die göttliche Gnade in meinen Körper
ergießen kann.

Ich rufe die Elohim des silbernen Strahls,
damit alle karmischen Muster und
aller unterdrückter Groll aufgelöst werden können
und ich Freude kennen mag.

Ich rufe die Elohim der Gnade,
auf dass mein Wesen mit Vergebung,
mein Leben mit Dankbarkeit
und mein Herz mit Feierlichkeit angefüllt wird.

Ich rufe die Elohim des silbernen Strahls,
damit meine Bindungen von Kleinlichkeit befreit werden,
damit das Joch des Hasses gebrochen
und meine Seele befreit wird.

Tashira Tachi-ren

Manchmal ist es aber nicht so einfach, das eigene störende Karma aufzulösen. Es gibt Fälle, da sind wir aufgefordert, deutlich hinzuschauen, worin der eigene Anteil bei der Entstehung des Karmas besteht. Es ist eine distanzierte Betrachtung und ein Hineinspüren in Situationen, die unangenehme Emotionen hervorrufen, notwendig. Ich hatte bereits eine eigene Situation als Beispiel beschrieben. Sobald Sie die Erkenntnis daraus gewonnen haben und zu einer Einsicht gelangt sind, kann Vergebung und Versöhnung auf allen Seiten stattfinden. Und dann hat das

Karma seinen Zweck erfüllt und darf sich lösen. Bei Karma denken wir meist nur an das Karma, welches wir mitbringen aus früheren Leben. Wir dürfen aber nicht vergessen, dass wir täglich mehrmals in Situationen kommen, in denen wir neues Karma erschaffen könnten. Daher sind die Hygiene unserer Gedanken und die Absicht unseres Handelns stets aufs Neue zu hinterfragen. Auch, wenn es zunächst schwer fällt: Betrachten Sie jeden Menschen als Gottes Geschöpf, als Bruder oder Schwester, schicken Sie ihm gute liebevolle Gedanken, denn auch er will nichts weiter als in Frieden, Gesundheit und Wohlstand leben – wie wir alle. Unter diesem Aspekt erörtern Sie bitte die Informationen, Berichte und Aufnahmen, die uns durch die Medien vermittelt werden, äußerst kritisch, und bedenken Sie stets, dass Niccolò Machiavellis Gedanke des Teilens und Herrschens immer noch Bedeutung hat und von den Mächtigen dieser Welt praktiziert wird. Sie entfachen Konflikte, damit sich Menschen untereinander bekämpfen und nicht den eigentlichen Verursacher. Sie geben sich nicht als auslösendes Moment und Anstifter zu erkennen. Sie unterstützen alle sich bekriegenden Parteien. Sie erscheinen später als die den Konflikt lösende Kraft.

Mahakala: Bei diesem Mantra handelt es sich um den Namen einer tibetisch-nepalesischen Gottheit. Es neutralisiert augenblicklich jede Art technisch erzeugter Strahlung und hebt Ihre Lebensenergie und damit auch Ihren Schutz an. Sagen oder denken Sie das Wort so oft, wie Sie mögen. Je häufiger Sie das tun, umso stärker und stabiler wird Ihr Schutz. Schreiben Sie dieses Wort auf ein Papier, das Sie an Ihrem Bildschirm anbringen, ebenso an den Stationen von kabellosen Telefonen. So können Sie sich sicher fühlen vor der negativen Auswirkung der Strahlung sowie vor der dunklen Aura des Internet-Zauberwortes "www" (world wide web). Auch bei längeren Autobahnfahrten, bei denen man sich unweigerlich auflädt und ermüdet, ist es zu empfehlen. Wischen Sie mit der Hand vor den Augen vorbei, also wollten Sie einen Vorhang oder Schleier wegschieben und sagen oder denken Sie dabei mindestens dreimal Mahakala. Sie werden feststellen, dass die Müdigkeit verfliegt und Sie wieder mehr Energie haben. Wischen Sie abwechselnd von rechts nach links und von links nach rechts. Etwa alle fünfzig Kilometer sollte man dieses kleine Ritual durchführen.

Lösung von Angst: Angst verklebt das Energiefeld und behindert den guten Zufluss von Energie. Wer einen stabilen Schutz haben möchte, sollte sich von seinen Ängsten verabschieden. Um sich von konkreten oder diffusen Ängsten zu befreien, wurde von der geistigen Welt ein Lösungssatz durchgegeben. Schreiben Sie sich Ihren persönlichen Lösungssatz auf ein Papier und lesen Sie ihn mehrmals täglich in voller Konzentration. Es wird empfohlen, diesen Satz etwa sieben bis zehn Tage lang anzuwenden. Die meisten Menschen merken aber bereits früher, dass sich die Angst löst. Er lautet: *Ich nehme meine Angst vor ... dankbar an, ich lasse sie zu und wandle sie in Liebe um. Ich gebe sie ab an mein Geist-Selbst.*

Das Annehmen der Angst bedeutet, dass Sie sich der Angst voll bewusst sind. Erspüren Sie, woher sie kommt, wo ist das Motiv dafür, wo sitzt die Ursache, der Auslöser? Dies erfordert ein wenig analytische Bewusstseinsarbeit. Sobald man etwas benennen kann, lässt es sich verändern oder korrigieren. Sie schaffen es leicht, wenn Sie sich eine ruhige Atmosphäre mit Kerzen und eventuell sanfter, leiser Musik kreieren. Das Zulassen der Angst heißt, dass Sie sie spüren. Lassen Sie die Angst hochsteigen, zusammen mit allen anderen Emotionen. Vielleicht werden Sie weinen, krampfen oder zittern. Angst hat viele Gesichter, gehen Sie hindurch – hinterher wird es leichter für Sie sein. Wenn Sie bei dieser Prozedur nicht alleine sein möchten, so bitten Sie eine vertraute Person, Ihnen beizustehen. Diese darf aber nicht eingreifen und Sie trösten. Sie sollte einfach nur präsent sein, aber passiv bleiben. Der nächste Schritt ist, die Angst liebevoll zu betrachten.

> *Die Angst klopft an die Tür, das Vertrauen öffnet*
> *und niemand steht davor!*
> Martin Luther King

Die Angst ist lediglich ein Indikator; sie hilft Ihnen, etwas zu erkennen. Daher gebührt ihr ein liebevolles Anschauen und Annehmen, und somit wandelt sie sich von etwas Bedrohlichem in Liebe um. Wenn Sie das Stadium erreicht haben, völlige Liebe für die Angst zu empfinden, geben Sie sie ab an Ihr Höheres Selbst oder an die Erzengel. Lassen Sie die Angst los! Sie ist das Gegenteil von Vertrauen, Sie brauchen sie nicht mehr.

Anrufung der Erzengel: Wir dürfen und sollen uns vertrauensvoll an die lichtvolle geistige Welt wenden, wenn wir Hilfe benötigen. Da die Engel unseren freien Willen respektieren, greifen sie nicht in unsere Angelegenheiten ein. Sie haben es aber gerne, wenn wir sie um Unterstützung bitten. Sie stehen jederzeit zur Verfügung. Wie bereits erwähnt, erreichen wir die hohen Engelebenen sowie alle Helfer im Universum umso besser, je höher unsere eigene Schwingung ist. Der Erzengel, der uns mit seinem Schwert schützt und die spirituelle Entwicklung unterstützt, ist Erzengel Michael. Erzengel Zadkiel ist der große Transformator des violetten Strahls. Ihn dürfen Sie anrufen, wenn Sie Schutz vor Fremdenergien erbitten. An Erzengel Uriel können Sie Ihre Ängste übergeben: "Alle meine Befürchtungen und Ängste übergebe ich der Flamme der Reinigung, dem göttlichen Feuer. Ich vertraue der geistigen Führung in mir und begegne dadurch meiner eigenen Stärke." Wenn Ihnen die Beschäftigung mit den Engeln gefällt, so legen Sie sich ein Erzengelbuch zu. Es gibt auch wunderschöne Erzengelkarten mit guten Erklärungen.

Schutzkreis: Wenn Sie zu arbeiten beginnen und sich von Fremdenergien befreien möchten, so können Sie zuerst einmal Erzengel Michael um seine Mithilfe fragen. Machen Sie eine kleine Meditation und beruhigen Sie Ihren Geist. Dann bitten Sie Erzengel Michael, einen Schutzkreis um Ihre Wohnung zu ziehen, wenn Sie in einem Mehrfamilienhaus wohnen, oder um Ihr Haus, wenn Sie alleine wohnen. Dieser Schutzkreis verhindert, dass von außen weitere Wesenheiten in Ihre Wohnung eindringen. Während Sie die Bitte aussprechen, drehen Sie sich langsam in der Mitte des Zimmers im Uhrzeigersinn und stellen Sie sich vor, dass mit Ihrer Drehung der Schutzkreis installiert wird. Visualisieren Sie ihn in weißem oder blauem Licht. Günstig ist es auch, dem Kreis einen Boden und ein Dach zu geben, dann gestalten Sie einen echten Schutzraum. Schutzkreise können Sie jederzeit ziehen, vor allem dann, wenn Sie unter vielen Menschen sind, wenn Sie sich unwohl oder gar bedroht fühlen, wenn Sie therapeutisch mit Menschen arbeiten und immer dann, wenn Sie Ihre Energie bewahren wollen. Falls Sie sich in blaue Farbe hüllen, so sind Sie sozusagen unsichtbar. Machen Sie das möglichst nicht im Straßenverkehr, nicht für Ihr Auto und keinesfalls, wenn Sie Aufmerksamkeit brauchen wie beispielsweise in einem Seminar als Kursleiter.

TEIL IV

CLEARING UND BEFREIUNGSARBEIT

1.

WER KANN CLEARINGS DURCHFÜHREN?

Anlass, dieser Frage ein Kapitel zu widmen, ist die landläufige Meinung der Licht- und Energiearbeiter, dass Clearing eine Technik und damit zu erlernen sei. Clearings machen zu dürfen und erfolgreich durchführen zu können ist genauso viel oder wenig eine erlernbare Methode wie es zum Beispiel das Reiki ist. Sicher kann man beides bis zu einem gewissen Punkt erlernen, was in jedem Fall sinnvoll und hilfreich ist. Darüber hinaus spielen aber Talent, Berufung und Charisma eine entscheidende Rolle für den Erfolg der Arbeit.

Jeder einzelne von uns Energiearbeitern ist ein Spezialist. Jeder ist auf einem bestimmten Strahl inkarniert, hat gewisse Helfer und Lehrer, die ihn anleiten und unterstützen, ja sogar nachts während der Astralreisen ausbilden. Dennoch haben wir nur dort richtig guten Erfolg und können nur dort unser Talent in den Dienst der Menschheit stellen, wo es vorgesehen ist, wo wir eine hohe Qualifikation und Kompetenz dafür besitzen. Barbara Marciniak erhielt dazu folgende Botschaft von den Plejaden: "Als Mitglieder der Lichtfamilie hat jeder von euch seine durch Reinkarnation gewonnenen Stärken in Bereichen, die er am meisten verkörpert und die er als anregend empfindet. Deshalb seid ihr alle verschieden." Deepak Chopra schreibt, dass jeder Mensch auf der Erde ein einzigartiges Talent besitzt. Des Menschen Aufgabe in diesem Leben ist es, dieses Talent zu entdecken und es in den Dienst der Menschheit zu stellen. Dann wird er erfolgreich sein und ein glückliches, erfülltes Leben führen, denn er lebt gemäß seiner Berufung.

Da wir Spezialisten, also Facharbeiter sind, können wir nicht alles und alles richtig gut machen. Es gibt Menschen, die sich in die Reiki-Grade einweihen lassen, aber niemals Heiler werden. Reiki zunächst einmal für sich selbst und die eigene spirituelle Entwicklung anzuwenden, ist völlig in Ordnung. Mit dem Clearing oder der Befreiungsarbeit ist es ähnlich: In vielen Seminaren, auch bei der Ausbildung in den zweiten Reiki-Grad, ist die Rede von Raumreinigung, dem so genannten Space-Clearing, oder auch davon, Verstorbene "ins Licht zu schicken". Manch einer traut sich sogar naiv und unerfahren an Rituale zur Beseitigung von Dämonen. Ein Fall ist mir noch gut in Erinnerung, bei dem sich vier Freundinnen nach dem Studium eines Buches an dem Clearing für eine dämonisch besetzte Bekannte versuchten. Sie führten einige der im Buch beschriebenen Rituale durch und wurden alle ohne Ausnahme selbst Opfer der dunklen Kräfte. Bei einer Dame war sogar die kleine Tochter, die ebenfalls während des Clearings anwesend war, betroffen. Die harmlosesten Dinge, die geschahen, waren der Ausfall sämtlicher elektrischer Geräte und die Spukphänomene in jedem Haus. Weniger harmlos waren der Autounfall derjenigen Dame, in deren Wagen die anderen zu der Austreibung mitgefahren waren, sowie die Spukphänomene, die zwei Familien an den Rand des Wahnsinns trieben. Eine der Damen hatte mein Buch über Dunkelmächte gelesen und sagte mir, dass sie sich für ihre Naivität und ihren Leichtsinn schäme.

Der Schuss kann ganz schrecklich nach hinten losgehen! Eine Raumreinigung mag ja noch gehen, es ist harmlos, nach Streit und Krankheit seine vier Wände zu reinigen, die Energien zu klären und die Schwingung dort zu erhöhen. Aber eine unerlöste oder verirrte Seele eines Verstorbenen lässt sich nicht so einfach wegschicken. Bedenken Sie bitte, dass ein noch erdgebundener Verstorbener ein intelligentes Wesen mit freiem Willen ist. Er hat lediglich seinen physischen Körper abgelegt. Er entscheidet, wann und wohin er geht. Es ist eine Frage des Überzeugens. Wenn es sich gar um Dämonen handelt, bitte ich Sie inbrünstig darum, sich nicht mit den dunklen Kräften einzulassen oder gar messen zu wollen. Diese lassen sich weder beeindrucken noch einfach wegschicken. Es ist nicht meine Absicht, Ihnen Angst zu machen. Aber aus der Erfahrung heraus fühle ich mich verpflichtet, Ihnen mitzuteilen, dass diese Wesenheiten oder Entitäten meist superintelligent und hinterlistig sind. Sie drehen richtig auf, wenn jemand versucht, sie einfach zu beseitigen wie Kehricht oder "dicke Luft". Das kränkt ihren Stolz und macht sie bösartiger denn je.

Immer wieder stelle ich fest, dass ich für meine Klienten oft der letzte Ansprechpartner nach einer jahrelangen Odyssee bin. Tausende von Euro wurden bereits ausgegeben, Dutzende von Heilern und Magiern waren schon am Werk, und noch immer besteht das Problem. Hierzu eine kritische Anmerkung: Es scheint so, dass viele Heiler zu arbeiten beginnen, ohne vorher eine genaue Diagnose erstellt zu haben. Sie wissen gar nicht, welche Arten von Fremdenergien in welcher Kombination und Intensität vorhanden sind. Ähnlich arbeiten die Exorzisten: Für sie ist alles dämonisch. Ich frage Sie aber, was hat ein erdgebundener Verstorbener mit einem Dämon gemein? So geschieht es auch mit den Heilern, die aufzulösen und wegzuschicken beginnen. Manchmal gelingt es, dass ein Teil der Seelen in die Erlösung geht. Oftmals aber bleiben Seelen zurück, dunkle Kräfte verstärken sich meist noch, und schwarze Magie, feinstoffliche Implantate oder Fluch und Verwünschung bleiben völlig unberücksichtigt. Beim Klienten bleibt nicht nur das Problem zurück, sondern auch große Enttäuschung, Hilflosigkeit und ein Loch im Portemonnaie.

Wenn es Gottes Wille ist,
dass Hilfe und Heilung zuteil wird,
so wird es geschehen.

Es kann vorkommen, dass eine komplette Heilung noch nicht sein darf. Manche Fälle sind zäh und nur teilweise lösbar. Teilbereiche von fremden Energien können und dürfen nicht weggenommen werden, wenn die betreffende Person noch etwas zu lernen, zu erfahren oder gar zu bearbeiten hat. Alles hat seine Zeit, und Heilung erfordert Reife und Erkenntnis. In einigen Fällen ist es mir dann erlaubt, eine gewisse Vorarbeit zu leisten, ein so genanntes Einweichen und Beseitigen von Teilenergien. Die eigentliche Arbeit hat dann aber der Klient / die Klientin selbst zu bewerkstelligen. Das hat karmische Gründe. Meist handelt es sich um dunkle Kräfte, die erst dann einen Körper oder die Aura eines Menschen verlassen, wenn Gelübde und andere Verstrickungen aufgelöst worden sind. Karma lösen die zuständigen Engel oft nur dann, wenn der Klient die Zusammenhänge, sprich: die Ursache erkennt und sich auf der Seelenebene selbst zu dem Karma bekennt und um Lösung bittet. Ich meine, dass ein Heiler stets nur ein neutraler Kanal für den göttlichen Willen ist.

In den Fällen, in denen das Clearing keine komplette Besserung der Symptome bringt, kann eventuell auch eine Eigensabotage des Klienten vorliegen. Es kommt vor, dass die vom Verstand gewünschten Ziele unbewusst abgelehnt werden. Möglicherweise drückt sich hierdurch ein tief sitzendes Selbstblockade- oder Selbstzerstörungsprogramm aus. Selbstverfluchungen, negative Wünsche, Skepsis gegenüber allem und sich selbst sind oft maßgeblich daran beteiligt, ebenso wie Programme und Informationen der Herkunftsfamilie. Dabei handelt es sich um übernommene Denkweisen und Verhaltensmuster. Erich Keller schreibt in *"Endlich frei!"*: "Das Unterbewusstsein bringt Gedanken und Verhaltensweisen hervor, die das Gegenteil dessen sind, was wir normalerweise als unsere Ansicht, unsere Denkweise und unser Verhalten bezeichnen würden." Derartige Selbstsabotage kann jede Therapie unmöglich machen, sie bannt die Veränderung und die Heilung – aber sie kann mit unterschiedlichen Methoden gelöst werden.

Für gewöhnlich heißt es, dass man nicht mit Personen arbeiten darf, die von der Behandlung nichts wissen oder keine Einwilligung dazu geben. Seit etwa zwei Jahren beobachte ich, dass die lichtvolle geistige Welt durchaus in zahlreichen Fällen die Einwilligung zu einem Fernclearing erteilt, auch wenn die betreffende Person davon nichts weiß. Meist gehört dieser Mensch zu einem Familienverband, in dem es nicht sinnvoll wäre, ein einzelnes Familienmitglied mit einer Belastung oder Beeinflussung durch Fremdenergien übrig zu lassen. Die Wesenheiten und Fremdenergien könnten sich auf der nicht behandelten Person niederlassen, diese stärker als zuvor beeinflussen oder nach dem Clearing zu den anderen Familienmitgliedern zurückkehren. Die Arbeit wäre nicht sinnvoll und nur wenig effektiv. Bei Ehepaaren ist es immer sinnvoll, auch den Partner zu reinigen. Arbeitet man nur mit einem Partner, so erhöht sich dessen Frequenz erheblich, während die Schwingung des anderen Partners so bleibt wie vorher auch. Dadurch kann es zu Differenzen und Spannungen kommen, da die Energien nicht mehr kompatibel sind.

Es kommt auch hin und wieder vor, dass die lichtvolle geistige Welt Erlaubnis zur Arbeit erteilt, wenn es sich um völlig verwirrte und dermaßen stark fremdbestimmte Menschen handelt, dass diese weder eine Zielsetzung haben noch einen klaren Gedanken fassen können. Lehnt jedoch eine Person ein Clearing oder eine Heilbehandlung ab und erklärt somit kraft ihres freien Willens, dass sie keine Intervention wünscht, darf nicht gearbeitet werden. Würde ein Heiler dennoch, trotz Ablehnung des Klienten, Energie senden oder Energien transformieren, so wäre diese Handlung reine Manipulation gegen den erklärten Wunsch des Klienten. In solch einem Fall kreiert sich der Heiler ein neues Karma.

Nochmals der Hinweis darauf, dass es essentiell wichtig ist für eine erfolgreiche Arbeit, vor Beginn des Clearings festzustellen, ob man es mit unerlösten Seelen oder mit Dämonen zu tun hat, ob es sich um schwarzmagische Experimente von Laien oder um Intervention durch professionelle Schwarzmagier handelt, die dämonische Geister anrufen und dunkelste satanische Riten durchführen, die ihre Opfer vernichten sollen. Seit ich diese wunderbare Befreiungsarbeit machen darf, erlebe ich eine Hinwendung zu immer bösartigeren Methoden und Absichten. Es wird mit harten Bandagen gekämpft, und immer geht es um den Anspruch der Macht, der Kontrolle und des Geldes. Egal wie bösartig und vernichtend die Absichten sind, am Ende ist das Licht doch stärker. Es ist die physikalische Wahrheit, denn die hohe Frequenz des Lichts trägt und verwandelt Informationen. Das Licht kreiert Räume und Sphären, aber es ist in seiner Schwingung abhängig von dem Therapeuten. Daher nochmals der Hinweis darauf, dass es unser aller Anliegen sein sollte, eine möglichst hohe Schwingung zu erhalten.

Ab und zu werde ich auf Fernsitzungen angesprochen, da es für viele Menschen noch unverständlich und höchst mysteriös scheint, Zeit und Raum zu überwinden. Die Quantenphysiker haben entdeckt, dass das Newtonsche Weltbild des leeren Raums mit Materie dazwischen überholt und nicht mehr haltbar ist. Alles ist Energie und Schwingung, es gibt keine Trennung und keinen leeren Raum. Alles ist an- und ausgefüllt mit Energie. Mal ist sie sichtbar, mal unsichtbar, je nach Schwingung. In "Intelligente Zellen" schreibt Bruce H. Lipton: "Da jedes Atom sein eigenes, spezifisches Energiemuster hat, seine Schwingungen sozusagen, besitzen auch Zusammenschlüsse von Atomen (Moleküle) ihr eigenes, identifizierbares Energiemuster. So hinterlässt jede materielle Struktur im Universum, auch Sie und ich, ihre eigene, einzigartige Energiesignatur." Ist dies die wissenschaftliche Erklärung dafür, dass ich bei meinen Fernclearings und Fernheilungssitzungen überhaupt den entsprechenden Menschen auf der Erde "finden" kann? Bisher habe ich es immer scherzhaft als *energetischen Fingerabdruck* bezeichnet, den ein Mensch bei mir hinterlässt durch die Vibration seiner Stimme während eines persönlichen Gesprächs oder am Telefon, durch die Frequenz seiner Aura während einer Begegnung oder durch die Schwingung, die sein Foto ausstrahlt. Damit erhalte ich das wichtigste Werkzeug für die Fernsitzungen.

Einstein wusste, dass das Universum kein leerer Raum ist mit einzelnen physischen Objekten. *Das Universum ist ein unteilbares, dynamisches Ganzes,* in dem Energie und Materie so eng miteinander verquickt sind, dass man sie unmöglich als unabhängige Einheiten betrachten kann.

Hier noch eine kurze Übersicht der Kriterien, die einen guten Clearing-Therapeuten ausmachen:

- Sehr hohe eigene Frequenz, höchster Eigenschutz.
- Schätzt sowohl das Ausmaß der Beeinträchtigung, als auch die Einstellung der Klienten dazu ein.

- Genaue Differenzierung der vorhandenen Fremdenergien.
- Große Lebenserfahrung, Güte und Demut.
- Langjähriger erfahrener Licht- und Energiearbeiter mit höchster Eigenschwingung, frei von spiritueller Arroganz.
- Hat ein einfühlsames Wesen und ist sich seiner Gabe und Berufung demütig bewusst.
- Arbeitet im Einklang mit der Höchsten Kraft, nie aus sich selbst heraus.
- Hinterfragt sich und seine Arbeit kritisch, wohl wissend, dass manchmal Heilung nicht stattfinden darf.
- Ist ständig bestrebt, das eigene Bewusstsein zu erhöhen.
- Ist klar strukturiert, seine Arbeit ist gut organisiert, steht mitten im Leben.
- Wird wegen seiner sehr hohen Eigenfrequenz und Autorität sowohl von verirrten Seelen als auch von dämonischen Kräften als Autorität anerkannt.
- Weiß, dass es Grenzen gibt, die das Schicksal oder der Klient zieht.
- Macht Klienten darauf aufmerksam, dass sie die Arbeit unterstützen sollten, und dass nur ein Umdenken und Loslassen alter Strukturen dauerhafte Hilfe und Heilung bringt.
- Liebevolles Arbeiten mit den fremden Wesenheiten, Überzeugungsarbeit ohne Aggression und Kampf.
- Transformation erfolgt einzig und allein durch Lichtenergie.

2.

WIRKSAME BEFREIUNGSARBEIT
BEI BESETZUNGEN

Es ist meine feste Überzeugung, dass es wichtig und sinnvoll ist, sich mit Besetzten und Besessenen zu beschäftigen, das heißt, ihnen zu helfen und sie von den Besetzern zu befreien. Ich bin davon überzeugt, dass es Grundvoraussetzung ist, dass die helfende Person, die die Befreiungsarbeit durchführt, einen reinen Lebenswandel führen muss, in dem Sinn, dass sie ihr eigenes Karma weitestgehend aufgelöst hat und noch auflöst und die eigene Schwingung erhöht. Personen in einer hohen eigenen Schwingung haben ihr Bewusstsein vervollkommnet und arbeiten mit göttlicher Hilfe. Denn nur aufgrund des Bekennens zum Göttlichen kann die Frequenz angehoben werden. Nun sind aber alle jetzt auf der Erde inkarnierten Menschen auf dem Weg zur Erleuchtung und wahrscheinlich ist noch niemand frei von Karma, aber die Stufe der Entwicklung und der Erkenntnis scheint ausschlaggebend für die Effizienz der Arbeit. Und natürlich die Tatsache, ob sich jemand vollkommen als geistiges Wesen begreifen kann und Selbstvertrauen in die Arbeit hat, denn an Kritikern mangelt es nicht.

> *Große Geister stoßen bei mittelmäßigen Geistern*
> *immer auf heftigen Widerstand.*
> Albert Einstein

207

Eine gute und wirksame Befreiungsarbeit ist nur dann möglich, wenn die Energie der therapierenden Person eine reine Qualität aufweist und eine sehr hohe Anzahl von Bovis-Einheiten besitzt. Erforderlich sind mehrere Hundert Millionen Bovis-Einheiten. Es heißt auch, dass jeder Heiler die Klienten hat, die zu ihm passen. Aus meiner eigenen Erfahrung kann ich es so bestätigen. Vor Jahren noch hatte ich überwiegend leichtere Fälle von Belagerungen und Anhaftungen von dunklen Schatten, Flüchen und schwarzer Magie zu behandeln. Mit meiner eigenen Entwicklung und der Zunahme meiner Kraft erhielt ich auch Klienten, die wesentlich stärkere Belastungen und Besetzungen haben. Wenn der Mensch beginnt, sich an dem Willen der Höchsten Kraft zu orientieren und mit den lichtvollen Engeln arbeitet und zusammenwirkt, entwickelt er auch nach und nach die Fähigkeit, sich bewusst den dunklen Kräften entgegenzustellen und sie zu verwandeln. Er erkennt sie als Teil des göttlichen Plans und kann Erlösungsarbeit an ihnen leisten. Die dunklen Kräfte oder das Böse können aus der Isolation und der Dunkelheit erlöst werden und ihren Platz im Licht einnehmen oder sich entschließen, zur dunklen Quelle zurückzugehen.

Wer diese Arbeit machen möchte, muss selbst hoch schwingen und eine Autorität darstellen für Entitäten, egal welcher Art. Nur die hohen Lichtfrequenzen sind in der Lage, Energien zu transformieren. Das gilt auch für dunkle Kräfte, denn auch diese sind nichts weiter als eine Form von Energie. Ich habe in meiner Arbeit bisher noch niemals einen bösartigen Angriff gegen meine Person erlebt. Natürlich nehme ich wahr, dass sich dunkle Wesenheiten anzulagern versuchen, dass sie sich auf meinen Kopf setzen wollen und einen Zugang in meinen Körper suchen. Aber immer nur für einige wenige Minuten, denn sie ertragen das Licht nicht, das sie transformiert.

Selbstverständlich sind bei der Arbeit mit dämonischen Kräften sowohl ein gewisser Nachdruck als auch starke Unnachgiebigkeit erforderlich. Sie sollten den Wesenheiten - es sind Intelligenzen, die niemals Mensch waren - schon deutlich klar machen, was Sie beabsichtigen. Kampf und Aggression hingegen sind kontraproduktiv, sie be- und verhindern diese Arbeit. Ich gehe immer in die Kommunikation mit den

Besetzern, also mit den Wesenheiten, die sich in der Aura eines Menschen (oder Tieres) angelagert haben oder diesen Menschen sogar besetzen, also in dessen Körper eindringen. Kommunikation heißt in diesem Fall, dass ich einen Monolog führe, denn ich habe keine Absicht, mit ihnen zu diskutieren. Ich kann ihnen anbieten, das Dunkel zu verlassen und ins Licht zu gehen. Manche entscheiden sich für diesen Weg, andere hingegen bleiben hartnäckig. Diese Wesenheiten werden durch das hoch frequente Licht in eine andere Energieform umgewandelt.

In Fällen, bei denen es sich um karmische Beziehungen zwischen Besetzern und Besetzten handelt, wird Erzengel Michael gerufen und gebeten, die noch vorhandenen Bänder, Verstrickungen, Ketten und Fesseln zu lösen und wegzunehmen. Außerdem wird darum gebeten – auch hier immer mit dem Zusatz "wenn es sein darf" –, Gelübde, Eide, Schwüre, Versprechungen und Verträge aller Art zu annullieren und deren Wirkung aufzuheben. Diese Arbeit kann mehrere Sitzungen erforderlich machen, und es kann sein, dass trotz der Lösung und der Beseitigung noch Wochen und Monate vergehen, bis sich eine deutliche Besserung der Situation einstellt. Die besetzenden Wesenheiten trollen sich nur langsam und nur nach und nach sind die Auswirkungen der einsetzenden Heilung spürbar. In diesen Fällen kann sich glücklich zählen, wer Klienten hat, die einsichtig, geduldig und zur Mitarbeit bereit sind. Bei Frauen habe ich das viel öfter erlebt, als bei meinen männlichen Klienten. Das weibliche Geschlecht scheint in dieser Hinsicht geduldiger und begreift die Zusammenhänge eher als die Männer.

Bei einer Klientin, die schon viele Jahre Blockaden an sich auflöst und sehr bewusst mit Körper, Seele und Geist umgeht, stellte sich eine Beeinflussung durch eine alte, sehr starke und intelligente ägyptische Wesenheit heraus. Zwischen der Dame und der Wesenheit bestanden ein Vertrag und ein Gelübde aus einem früheren Leben. Es handelte sich um ein Eheversprechen. Meine Klientin konnte in diesem Leben in keine erfüllte Beziehung kommen, da diese Wesenheit immer dazwischenfunkte und störte. Sie wollte ihr Recht und verlangte die Einhaltung des Gelübdes. Immer wieder kam sie in den Körper der Dame und machte auf sich aufmerksam, indem sie für körperliche Beschwerden sorgte und auch auf die Gedanken Einfluss nahm. Apathie und Depression waren zeitweilig die Folge. In diesem konkreten Fall konnte ich nur unterstützend eingreifen und alle anderen vorhandenen Fremdenergien wegnehmen. Die Hauptarbeit in Bezug auf diese Entität blieb aber meiner Klientin vorbehalten. Sie, die den Vertrag geschlossen hatte, durfte nun der Wesenheit liebevoll, aber bestimmt, mitteilen, dass sie in diesem Leben keine Notwendigkeit mehr sieht für eine Partnerschaft oder Paarbeziehung. Sie sagte dieser Wesenheit, dass die Lektionen gelernt seien, und sie sich beide gegenseitig freigeben könnten. Außerdem bat sie um die Mithilfe Erzengel Michaels, die Gelübde, Eide und Verträge zu lösen, zu annullieren und wegzunehmen.

Die gleiche Vorgehensweise galt für eine Dame aus Berlin, deren Besetzer den Bauchraum beanspruchte und für einige körperliche Beschwerden sorgte. Das Clearing war zwar jedes Mal erfolgreich und die Entität mit Auftreffen der Lichtfrequenzen verschwunden, kehrte aber bald wieder zurück, da auch in diesem Fall eine Verbindung aus einem früheren Leben zwischen den beiden bestand. Meine Klientin hatte die Aufgabe, laut und deutlich, aber liebevoll, zu erklären, dass sie die Anwesenheit der Energieform nicht mehr braucht und frei sein möchte, umgekehrt aber auch der Wesenheit die Freiheit zurückgibt. Beide waren durch Gelübde, Schwüre und Eide aneinander gekettet. Logischerweise kann nur die Person, die seinerzeit den Schwur ausgesprochen hat, diesen auch in dem aktuellen Leben lösen. Die Lösung durch andere Personen und Methoden, wie zum Beispiel durch die Clearingarbeit, wird von dem Wesen nicht akzeptiert, da sie ja scheinbar gegen den Willen der beteiligten Person erfolgt. Äußert aber die betreffende Person den Wunsch, die Verbindung zu lösen, wird dies in aller Regel mit Unterstützung des Clearings angenommen. Die Wesenheit löst sich aus dem Körper und verlässt den Menschen.

Kürzlich arbeitete ich mit einer Dame aus der Schweiz, einer sehr einfühlsamen, klugen und weitsichtigen Frau. Sie hatte während des kurzen, aber intensiven Clearings deutliche körperliche Wahrnehmungen. So stellten sich zum Beispiel heftige Schmerzen an der Wirbelsäule ein. Sie berichtete mir, dass sie sogar völlig verdreht wurde und dabei beinahe wie gelähmt war. Dann spürte sie, dass sich etwas aus ihrer Wirbelsäule Richtung Beine hinauswand und schließlich ihren Körper durch die Füße verließ. Sehr beeindruckend war für mich die Schilderung des Verdrehens des Körpers und der Wirbelsäule, da ich die Hauptbelastung durch dunkle Wesenheiten an der Basis der Wirbelsäule festgestellt hatte. Bei dieser Dame lag eine multikausale Beeinträchtigung vor: Sie war sowohl von verirrten Seelen, als auch von dämonischen Kräften besetzt. Hinzu kam noch ein starker Fluch, der sie nicht in ihre Kraft kommen ließ. Ich freute mich riesig über ihre Schilderungen und darüber, dass sie sich sichtlich befreit und erstarkt fühlte.

Ein Clearing, also die Befreiung von dunklen Wesenheiten, kann nur dann erfolgreich sein und dauerhaft gelingen, wenn sich der Klient nicht nur kraft seines Verstandes, sondern auch auf der Seelenebene zum Licht bekennt. Wendet sich aber der Kunde nicht komplett der lichtvollen Seite zu, hat auch das Clearing nur mäßigen Erfolg, d.h. die schädlichen Energien kommen zurück, weil sie ja von den unbewussten Ebenen gerufen werden. Es kommt leider häufiger vor, dass zwar der intellektuelle Wille eine Befreiung von Besetzern wünscht, das Unterbewusstsein hingegen daran festhalten möchte. Es scheint das gleiche Phänomen zu sein wie der sekundäre Krankheitsgewinn, bei dem das Kranksein zwar verstandesgemäß nicht gewollt ist, aber dennoch alle Nachteile der Krankheit akzeptiert werden, um sich beispielsweise Aufmerksamkeit und Anteilnahme der Mitmenschen zu sichern. Viele Menschen wollen tief im Herzen nicht loslassen von ihrem Besetzer. In solch einem Fall kann die das Clearing durchführende Person tatsächlich nicht helfen, da die Fremdenergien zurückgerufen werden. Besetzende Wesenheiten sollten unbedingt ignoriert werden, man darf ihnen weder auf Fragen antworten noch mit ihnen sprechen. Dieser Rat ist dringend zu befolgen. Außerdem ist laut Erzengel Michael dieses Bekenntnis nützlich:

> *"Kraft meines freien Willens bekenne ich mich*
> *hiermit für alle Zeiten in Ewigkeit zu dem*
> *weißgoldenen göttlichen Licht!"*

Um sich selbst bei jeder Art von Beeinflussung, Besetzung und Belagerung durch fremde störende Energieformen zu helfen, können Sie zunächst die Energie des violetten Strahls anrufen, der stark transformierende Kräfte hat. Wenden Sie sich darüber hinaus aber bitte an einen erfahrenen Clearing-Therapeuten.

Ich rufe die Elohim
des violetten Strahls,
damit sich die göttliche Transformation ergieße
durch alles, was ICH BIN.

Ich rufe den Amethyststrahl,
damit er jede meiner Zellen und
jedes Atom meiner Körper
in höheres Licht transformiert.

Ich rufe die violette Flamme,
damit sie in meiner Seele brennen möge
und alle Schleier auflöst,
die mich vom Geist trennen.

Ich rufe die violette Flamme,
damit sie meine Illusionen
und meine Widerstände verbrennt
und meine Angst in Liebe verwandelt.

Tahira Tachi-ren

3.

VERHALTEN NACH ERFOLGTEM CLEARING

Ist ein Clearing abgeschlossen und die betroffene Person von dunklen Mächten und anderen Fremdenergien befreit, so gilt es für sie nunmehr, diesen Zustand beizubehalten. Dabei ist es besonders wichtig, keinen Gedanken mehr auf das Vergangene zu verwenden. Der erste Schritt, um aus der Resonanz herauszukommen, die die Beeinflussung erst ermöglicht hat, ist mit dem Clearing getan. Es wäre kontraproduktiv, an die Verursacher der schwarzen Magie oder an die Urheber des Fluchs, der einen getroffen hat, zu denken. Eine Klientin, mit der ich zu arbeiten begonnen hatte, hielt so sehr an ihrem hasserfüllten Feindbild gegen einen vermeintlichen Schwarzmagier fest, dass das Clearing nicht fruchten konnte. Nicht nur, dass sie trotzköpfig von schwarzer Magie redete, wo keine vorlag – ihrer Katze wurden von einer bösen Person in der Nachbarschaft alle Krallen gezogen, was aber keinen schwarzmagischen Akt darstellt –, sie hielt auch daran fest, dass sie nach wie vor angegriffen werde, und wollte partout nichts davon hören, dass das Schweregefühl in ihrem Kopf auf die Lösungsarbeit zurückzuführen sei. Eine weitere Zusammenarbeit mit dieser Dame war aufgrund ihres Misstrauens und ihrer Paranoia leider unmöglich geworden.

Absolut zu vermeiden sind Gedanken, die auf Rache und Vergeltung sinnen. Damit würden die Weichen gestellt für einen immer währenden Kreislauf sich gegenseitig schädigender Praktiken. Damit würde selbstverständlich auch kein altes Karma abgearbeitet, sondern im Gegenteil noch neues geschaffen. Das ideale Verhalten sollte zu einer Bewusstseinserhöhung führen, so dass es keinen Grund mehr gibt, angegriffen zu werden. Wenn Sie auf "Angriffe" anderer Menschen so reagieren, dass Sie dies als Botschaft nehmen können, die Ihnen zeigt, wo es bei Ihnen selbst noch etwas aufzulösen gibt, so dürfen Sie dem Menschen, der Sie geärgert hat, noch dankbar sein. Er ist Ihr bester Heiler. Solange es als Reaktionen auf unsere Mitmenschen noch Wut, Ärger, Angst gibt, so lange ist Ihr Verstand der Herr im Hause, solange aber sind Sie noch abgetrennt von der göttlichen Stimme in Ihnen selbst. Erkennen Sie bitte, dass Angst das Gegenteil von Gottvertrauen ist.

Angst öffnet neuerlichen Besetzungen und Angriffen durch schwarze Magie und andere fremde Energien Tor und Tür. Angst zieht genau das an, was wir nicht wollen. Gehen Sie nach einem Clearing unbedingt aus der Angst ins Vertrauen. Angst reduziert sofort Ihre Schwingung und macht Sie angreifbar und schwach. Ist ein Clearing abgeschlossen und sind Sie frei von Fremdenergien, so freuen Sie sich darüber, seien Sie dankbar und glücklich. Sie können sichere Gewissheit haben, dass Ihnen nichts dergleichen wieder geschehen wird, solange sie keinen Gedanken daran haben. Die Kraft der Gedanken sollte auf schöne Dinge und Pläne gerichtet sein, und nicht rückwärts auf etwas, was vorbei und erledigt ist. Klienten, die sich immer wieder Besetzer einhandeln, sind sehr auf ihre Befürchtungen konzentriert und haben meist den Mechanismus der Anziehung nicht verstanden. Ganz wichtig also: Zuversicht statt Angst, Gedanken an eine freudvolle geschützte Zukunft, anstatt an die leidvolle, aber vergangene Beeinflussung durch fremde Energien.

Für Personen, die durch das Clearing von Besetzung oder Besessenheit befreit wurden, gilt natürlich, sich von allen Praktiken fernzuhalten, die den Zugang zu den dunklen Dimensionen erleichtern. Dazu gehören alle okkulten Methoden wie Gläser- und Tischerücken, Karten legen, Pendeln, Handlesen, mit Kristallkugeln arbeiten und das Aufsuchen von dubiosen Channelmedien. Selbstverständlich ist all dies auch ohne erneute Besetzung möglich, dazu aber ist die korrekte Anbindung dieser Personen an die Schwingungen der höchsten Dimensionen erforderlich. An dieser Stelle sei nochmals darauf hingewiesen, dass es nur wenige gute, reine Kanäle gibt, die auch selbst erkennen, wann sie nicht optimal angebunden sind und dann verantwortungsvoll die Arbeit ablehnen oder auf einen anderen Zeitpunkt verschieben.

Wer sich auch nach dem erfolgten Clearing wieder dem Alkohol hingibt – ein kleiner Rausch kann genügen – und wer nicht vom Konsum der Drogen und Rauschmittel lassen kann, läuft Gefahr, sich erneut einen Besetzer einzuladen. Auch die Einnahme von Medikamenten, die auf die Psyche wirken, birgt in sich das Risiko, die Aura zu durchlöchern. Durch diese Löcher können Wesenheiten hindurchschlüpfen.

Die größte Hilfe ist immer noch das Gebet. Nach allem, was Wissenschaftler über die Wirkung von Gebeten erforscht haben, hat es die größte Heilkraft. Es stabilisiert Körper, Seele und Geist und bringt den Menschen in eine tiefe Harmonie mit der geistigen Welt. Im Gebet oder der Meditation sind wir unser Ich-Selbst. Im Gebet sind wir ohne Furcht, wir schöpfen Vertrauen. Während die Furcht die Türen öffnet für feinstoffliche Fremdenergien, die wir nicht haben möchten, öffnet das Vertrauen den Kanal zum Göttlichen und lässt uns heiter und gelassen sein. Stellen Sie sich unter den Schutz der lichtvollen geistigen Kräfte. Beim Beten kommt es sehr darauf an, mit welcher Intention gebetet wird. Wie intensiv konzentrieren Sie sich auf das Gebet, auf Jesus oder Gott, auf Maria oder die Heiligen? Nur ein mit Gefühlen angereicherter Gedanke ist stark und erreicht sein Ziel. Je inbrünstiger Sie beten, desto höher schwingen Sie.

NACHWORT

Wenn wir von einer unendlichen und allumfassenden Schöpfung als wahre Quelle alles Seins ausgehen, müssen wir uns dessen bewusst sein, dass alles mit allem verbunden ist. Alles ist eins, die Schöpfung ist in allem. Demnach gehört auch das Dunkel in diese Schöpfung und sollte nicht in dem Maße bewertet werden, als dass es *schlecht* wäre. Es ist einfach da. Es existiert, wie auch das *Gute* existiert. Es ist überflüssig, in diese Kategorien zu unterteilen und zu bewerten. Dem Dunklen sollten wir dankbar sein, denn es lässt uns bewusst werden, dass es gewisse Unterschiede gibt. Es hilft uns, zu höherem Bewusstsein aufzusteigen, uns aus der Dichte dieser Erddimension hinaufzuschwingen. Jede Tat, die anderen schadet, die in deren Persönlichkeit eingreift, jede kriegerische Handlung, jeder Akt zum Erlangen von Macht und Geld auf Kosten unserer Mitgeschöpfe erhöht das Bewusstsein für Moral, Recht, Unversehrtheit, Schutz, Glaube, Gesundheit, Integrität. Einzelne Personen und Völker, die Gewalt gegen sich erlebt haben und durch Elend gegangen sind, haben ihre Einstellung zu Grenzüberschreitungen, den persönlichen wie den politischen, zu Gewaltanwendung und Krieg verändert. Ob nun aber einer auf Rache sinnt oder in die Vergebung geht – das wiederum ist eine Entscheidung, die auf dem persönlichen Erlebten basiert und natürlich auf dem Bewusstseinsstand, den man auch als Grad der Liebe und der Fähigkeit zu lieben bezeichnen kann.

Das Göttliche war, ist und wird immer sein und
jeder Teufel ist ein verkappter Engel.
Alles kommt aus der göttlichen Quelle.

Martin Luther

Betrachten wir in Dankbarkeit alles, was um uns herum geschieht und was mit uns geschieht. Jeder Mensch ist aufgerufen, für sich zu entscheiden, in welche Richtung er sich bewegen will. Wir haben einen freien Willen, wir wissen um das Gesetz der Resonanz, wir kennen die Wirkung der Liebe. Somit haben wir die Freiheit und das Recht, das Licht zu wählen, und das Dunkel hinter uns zu lassen. Wer von dunklen Energien umlagert oder gar besessen ist, hat die große Chance, diese zu überwinden und sich zu befreien. Es ist keine Schande, sich bei dieser Befreiung, die ebenfalls auf allen Ebenen stattfindet, Hilfe zu holen. Erkennen Sie die große Gnade, die uns in dieser Inkarnation zuteil wird: Wir dürfen unser Karma erkennen und lösen. Wir dürfen in rasanter Geschwindigkeit von einer Herausforderung in die nächste kommen. Dieses Leben ist für uns alle sehr intensiv und oftmals schwierig. Niemand hat uns versprochen, dass es leicht sein würde, aber dennoch ist es voller Barmherzigkeit. Wir haben lediglich die Aufgabe, die Mechanismen zu erkennen, die uns daran hindern wollen, zu hohem Bewusstsein und zu höchster Schwingung aufzusteigen. Wir sind geistige Wesen! Das Dunkle will uns in der Materie und Dichte halten. Lassen Sie das nicht zu! Die einzig wahre Lösung und Hilfe ist der tiefe Glaube und die Hinwendung an die Höchste Kraft, an das Göttliche. Daher gründet meine Arbeit auf dem unerschütterlichen Glauben und absoluten Vertrauen. Wenn Sie möchten, unterstütze ich Sie gerne dabei, sich von den dunklen Einflüssen zu befreien.

Der Anthropologe Prof. Horn kommt in *"Götter gaben uns die Gene"* zu folgendem Schluss: "Und während wir die dunkle Seite des Universums zu akzeptieren lernen, ohne sie zu beurteilen, müssen wir gleichzeitig lernen, uns auf die positiven Seiten der Schöpfung zu konzentrieren und die Fähigkeit zu lieben an die erste Stelle zu setzen. Eine solche Entscheidung für ein Leben der Göttlichen Liebe, d. h. für den Weg des Lichtes, liegt ganz bei uns. Es ist im Grunde eine völlig logische Entscheidung – erheblich logischer, als sich weiter mit einem Leben abzufinden, das von den Herrscher – Opfer – Regeln der dunklen Welt diktiert wird, die von den regressiven Außerirdischen und deren menschlichen Verbündeten aufgestellt wurden."

Die Auswirkung des Resonanzgesetzes zieht Gleichgesinnte in unser Leben. Energie unterscheidet sich in der Frequenz. Je höher die Frequenz, desto besser die Energie. Je höher die Schwingung, desto lichter und feinstofflicher geht es zu. Eine gute Energie zu besitzen ist gleichbedeutend mit Gesundheit, Vitalität, Zuversicht, Wohlbefinden, Erfolg und Glück. Blockierte und disharmonische Energie dagegen führt zu Anspannung, Krankheit, Depression und Misserfolg. Menschen mit energiegeladener Ausstrahlung ziehen positive Menschen an, Glück und Erfolg mehren sich automatisch. "Gemäß dem Gesetz der Resonanz ziehen wohlhabende Menschen Gleichgesinnte in ihr Leben, also solche, die Reichtum und Erfolg leben und dies auch anderen gönnen." (Helga Schaub, "Feng Shui für den beruflichen Erfolg")

Wir alle sind aufgerufen, sobald wir "erweckt" sind, Wissen, Instinkt und Intuition zu entwickeln, mit deren Hilfe man sofort weiß, welche Geschehnisse, Handlungen und Denkprozesse im eigenen Leben aufgrund von Unwissenheit und Dunkelheit ablaufen und welche namens der Wahrheit und des Lichts erfolgen. Überprüfen wir also immer die Art, in der wir denken, handeln, urteilen. Wir alle haben es in der Hand, unsere Welt lichter und liebevoller zu gestalten.

> *Einmal, am Rande des Hains,*
> *stehn wir einsam beisammen*
> *und sind festlich, wie Flammen*
> *fühlen: Alles ist Eins.*

> *Und wir sind nicht mehr zag,*
> *unser Weg wird kein Weh sein,*
> *wird eine lange Allee sein*
> *aus dem vergangenen Tag.*
> *Rainer Maria Rilke*

PORTRÄT

Seit vielen Jahren bin ich Großmeisterin der tibetanisch-japanischen Heilmethode Reiki und eingeweiht in Karuna- und Shamballa-Reiki sowie in Magnified Healing. Dennoch hatte ich nicht sogleich die Möglichkeit, in größerem Umfang mit diesen Energien an Klienten zu arbeiten. Es brauchte zuvor noch einige Jahre an Erfahrung, Selbsterkenntnis und vor allem an Demut. Immer wieder bat ich Gott-Vater-Mutter darum, mich meiner Berufung zuzuführen. Jahre intensiver Vorbereitung gingen ins Land, bis ich endlich mit verschiedenen Geistheilmethoden an Menschen, Tieren und fremden Wesenheiten tätig werden durfte.

Zunächst begegneten mir Entitäten während meiner Feng-Shui-Begehungen in Häusern. Ich nahm die Anwesenheit von verirrten Seelen wahr und begann mit ihnen zu reden, damit sie ins Licht gingen. Solche Clearings in Kellern und auf Speichern, in Scheunen, Ställen und in Wohnungen erforderten anfangs meinen ganzen Einsatz, und ich war danach wirklich erschöpft. Durch die Erhöhung der eigenen Frequenz aufgrund ständiger Arbeit an mir selbst, die Vorbereitungen durch meine Helfer - sie nennen das "Erhebung des Geistes" - und das Lösen von Karma und blockierenden Denkweisen wurden die Clearings effizienter. Ich brauchte weniger Zeit, weniger Kraft und war hinterher noch stark. Die geistige Welt teilte mir mit, dies sei die Tätigkeit, um die ich gebeten hatte; es sei meine Bestimmung. Ich akzeptierte freudig und ließ mich völlig auf meine Berufung ein. Ich erhielt und erhalte alle erdenkliche Hilfe aus den Erzengelebenen. Vor allem werde ich immer sehr gut geschützt. Es hat schon viele schwere Fälle und heikle Situationen gegeben, aus denen ich immer erfolgreich und unversehrt herausgekommen bin. Damit war es nur allzu logisch, dass die Befreiungsarbeit mein Spezialgebiet wurde. Daneben arbeite ich nach wie vor mit Kranken, neuerdings verstärkt auch mit psychisch Kranken. Darüber hinaus beschäftige ich mich mit Feng Shui, Schwerpunkt Firmenbetreuung und Gestaltung von Werbung. 2006 erschien mein Buch "Feng Shui für den beruflichen Erfolg".

Aufgrund zahlreicher Anfragen von Interessierten biete ich Clearing-Ausbildungsseminare an. Um Menschen auf die Arbeit mit lichtvollen Energien vorzubereiten, biete ich auch Reiki-Kurse an und weihe bis zu den Großmeistergraden ein. Ferner biete ich (Fern-) Heilsitzungen mit Karma- und Blockadenlösung und der Rückholung von verloren gegangenen Seelenanteilen an. Ich bin ausgebildet in der Rückentherapie nach Dorn und habe als sinnvolle Ergänzung für meine Arbeit ein einjähriges Seminar in "systemischem Stellen" nach Bert Hellinger absolviert. Meine Liebe gehört nicht nur der Arbeit mit Mensch, Tier und anderen Energieformen, sondern auch dem Schreiben von Büchern und Artikeln.

Ich weiß um den schwierigen Schritt, sich wegen einer vermuteten Belagerung oder Besetzung einem anderen Menschen anzuvertrauen. Es spielen viele Ängste, Zweifel und Vorbehalte eine Rolle. Dennoch möchte ich Sie ermutigen, sich mit mir in Verbindung zu setzen. Warten Sie nicht zu lange, wenn Sie verirrte Seelen in Ihrer Umgebung wahrnehmen und schon gar nicht, wenn es um dunkle Kräfte oder einen schwarzmagischen Angriff geht. Ich kann Ihnen mit Sicherheit sagen, um welche Energieformen es sich handelt, und was zu tun ist.

ANHANG

Nachweis verwendeter und empfohlener Literatur

Bambeck, Radha-Magdalena: Das Buch des Lebens, Weilersbach 1997

Bona, Angelo: Il Palpito dell`Uno, Vicenza 2007

Castrian, Wilma: Lehrbuch der Psycho-Physiognomik, Stuttgart 2001

Detlefsen, Thorwald/Dahlke, Rüdiger: Krankheit als Weg, München 2000

Di Nola, Alfonso: Der Teufel, München 1990

Goldsmith, Joel S.: Die Kunst der geistigen Heilung, Argenbühl 1962

Hartmann, Franz: Incubi und Succubi – Seelenbräute und Vampirismus, Calw o.J.

Horn, Arthur David: Götter gaben uns die Gene, Güllesheim 1997

Icke, David: Das größte Geheimnis I und II, Potsdam 2005

Icke, David: ... und die Wahrheit wird euch frei machen, Potsdam 2003

Jacobs, David M.: Bedrohung, Rottenburg 2001

Keller, Erich: Endlich frei!, Berlin 2005

Lipton, Bruce H: Intelligente Zellen, Burgrain 2007

Marciniak, Barbara: Boten des neuen Morgens, Freiburg 1997

Morabito, Simone: Psichiatra all´ Inferno, Udine 1995

Murphy, Joseph: Das Erfolgsbuch, München 2002

Ponder, Catherine: Die dynamischen Gesetze des Reichtums, München 1992

Ranke-Heinemann, Uta: Nein und Amen, München 1992

Schaub, Helga: Befreiung von Dunkelmächten, Güllesheim 2005

Schaub, Helga: Feng Shui für den beruflichen Erfolg, Darmstadt 2006

Stein, Diane: Wir sind alle Engel, Güllesheim 2000

Tachi-ren, Tashira: Der Lichtkörper-Prozess, Freiburg 1998

http://www.ancient-mysteries.de: Sternenbotschaften, 2007

Kontakt

Weitere Infos erhalten Sie unter:
www.helga-schaub.de oder per Email: helgaschaub@yahoo.de

208 Seiten, broschiert
ISBN 978-3-89845-096-6
€ [D] 6,95

Helga Schaub
Befreiung von Dunkelmächten

Engel als Boten Gottes auf Erden sind seit jeher fester Bestandteil der Mythen, Erzählungen und Kunstwerke nahezu aller Kulturkreise. Dennoch leben wir in einer polaren Welt, in der gilt: wo Licht ist, da ist auch Schatten. Dieses Buch widmet sich daher bewusst der häufig vernachlässigten „anderen Seite", den Dunkelmächten. Mit Hilfe dieses Buches lernen wir nicht nur die verschiedenen Erscheinungsformen des Bösen zu erkennen, sondern es bietet daneben ganz konkrete Hilfestellungen für Betroffene, damit diese – wie auch ihre Besetzer – den Weg zurück ins Licht finden.

272 Seiten, broschiert,
ISBN 978-3-89845-254-0
€ [D] 14,90

Vadim Tschenze
Übersinnliche Phänomene
Mystische Begebenheiten aus der Anderswelt

Fast jeder hat in seinem Leben schon einmal etwas Unheimliches erlebt, wofür es scheinbar keine Erklärung gibt ... In seinem neuesten Buch sammelt Bestsellerautor Vadim Tschenze zahlreiche solcher Erfahrungen, die er selbst erlebt hat oder von denen ihm Kunden in seiner Praxis berichtet haben. Zu jedem Ereignis gibt er auf seine gewohnt pragmatische Art eine aufschlussreiche Erklärung und liefert so Antworten auf viele Fragen, ohne dem Thema jedoch seine geheimnisvolle Faszination zu rauben ...

224 Seiten, gebunden
ISBN 978-3-931652-08-1
€ [D] 15,90

Edith Fiore
Besessenheit und Heilung
Die Befreiung der Seele

Depressionen, Phobien, Sucht und viele andere Erkrankungen werden oft durch Geister verursacht, die nach dem Tod als „erdgebundene Seelen" in der physischen Welt verbleiben und sich mit Lebenden verbinden. Die bekannte amerikanische Psychologin Edith Fiore beschreibt solche Fälle aus ihrer langjährigen praktischen Erfahrung und zeigt Behandlungsmöglichkeiten auf. Sie gibt praktische Anleitungen, wie wir Besessenheit bei uns selbst und anderen entdecken und uns vor fremden Wesenheiten schützen oder davon lösen können.

Vadim Zeland

Transsurfing

Realität ist steuerbar

Dieses Buch löste in Russland eine wahre Revolution aus. Die Realität ist steuerbar! Wir alle glauben, wir seien abhängig von den äußeren Umständen – dabei ist es genau umgekehrt! Ihre innere Wirklichkeit kreiert die äußere Realität. So erfüllen sich Wünsche, Träume verwirklichen sich ...

Transsurfing ist eine mächtige Technologie zur Realitätssteuerung. Alle, die sich mit Transsurfing beschäftigen, erleben eine Überraschung, die an Begeisterung grenzt. Die Umgebung eines Transsurfers verändert sich beinahe augenblicklich auf eine unbegreifbare Weise. Das hat nichts mit Mystik zu tun. Das ist real.

232 Seiten, broschiert
ISBN 978-3-89845-154-3
€ [D] 14,90

Weitere Bücher aus der "Transsurfing-Reihe":

Transsurfing 2 – *Das Praxisbuch*
240 Seiten, broschiert · ISBN 978-3-89845-201-4 · € [D] 14,90

Transsurfing 3 – *Vorwärts in die Vergangenheit*
240 Seiten, broschiert · ISBN 978-3-89845-253-3 · € [D] 14,90

Transsurfing 4 – *Die zwei Gesichter der Realität*
192 Seiten, broschiert · ISBN 978-3-89845-285-4 · € [D] 14,90

Kazuo Murakami

Der göttliche Code des Lebens

Ein neues Verständnis der Genetik

Dieses in viele Sprachen übersetzte Buch ist einer der besten Beiträge zur Frage der Interaktion zwischen Genen, Umwelt und Bewusstsein. Der japanische Biowissenschaftler Murakami geht der Frage nach, ob positive Gefühle Gene aktivieren können oder, anders ausgedrückt, ob der Geist etwas mit dem körperlichen Wohlbefinden zu tun hat. Glück, Freude, Inspiration oder Dankbarkeit können nützliche Gene aktivieren - das ist das Ergebnis der Forschungen dieses Genetikers, der seine Erkenntnisse in diesem Buch in klarer und allgemeinverständlicher Form darlegt - und so endlich der weit verbreiteten These, das Schicksal sei bereits im Genom festgelegt, eine deutliche Absage erteilt.

152 Seiten, gebunden
ISBN 978-3-89845-226-7
€ [D] 14,90

184 Seiten, gebunden
ISBN 978-3-89845-242-7
€ [D] 17,90

Brenda Barnaby
Das Geheimnis hinter "The Secret"

Alle Geheimschlüssel der populären Botschaft, die Rhonda Byrne in ihrem Werk "The Secret – Das Geheimnis" verkündet, werden hier enthüllt, um jedem von uns Zugang zu seinem eigenen Weg zu vermitteln. Daneben enthält dieses Werk eine Sammlung von Tipps und Methoden zur Persönlichkeitsentwicklung, die von den bedeutendsten Experten unserer Zeit auf dem Gebiet des Positiven Denkens stammen. Sie halten hiermit zweifelsohne ein Buch von unschätzbarem Wert in Händen, das Ihr Leben verändern kann, wenn Sie bereit sind für ein Leben voller Erfolg, Wohlstand, Gesundheit und Harmonie.

Elizabeth Clare Prophet
Mit Elementarwesen arbeiten
Zum Wohle der Erde

192 Seiten, broschiert,
ISBN 978-3-89845-287-8
€ [D] 6,95

In vergangenen goldenen Zeitaltern arbeiteten die Naturgeister und die Menschen Hand in Hand, und die Erde glich einem Garten Eden ... Doch dann kam eine Zeit, in der die Negativität des Menschen Eingang in die Welt fand und die Arbeit der Elementarwesen enorm erschwerte. Über Jahrhunderte hinweg hat sich diese Belastung durch die Menschen nun immer weiter aufgetürmt, und die Elementarwesen können diese Last kaum mehr schultern, um das planetarische Gleichgewicht aufrechtzuerhalten.

In diesem Buch werden Wege aufgezeigt, wie wir zurück zum »verlorenen Paradies« finden. Wir lernen, wieder im Einklang zu sein mit den Elementarwesen und sie in ihrer Arbeit zu unterstützen, um so erneut ein goldenes Zeitalter für uns einzuläuten.

128 Seiten, broschiert,
ISBN 978-3-89845-089-8
€ [D] 6,95

Elizabeth Clare Prophet
Die Violette Flamme
Heilung für Körper, Geist & Seele

Die Violette Flamme ist ein Licht, das allen Lebensformen dient und ihnen Achtung und Würde verleiht. Sie ist ein Mittel, sich untereinander zu verbinden und eine Form spiritueller Energie. Sie ist das Attribut des geheimnisvollen Grafen St. Germain, dessen Botschaften E. C. Prophet unter anderem channelt. Heiler und Alchemisten in aller Welt nutzen diese hochfrequente Energie, um Harmonie und Frieden in diese Zeit des spektakulären Übergangs in ein neues Bewusstsein zu bringen. Der Leser erhält in diesem Band unserer "Kleinen Reihe" das Rüstzeug, um mit der Violetten Flamme zu arbeiten.

168 Seiten, broschiert,
2-farbig
€ [D] 11,90
ISBN 978-3-89845-260-1

Lena

Wir Kristallkinder

Liebe, Vertrauen und Wahrheit

Lena ist das erste Kristallkind, das seine Geschichte niedergeschrieben hat: »Mein Leben ist für meine Kristallkollegen wie eine Fernseh-Soap. Sie finden es obermegasuperspannend, dass ich hier auf der Erde bin; sie finden die ganze Erde sehr spannend – ich übrigens auch!« Ohne sich um herkömmliches Standarddenken zu kümmern, schreibt sie über das wahre Wesen der Kristallkinder, ihr Denken und Fühlen, ihre Schwierigkeiten, auf der Erde zu leben, und ihre Erinnerung an den Kristallplaneten.

Präzise Antworten auf offene Fragen sowie wertvolle Hinweise zu grundlegenden Besonderheiten dieser Kinder vervollständigen dieses bemerkenswerte Buch und lassen in uns die Erkenntnis reifen, dass wir im Umgang mit diesen manchmal wundersamen, aber immer auch wundervollen Kindern viel über uns selbst lernen können ...

208 Seiten, broschiert
ISBN 978-3-89845-151-2
€ [D] 14,90

Vadim Tschenze

Das geheime Wissen

Einführung in die Welt der Esoterik

Das Buch der Antworten ... Der bekannte TV-Wahrsager Vadim Tschenze offenbart Ihnen in diesem Buch die Geheimnisse der Hellseher der ganzen Welt auf anschauliche und einfache Art und Weise. Erlernen Sie Besprechen, Geistheilung, Handauflegen, Kerzenschattenlesen, Rauchdeuten, Wasserlesen, Pendeln, Handlesen, Gesichtslesen u.v.m.

Denn wer weiß, was morgen passiert, lebt leichter ...

498 Seiten, broschiert
ISBN 978-3-89845-196-3
€ [D] 24,90

Claudia Rainville

Metamedizin

Jedes Symptom ist eine Botschaft

Warum bin ich krank? - Dieser Frage geht die Autorin in diesem umfangreich dokumentierten Buch nach und kommt zu dem einfachen, aber weit reichenden Schluss, dass die Symptome einer Krankheit als Botschaften des Körpers zu verstehen sind. Dank der vielen Fallbeispiele aus ihrer über zwanzigjährigen Forschungs- und Therapiearbeit liest sich dieses Buch wie eine spannende Dokumentation zum Thema Gesundheit.

Weiterführende Informationen zu
Büchern, Autoren und den Aktivitäten
des Silberschnur Verlages erhalten Sie unter:
www.silberschnur.de

Sie können uns alternativ
die beiliegende *Postkarte* zusenden.

Ihr Interesse wird belohnt!

Interessante Diskussionen zu
den Themen des Silberschnur Verlages
finden Sie unter:
www.forum-spiritualitaet.de

*Tauschen Sie sich mit anderen Lesern
aus über Inhalte und Themen,
die Sie wirklich interessieren!*

Hier geht die Silberschnur-Welt weiter!